上海市高等学校本科教育高地建设项目资助

运输统计

● 余思勤　主　编
● 黄顺泉　副主编

人民交通出版社

内 容 提 要

本书是作者长期从事统计教学、科研工作的积累。全书除了绪论外,共分为十一章。第一章到第七章着重阐述运输基础设施、运输装备、运输生产、运输装备运用情况、运输能源消耗与环保、运输质量与安全、运输投入产出等方面统计指标的含义、计算方法等内容;第八章到第十一章重点研究经济增长、运价指数、需求预测、景气指数等数量分析方法在运输统计领域的应用。

本书可作为运输经济、交通运输、物流、统计学、技术经济学、信息管理等专业本科生及产业经济学、交通运输规划与管理等专业研究生学习用书,也可作为运输管理、统计实务工作者和研究人员的参考用书。

图书在版编目(CIP)数据

运输统计学/余思勤主编. --北京:人民交通出版社,2011.1

ISBN 978-7-114-08842-1

I.①运… II.①余… III.①运输统计 IV.①F502

中国版本图书馆 CIP 数据核字(2010)第 265045 号

上海市高等学校本科教育高地建设项目资助

书　　名: 运输统计学
著 作 者: 余思勤
责任编辑: 黄兴娜
出版发行: 人民交通出版社
地　　址: (100011)北京市朝阳区安定门外外馆斜街 3 号
网　　址: http://www.chinasybook.com
销售电话: (010)64981400,59757915
总 经 销: 北京交实文化发展有限公司
印　　刷: 北京鑫正大印刷有限公司
开　　本: 787×1092　1/16
印　　张: 14.5
字　　数: 342 千
版　　次: 2011 年 1 月 第 1 版
印　　次: 2013 年 1 月 第 2 次印刷
书　　号: ISBN 978-7-114-08842-1
印　　数: 2001-4000 册
定　　价: 40.00 元

运输统计是社会经济统计的重要组成部分,是对运输经济活动数量方面所进行的一种调查研究活动,为运输基础设施的规划、设计、建设、管理提供全面的基础信息,为领导决策提供准确的信息支持,客观、真实地反映运输业发展的实际情况和取得的成就;是对运输业进行科学管理的重要工具。

《运输统计学》是编者长期从事运输统计教学、科研工作的积累。本书以统计学、运输经济学等学科的理论为指导,阐述了运输统计学的基本理论与方法,重点介绍了运输统计领域的主要指标及运输统计分析的常用方法,突出运输统计理论与实际应用相结合的特点。

本书可作为运输经济、交通运输、物流、统计学、技术经济学、信息管理等专业本科生及产业经济学、交通运输规划与管理等专业研究生学习用书,也可作为运输管理、统计实务工作者和研究人员的参考用书。

全书除了绪论外,共分为十一章。第一章到第七章着重阐述运输基础设施、运输装备、运输生产、运输装备运用情况、运输能源消耗与环保、运输质量与安全、运输投入产出等方面统计指标的含义、计算方法等内容;第八章到第十一章重点研究经济增长、运价指数、需求预测、景气指数等数量分析方法在运输统计领域的应用。

本书由余思勤担任主编、黄顺泉担任副主编。硕士研究生陈金海、杨殷吉、张茜、杨帅帅、肖罗雅、任烨、席培、祝建、杨开幸和博士研究生毛修银、项一叶等同学一起参与了本书的编写工作,在此表示感谢。

本书在编写过程中,参考了大量国内外有关运输统计等方面的文献资料。在此,向本书参考文献中已列出和未列出的文献作者表示衷心的感谢。

由于编者水平有限,书中难免存在不足与错误之处,恳请各位读者、同行和专家批评指正。

编　者

2010 年 10 月

目录 Mulu

绪　论

运输业作为国民经济的基础产业和先行部门,处于生产和消费的中间环节,是生产过程在流通领域里的继续,在整个国民经济中起着重要的纽带作用。运输业把社会生产、分配、交换和消费各个环节有机地联系起来,是整个社会再生产过程不可缺少的一个环节,是国民经济发展的必要条件。随着时代的发展,特别是信息化时代的到来,交通运输成为国民经济快速增长所依赖的最主要的基础产业、基础结构和环境条件之一。同时,它也保证各地区之间交往的正常进行,保证一个国家以至世界范围内的政治、经济、文化和军事等方面的联系。要充分发挥运输业在我国经济建设和人民生活中的作用,就必须对其进行科学的研究。这种研究可从两方面入手:一方面,从工程技术方面研究提高运输工具的技术性能,改善交通设施的条件,即车辆工程学、道路工程学与交通工程学等;另一方面,加强运输管理,研究运输与生产活动、消费支出、运输价格、经营管理、交通规划等。运输统计分析就是对后一个问题展开研究的。

第一节　运输统计的性质和任务

一、运输统计的含义及性质

在交通运输经济活动的科学管理中,需要充分掌握和运用准确、全面、系统的统计资料,这对交通运输管理部门制订政策、指挥生产、编制和检查运输计划的执行情况、促进运输业以至整个国民经济的发展都有着重要的意义。

运输统计是社会经济统计的重要组成部分,是对运输业进行科学管理的重要工具。运输统计是对运输经济活动现象的数量方面所进行的一种调查研究活动,通过这些调查活动,从总体上反映和研究运输业和运输经济现象的数量、规模、构成、发展速度、发展水平、经济效益、与国民经济其他部门的联系及其发展变化的规律性。

二、运输统计的特点

运输统计是对运输经济现象的一种调查研究活动,除具有社会经济统计的一般特点外,还具有由于运输业本身的特征所产生的一些特点。这些特点主要表现在以下几个方面:

(1)运输业是一个不创造新的物质产品的生产部门。运输业为社会提供的产品不具有实物形态,仅仅是旅客和货物的位移和这一位移过程中的服务,如为旅客提供舒适安全的服务和对货物进行保管及装卸等服务。运输旅客和货物的结果不改变劳动对象的形态或属性,只是产生场所的变化和空间位置的变化。因此,运输业为社会提供的产品是一种特殊产品,这就决定了运输统计必须设置一套能反映运输生产活动特点的统计指标和指标体系，如用单位运量和周转量指标反映和考核运输业的生产成果，用换算周转量反映运输业在一定时期内完成的旅客和货物运输的工作量等。

(2)运输业提供的服务是空间场所的变动，它产生的效用和运输生产过程是不可分离地结合在一起的。运输业的生产和消费是同时发生的，其产品既不能储存，也不能调拨。为使旅客和货物在方向上、时间上得到运输保证，运输业必须保证必要的运输线路的通过能力和运输工具的载运能力的储备。因此，反映和分析运输线路和运输工具的数量、质量及其运用情况的数据，便成为运输统计的重要内容。在现代化的运输方式中为适应运输生产和消费同时发生这一特点的要求，保证运输生产能够有节奏地进行，使运输能力充分发挥，运输统计还必须建立比较集中的生产调度统计体系，并及时收集和整理运输生产进度统计资料。

(3)运输业包括铁路、公路、水路、航空、管道等多种运输方式。它们虽然各有特点，但其生产目的都是为了改变旅客和货物的空间位置，实现运输对象的位移。各种运输方式的这个共性，使得它们在一定条件下可以相互替代。但在同一起始地点，由于每种运输方式的线路是不同的，同样数量的货物，采用不同的运输方式和运输线路，可以产生不同的周转量。这就要求运输统计必须建立各种专业性比较强、要求比较集中统一的技术经济指标体系来全面反映运输生产过程，为分析和研究各种运输方式的经济效益、制订各种运输方式的发展规划提供资料。

(4)运输业的主要生产手段是各种运输工具，它们常年分散在漫长的运输线上，进行跨地区、甚至跨国界的流动生产，点多、面广、调动频繁。运输业生产的这一特点使得运输统计的工作比较困难。在运输统计中，必须有一套严密的组织，各单位要高度协调、紧密结合，才能做好运输统计资料的搜集、整理和分析工作，充分发挥统计工作的信息、咨询、监督等作用。

三、运输统计的任务

统计的基本任务是对国民经济和社会发展情况进行统计调查、统计分析，提供统计资料，实行统计监督。运输统计的任务则是对交通运输业的情况进行统计调查、统计分析，行使统计监督职权，充分发挥统计服务和监督作用。

(1)为制订交通运输政策和编制交通运输规划提供参考依据。我国国民经济的发展需要按照市场经济规律办事，制订正确的方针政策，即必须了解国民经济各个方面的情况，其中，包括有关交通运输方面的情况和统计资料。由于交通运输是国民经济的基础产业，掌握交通运输业生产和建设方面的资料，是制订国家交通运输政策的重要依据。运输统计不仅要为编制交通运输的生产和建设规划提供统计资料，而且要准确、及时地反映交通运输的生产与建设的发展现状、水平及速度，反映各种运输方式之间及每种运输方式内部各业务部门之间的比例关系等。由于交通运输规划必须贯彻国家关于国民经济发展的各项方针政策，是方针政策具体化的体现，运输统计为制订政策和编制规划提供统计资料，两者在很大程度上是一致的。

(2)对交通运输政策和规划的执行实行统计监督。交通运输统计部门和其他统计部门一样，都要努力实现《统计法》规定的任务。统计立法的核心是保证统计资料的准确性、客观性和科学性，不允许虚报、瞒报、拒报、迟报，不允许对统计数字伪造和篡改。这对于保证国家的整体利益，加强各部门、各单位贯彻执行党和国家的经济政策的责任心，以及维护财经纪律，保证社

会经济工作秩序的正常进行都是不可缺少的。交通运输统计机构和统计人员应依法独立行使职权,对交通运输政策和规划的执行情况实行统计监督,以保证国家的交通运输工作全面完成。

(3)为指挥运输生产和加强企业管理提供信息。运输业是一个庞大的、用现代化技术装备起来的物质生产部门。运输生产具有跨区域、连续工作、多工种、多环节的特点。旅客和货物运输的全过程,有时需要几种运输工具衔接才能完成,即使在同一运输方式之内,各部门各环节的工作也必须相互协调配合,这就要求有集中统一的生产指挥。如果没有统计部门及时、准确地提供必要的统计信息,运输生产就不可能顺利地进行。同时,运输统计工作还要为全面考核各部门的绩效、进行经济核算和加强企业经营管理等工作提供必要的统计资料。

(4)经常搜集并系统地积累国内外统计资料,为运输统计研究及经济预测、决策提供资料。交通运输统计部门在提供准确、可靠的数据的同时,要加强运输经济的分析研究工作,提供综合性统计资料。我国的交通运输与众多国家和地区有密切联系,随着我国对外经济、贸易、技术交流的不断加强,需要不断积累国内外运输业统计资料,从而为运输科学研究和经济预测与决策提供翔实的资料。

第二节　运输统计学的研究对象和研究方法

一、运输统计的研究对象

运输统计是对运输经济现象数量方面的一种调查研究活动。相应地,运输统计学就是研究如何进行这种调查研究活动的科学,即研究运输统计调查活动的规律和方法的科学。

运输统计学是研究运输业经济现象数量方面的理论与方法,必须以运输统计活动的实践经验为基础并加以理论概括,对运输统计活动的规律和方法进行总结,并将相应的理论和方法应用于实际运输统计工作中。因此,运输统计学的研究对象是运输统计工作的规律和方法,运输统计学属于认识运输经济现象数量方面的方法论科学。

二、运输统计学的研究方法

目前较常用的方法有以下 4 种:

(1)趋势分析法。交通运输是在经济社会发展过程中诞生和发展起来的,是人类进步的产物。通过对交通发展历史分析,有利于认识交通运输在经济发展中的作用和现代交通发展的历史背景。

(2)运输结构分析法。交通运输与其他产业相比,与国民经济关系非常密切,受整个经济变化的强烈影响。不同的经济结构对交通需求趋势产生的影响不同,要对由各种交通运输方式组成的交通运输结构进行分析,就需要掌握交通运输与国民经济的相互关系。要分析某一运输方式的经济特性,首先应对整个运输结构作出较全面的研究。要科学地预测将来交通需求的发展趋势,也应对整个社会经济的发展趋势、经济结构的变化倾向作出预测。

(3)经济计量分析法。由于计算手段、统计资料的缺乏,历来交通经济学的研究侧重于定性分析,研究结果往往以抽象的结论告终,对现实的经济生活缺乏具体的指导意义。当然,定性分析是重要的,经济分析需要正确的经济学理论作指导,但定量分析也是必不可少的。现代复杂的经济活动更需要加强定量分析。定量分析的方法有:相关分析法、弹性分析法、增长率法、多元统计分析方法等。

(4)国际比较法。交通运输虽然因国家和地区不同,存在一些差异,但也有很多共同之处。在经济社会的发展过程中,交通运输的发展也具有一定的规律性。国外经验可资借鉴,我国交通问题也可能从其他国家的研究成果中找到解决办法。

第三节　运输统计学的范畴

一、运输统计学的研究范围

运输统计学研究的范围是作为独立的物质生产部门的运输业在流通领域中进行的运输生产活动,也涉及生产过程中的运输问题。

我国的运输业包括铁路、公路、水路、航空、管道多种运输方式。每种运输方式都有各自的经济技术特点。

水路运输包括内河、沿海和远洋运输。具有运能大、能耗和成本较低、建设投资和维护费用较少的特点。我国水路的自然条件十分优越:海岸线长达1.8万公里,有众多的良好港湾,有很好的发展前景。

公路运输具有投资少、机动灵活、货物损耗少、送达速度快的特点,可以延伸到全国每一个角落,实现"门到门"运输。公路运输不仅能为铁路、水路、航空运输集散旅客、货物,而且能满足工农业生产、国防建设和人民生活等各方面对运输的需要。

铁路运输的特点是运输能力大,速度较快,连续性和适应性较强,单位能源消耗较少,运输成本较低,受自然条件影响较小,可以不分昼夜地进行运输工作。

航空运输具有速度快、不受地形条件的限制、机动性较大等特点,尤其适宜于长途客运和时限紧、贵重货物的运输。其缺点是运输能力小,能源消耗和成本较高。目前,航空运输已成为国外一些国家长途客运的主要运输方式,我国近几年民航运输发展较快,承担的客运量成倍增长。随着航空业快速的发展,航空运输在我国的运输结构中将会得到更好的发展。

管道运输是新型的现代化运输方式,具有输送能力大、成本低、效率高、安全可靠、占用耕地少、投资小,无污染等优点。在我国自1958年建成第一条输油管道以来,一直发展较快。虽然目前管道运输在运量构成中所占的比重不大,但随着石油工业和管道运输技术的发展,今后在技术经济比较合理的条件下,管道建设将会继续发展,输送品种将更为丰富,会从目前以原油、天然气为主,向其他固体物资等多品种方向发展,管道运量的比重也将逐步提高。

上述各种运输方式都有各自的优缺点及适用范围。它们共同组成我国统一的运输体系,按照社会经济发展的需要,扬长避短,综合发展,构成国家的统一运输网络,共同完成国家的运输任务。运输统计必须把我国运输体系作为一个统一的整体进行统计研究,提供反映全社会运输经济活动情况的统计资料。

二、运输统计学与其他学科的关系

运输统计学与其他学科之间,特别是经济学、运输经济学、数理统计学之间存在着密切的

关系。

运输统计学必须以经济学原理为指导。运输统计工作者必须以历史发展的观点,研究社会经济现象的数量方面的问题。运输统计学研究运输统计指标体系的设置和各个指标的含义、计算方法时,必须以经济学理论及其各种经济范畴为依据。如旅客和货物周转量、评价工资、劳动生产率、运输成本及利润、固定资金与流动资金等都是表明运输经济活动某个方面的经济概念,这些指标的经济内容及其计算方法、统计分组的确定,都必须以经济学所阐述的经济范畴和理论为依据。

运输统计学还必须以运输经济学为指导。运输经济学及其分支航运经济学、公路运输经济学、铁路运输经济学等所阐述的运输经济理论,是设置运输统计指标体系和对运输经济现象进行统计分析的理论依据。运输统计学与数理统计学的关系也很密切。随着我国统计理论水平和运输统计工作水平的提高,数理统计方法中的抽样调查、相关分析、回归分析和统计预测等方法已开始在我国运输统计工作中得到应用。

三、我国运输统计的发展

中华人民共和国成立以前,我国的运输统计工作十分落后,占比重很大的民间运输基本没有什么统计资料。在铁路、水路、民航的大型企业中,虽设有统计机构,也进行过一些统计工作,但统计资料杂乱无章,尚无完整的、系统的运输统计资料。

中华人民共和国成立之后,在党中央和中央人民政府领导下,创建了社会主义统计工作。作为社会主义统计工作组成部分的运输统计,50 多年来,经历了从无到有、逐步完善的过程。对运输生产活动进行了全面系统的统计调查,搜集和整理了大量的统计资料,为制订我国的交通运输政策,编制和检查交通运输计划,加强运输企业管理提供了重要的基础资料。

1949 ~ 1957 年国民经济恢复时期和第一个五年计划时期,是我国运输统计的创始时期。这一时期的运输统计主要进行了下列几方面的工作:

(1)逐步建立和健全了运输统计机构。从中央、省(自治区、直辖市)到运输企业,都陆续建立起统计机构,配备了专职或兼职的统计人员。其中,铁路运输统计起步较早。铁道部于 1950 年就成立了统计处,1952 年又扩大为统计局;交通部、中国民航总局也继铁道部之后建立了统计机构。1952 年国家统计局成立后,设立了交通统计处,负责全国的交通运输统计工作。

(2)建立了全国统一的交通运输统计制度,制订了比较科学的统计方法。1951 年在学习苏联铁路统计工作经验的基础上,建立了一整套社会主义的铁路统计制度。随后,公路和水路也建立了比较完整的、统一的统计制度。1952 年国家统计局成立,制订了符合国家需要的运输统计制度和定期报表制度。铁路、公路、水路、航空运输的专业统计报表制度也都先后建立起来。1953 年还对公路和水路运输确定了按运输管理系统统计运输量的原则,提高了统计数字的准确性。

(3)进行了一些交通运输情况调查统计资料整理,提供了较全面的统计资料。1950 年交通部公路总局进行了全国公路普查。1956 年对私营运输业及其运输合作社的收益分配进行专门调查,各交通部门及运输企业整理了本部门、本企业的运输统计资料,为运输统计奠定了基础。

1958 ~ 1960 年时期,运输统计作了一些工作,如制定了统一的货物分类目录,健全了运输设备的技术经济指标体系，制定了非交通部门运输量的统计范围和调查统计方法，汇编了1949～1957年运输邮电统计资料等。但是，由于这段时期全国经济工作在指导思想上违背了客观经济规律，离弃了实事求是的优良作风，运输统计工作的集中统一原则有所削弱，一些基本的统计数字不实，从而影响了统计工作的科学性和真实性，使运输统计工作受到了一次大挫折。

1961～1965年是我国运输统计工作总结经验、整顿提高的时期。这一时期，在全国统计工作中克服了“大跃进”时期的缺点与错误，在贯彻中央关于加强统计工作的决定等文件的过程中，运输统计也和其他统计工作一样得到了迅速的恢复和发展。这一时期运输统计工作的进展主要表现在以下几方面：

(1)健全了运输统计机构，充实了统计工作人员。

(2)制定和重新审查、修改了有关运输统计的制度方法。就全国来说，制定和颁发了《货物运输量分类目录》、《关于交通运输统计方法制度的若干规定》、《关于划分水运、公路货物运输量计划统计范围的规定》等文件。在这些规定中统一了对流通过程与生产过程运输量的划分、运输量和装卸量的划分以及支援农业运输量的统计范围等一系列运输统计的方法问题。

(3)国家计委、国家统计局、交通部共同颁发了关于机关企业自有载货汽车运输计划、统计的几项规定。

(4)加强了全国运输统计资料的整理，按年汇编了包括交通系统内外的综合运输统计资料。

1962年铁路开始实行新统计规章制度——《客货运输统计规则》，公路和水路也都对统计方法制度进行了整顿。这一时期的运输统计质量较以前有所提高，运输统计工作出现了生机勃勃的景象。

1966～1976年“十年动乱”时期，运输统计工作遭到严重破坏。有些单位的统计工作中断达10年之久。从1970年起，在周恩来总理密切关注下，整个统计报表制度开始重建，运输统计工作也得到了恢复。但运输统计工作仍然遭到了严重的破坏和很大的削弱。

党的十一届三中全会以后，交通运输和邮电统计工作得到进一步恢复和发展。随着经济体制改革和对外开放、对内搞活政策的实施，交通部系统外的运输工具数量已占绝对优势，多种经济成分和各种经济组织形式相继出现，跨部门兴办的交通运输和邮电专业统计报表制度逐步向行业统计过渡，政府统计部门在协同各业务部门搞好行业统计的基础上，主要从事综合统计报表编制工作。1980年，国家统计局恢复了非交通系统重点单位自有载货汽车运输量统计，对拥有汽车10辆以上的机关、企事业单位重新建立了报表统计制度。在1981年发表的统计公报中，首次将1980年的公路货物运输周转量统计范围扩大到全社会。从1983年起，在非交通系统独立核算运输单位中建立了统一的基层统计报表制度。为了搞好净产值试算工作，从1985年开始试算交通运输和邮电产值。

20世纪80年代，交通运输和邮电统计报表指标体系的主要内容包括：生产量指标有货运量、货物周转量、客运量、换算周转量、货物吞吐量、邮电业务量；主要指标有总产值、净产值；生产条件指标有铁路线路里程，营业铁路基本情况，公路线路里程，内河航道里程，民用机场、航线及航站基本情况，输油输气管道基本情况，邮电用农村投递线路长度，电路、长途电信线路长度，交通运输和邮电工具、设备；工具、设备运用指标有时间利用指标，载重能力利用指标，单位产量、停留时间、燃料消耗、邮电设备利用指标；质量指标有铁路客货列车正点率、水运货差率、

邮电延误率、电报服务差错率,以及反映铁路、交通、民航、邮电各方面的速度和安全指标;经济效益指标有生产成果、活劳动投入、资金占用、成本投入、能源消耗;服务水平指标有交通运输、邮电网服务水平,如报纸投递速度、电话普及率、农村邮电通信。

进入20世纪90年代,随着交通运输事业的迅速发展,各种业务统计报表指标体系大量增加。综合统计部门为加强经济效益和价值量方面的统计工作,充分发挥业务部门搞好专业统计报表的优势,大量精简了综合统计部门专业性较强的报表指标。1992年,经过精简后的交通运输和邮电综合统计报表有4种,报表名称及主要指标如下:

《民用车辆船舶拥有量》年报表:民用汽车数(其中载货汽车、载货汽车吨位、载客汽车、载客汽车客位、特种汽车数)、运输用拖拉机数,其他机车车数(其中挂车数),民用运输船数(其中拖船数),机动船净载吨位数,机动船客位数,拖船功率数,驳船数,驳船净载吨位数,驳船客位数,其他机动船数,其他非机动船净载吨位数。以上指标总计数中分列私人所有数。

《社会客货运输(吞吐)量》年报表:货运量,货物周转量,客运量,旅客周转量,换算周转量,旅客吞吐量,货物吞吐量。按交通系统与非交通系统分组,在合计数中分列铁路、公路、水路、民航、管道、港口客货运输量。

《独立核算运输邮电单位产值》年报表:独立核算单位数,总产值(其中货物运输收入、货运占总产值比重)、增加值(其中折旧),净产值(其中工资、职工福利基金、利息、税前利润还款、上缴利税、企业留利、货物运输净产值),年末职工人数。按交通邮电系统与非交通邮电系统分组,在合计数中分列铁路、公路、水路、港口、民航、管道、邮电产值。

《重点城市交通运输企业经济效果指标》季报表:货运量、货物周转量、客运量、旅客周转量、换算周转量、货车汽油单耗,内河机动船柴油单耗,货车平均总吨位,货车吨位产量,内河拖船每千瓦船产量;职工平均人数,全员劳动生产率;运输事故数,事故损失金额;实现利润,上缴利税,客车单位成本,货车单位成本,定额流动资金周转天数。以上指标分列地方汽车运输企业与地方轮驳船运输企业的年初至本季累计数、去年同期数,与去年同期对比百分数。

随着我国统计制度的不断改革,对环境、安全等方面的统计不断加强,统计调查项目和内容日益完善。

对于交通部,国家统计局审批的统计调查项目主要有:道路运输统计报表制度、交通部直属单位劳动工资统计报表制度、交通行业劳动工资统计报表制度、中华人民共和国海上国际运输业信息表、国内水路客运统计报表制度、国内航运统计报表制度、水路运输生产快速统计报表制度、两岸航运集装箱运量统计报表制度、交通行业能源消耗统计报表制度、民航局基本建设定期报表制度、收费公路统计报表制度、公路运输量分月抽样调查方案、交通固定资产投资统计报表制度、港口综合统计报表制度、交通运输综合统计报表制度、交通行业环境统计报表制度、公路水路交通运输业增加值核算方案、道路运输行业行车事故统计制度、交通档案工作基本情况统计报表制度、交通审计统计报表制度、航道维护工资统计报表制度、交通救捞统计报表制度、交通专用通信网统计报表制度、海事系统统计报表制度、国家干线公路交通量调查统计报表制度、专职纪检监察干部统计报表制度、三峡库区港口码头淹没复建工程形象进度季度统计报表制度、交通部公路统计报表制度等。

对于铁道部,国家局审批的统计调查项目主要有:铁路环境保护统计,铁路运输设备统计,铁路运输业劳动定员、定额管理统计,部属企业单位行政部门机构定员统计,铁路企业能源消费与节约统计,铁路职工教育统计,铁路卫生事业统计,铁路多种经营统计,铁路物资统计,铁路劳动统计,铁路旅客运输统计,工人构成统计等。

对于民航总局,国家统计局审批的项目主要有:民航综合统计报表制度、飞行小时、起落架次统计制度、民航总局通用航空生产、活动情况报送管理办法、外国航空公司运输业务量统计。

近年来,我国的交通运输统计工作虽然取得了很大的进步,但还不能完全适应我国社会经济发展的要求。主要表现在指标体系还需进一步完善,运输统计调查方法还不够全面,基础工作也还不够扎实,运输统计分析研究的开展还不适应各级领导的要求,计算机在运输统计工作中的应用还有待提高和完善,运输统计力量还需进一步加强。

第一章　运输基础设施统计

第一节　运 输 线 路

一、运输线路的定义和分类

运输线路是供运输工具定向移动的通道，是运输工具赖以运行的物质基础。运输线路包括水路运输线路、公路运输线路、铁路运输线路、航空运输线路和管道运输线路。

二、水路运输线路

水路运输是国家综合运输体系和水资源综合利用的重要组成部分，具有运能大、成本低、占地少、能耗低、污染小、安全可靠等特点，是我国实现社会经济可持续发展的重要战略资源。加快发展水运符合科学发展观和构建资源节约型、环境友好型社会的总体要求。水路运输线路的统计指标有助于我们认识及测量水路运输的发展情况，并为合理建设发展水路运输提供了可靠的数量支持。下面将说明水路运输线路主要统计指标（表 1-1）以及计算方法规定。

水路运输线路的主要统计指标　　表 1-1

水路运输线路	航道	航道里程；航道维护里程；航道通过能力
	内河航道永久性构筑物	船闸数量；船闸通过能力
		升船机数量；升船机通过能力
		碍航闸坝数量；断航闸坝数量
		跨航道建筑物数量

（一）航道

所谓航道，一般指以组织水上运输为目的，保证船舶航行安全所规定或设置（包括建设）的船舶航行通道。在船舶航道中，以通航海船为主的是海上航道；通航内河船为主的是内河航道。航道内应有充分的水深和宽度，并应有比较稳定的流速，航道转向处应有适当缓和的弯曲度，在航道内应有航标等导航设备。

1. 航道里程

航道里程是指报告期末在沿海、江河、湖泊、水库、渠道和运河水域内，船、排筏在不同水位期可以通航的实际航道里程数。内河航道里程也称内河通航里程，指在一定时期内，能通航运输船舶及排筏的天然河流、湖泊水库、运河及通航渠道的长度。包括全年季节性通航累计三个月以上的航道,不包括仅供零散流放竹、木排的河道。该指标可以反映内河水运网的规模、水平和发展情况。计算单位:公里(千米,以下同)、海里(1 海里 =1.852 公里)。

计算原则:内河航道里程按主航道中心线实际长度计算。航道里程不得重复计算。

统计分组:

(1)按行政等级分为国家航道里程、地方航道里程和专用航道里程。

(2)内河航道里程按航道等级分为一级航道里程、二级航道里程、三级航道里程、四级航道里程、五级航道里程、六级航道里程、七级航道里程和七级以下航道里程。

(3)按航道自然特性分为天然航道里程和人工航道里程:

①天然航道。系利用天然水域提供的航道尺度行驶相应尺度船舶的航道。如果局部河段尺度不足,则通过整治与疏浚的手段使之达到要求的尺度。

②人工航道。包括渠化河流航道和人工开挖的运河、渠道。渠化河流是在天然河流上分段筑坝,抬高水位,以提高航道等级,并在坝址处兴建过船建筑物。

(4)按可通航时间分为全年通航航道里程和季节性通航航道里程。

(5)按航道设置助航标志情况分为设标航道里程和未设标航道里程。

(6)按通航状况分为正常通航航道里程、恶化航道里程和断航航道里程。

2. 航道维护里程

航道维护里程是指报告期内航道里程中,为保证航道正常通航条件而进行经常性或季节性航道养护工作的里程数。计算单位:公里。

3. 航道通过能力

航道通过能力计算是内河航道规划中重要的基础性工作。航道通过能力研究可作为多种交通方式比选,航道规划、设计,航运交通管理与控制方式,以及船舶建造引导政策确定的依据。航道通过能力计算方法主要包括德国公式、长江公式、川江航道公式、苏南运河公式等。常用的航道通过能力以上、下水的货运量的总和表示。如以一个方向的货运量表示,则为单向通过能力。

案例 1-1 中国的内河航道概况

中国的内河水运体系以长江、珠江、京杭运河、淮河、黑龙江和松辽水系为主体。目前,内河水运的服务腹地有了较大的延伸和扩展,服务质量明显提高,长江已成为世界上完成货运量最大、运输最繁忙的通航河流,为流域经济社会的持续、快速发展发挥了重要作用。

《全国内河航道与港口布局规划》将全国内河航道划分为两个层次,分别是高等级航道和其他等级航道。在水运资源较为丰富的长江水系、珠江水系、京杭运河和淮河水系、黑龙江和松辽水系,以及其他水系,形成了长江干线、西江航运干线、京杭运河、长江三角洲高等级航道网、珠江三角洲高等级航道网和 18 条主要干支流高等级航道(简称“两横一纵两网十八线”)的布局,构成了我国各主要水系以通航千吨级及以上船舶的航道为骨干的航道网络。规划内河高等级航道约 1.9 万公里(占全国内河航道里程的 15%),其中三级及以上航道 14300 公里,四级航道 4800 公里,分别占 75% 和 25%。

根据《2009 年公路水路交通运输行业发展统计公报》,截至 2009 年年底,全国内河航道通航里程12.37万公里。其中等级航道6.15万公里，占总里程的49.8%；三级及以上航道0.88万公里，占总里程的7.1%；五级及以上航道2.48万公里，占总里程的20.0%。各等级内河航道通航里程如表1-2所示。

各等级内河航道通航里程　表1-2

航道等级	里程(万公里)	百分比(%)	累计百分比(%)
一级航道	1385	2.25	2.25
二级航道	2741	4.45	6.70
三级航道	4716	7.66	14.37
四级航道	7402	12.03	26.39
五级航道	8521	13.84	40.24
六级航道	18433	29.95	70.19
七级航道	18348	29.81	100
合计	61546	100	—

中国各水系内河航道通航里程如表1-3所示。

各水系内河航道通航里程(单位:公里)　表1-3

水系	长江水系	淮河水系	珠江水系	黄河水系	闽江水系	京杭运河
航道里程	64016	17201	15952	3333	1973	1410

(二)内河航道永久性构筑物

1.船闸数量

船闸数量指报告期末实际拥有船闸的数量。一般按船闸类型分为:单线、复线、多线船闸数量。计算单位:座。

2.船闸通过能力

船闸通过能力指单位时间内(通常为一年)船闸能够通过的船舶总载重吨或最大货运量。一般按设计或核定能力计算。计算单位:万吨/年。

3.升船机数量

升船机数量指报告期末实际拥有升船机的数量,一般按吨级进行统计分组。计算单位:座。

4.升船机通过能力

升船机通过能力指单位时间内(通常为一年)升船机能够通过的船舶总载重吨或最大货运量。一般按设计或核定能力计算。计算单位:万吨/年。

5.碍航闸坝数量

碍航闸坝数量指报告期末实际存在碍航闸坝的数量。计算单位:座。

6.断航闸坝数量

断航闸坝数量指报告期末实际存在断航闸坝的数量。计算单位:座。

7.跨航道建筑物数量

跨航道建筑物数量指报告期末跨航道建筑物的实际数量。一般按建筑物种类分为桥梁、电缆、管线数量等。计算单位:处。

案例1-2　我国的内河航道永久性构筑物

根据《2009年公路水路交通运输行业发展统计公报》,截至2009年年底,全国内河航道共有4153处枢纽,其中具有通航功能的枢纽2344处。通航建筑物中,有船闸847座、升船机42座。

三、公路运输线路

公路运输是现代运输中很重要的一种运输方式。公路是具有一定线型、宽度和强度,主要供汽车行驶的人工陆上道路。虽然除汽车之外还有其他车辆在公路上行驶,但作为一种现代化的运输方式而言,公路运输实质上即是汽车运输。公路运输是我国综合运输体系中的重要组成部分。表1-4列出了有关公路运输线路的主要统计指标。

公路运输线路的主要统计指标　　表1-4

公路运输线路	公路线路	公里里程;车道里程
		公路密度;公路通达率
		等级公路比率
		公路绿化率
		交通量;折算交通量;可能通行能力;设计通行能力;交通拥挤度
	公路构造物	公路桥梁数量;公路桥梁长度;桥梁良好率;涵洞数量
		公路隧道数量;公路隧道长度
		公路渡口数量;载车渡船数量
	收费公路	收费公路里程;收费公路里程比率;收费公路通行量
		收费桥梁数量;收费桥梁通行量
		收费隧道数量;收费隧道通行量
		收费渡口数量;收费渡口通行量
		车辆通行费收入;过渡费收入
		收费站数量;收费站密度

(一)公路线路

1. 公路里程

公路里程指在一定时期内实际达到《公路工程[WTBZ]技术标准JTJ 01—88》规定的等级公路,并经公路主管部门正式验收交付使用的公路里程数。该指标可以反映公路建设的发展规模,也是计算运输网密度等指标的基础资料。计算单位:公里。

公路里程的统计范围包括城间、城乡间、乡(村)间能行驶汽车的公共道路,公路通过城镇街道的里程,公路桥梁长度、隧道长度、渡口宽度;不包括城市街道里程,断头路里程,农(林)业生产用道路里程和工(矿)企业等内部道路里程。

统计原则:

(1)按已竣工验收或交付使用的实际里程计算。

(2)两条或多条公路共同经由同一路段的重复里程,只计算一次。

统计分组:

(1)按公路工程技术标准分为等级公路里程和等外公路里程。等级公路里程按技术等级分为高速公路里程、一级公路里程、二级公路里程、三级公路里程和四级公路里程。

①高速公路。能适应年平均昼夜汽车交通量为25000辆以上。具有特别重要的政治、经济意义,专供汽车分道高速行驶并全部控制出入的公路。

②一级公路。能适应年平均昼夜汽车交通量为5000~25000辆,连接重要政治、经济中心,通往重点工区,可供汽车分道行驶并部分控制出入,部分立体交叉的公路。

③二级公路。能适应按各种车辆折合成载货汽车的平均昼夜交通量为2000~5000辆,连接政治、经济中心或大工矿区等地的干线公路,或运输任务繁忙的城郊公路。

④三级公路。能适应按各种车辆折合成载货汽车的年平均昼夜交通量为2000辆以下,沟通县及县以上城市的一般干线公路。

⑤四级公路。能适应按各种车辆折合成载货汽车的年平均昼夜交通量为200辆以下,沟通县、乡(镇)、村等支线公路。

(2)按公路行政等级分为国道里程、省道里程、县道里程、乡道里程和专用公路里程。

(3)按公路路面状况分为有路面公路里程和无路面公路里程。有路面公路里程按路面等级分为高级路面里程、次高级路面里程、中级路面里程和低级路面公路里程。

(4)按公路通车情况分为晴雨通车里程和晴通雨阻里程。

(5)按公路绿化情况分为可绿化里程和不可绿化里程。可绿化里程按实际绿化情况分为已绿化里程和待绿化里程。

2. 车道里程

车道里程是指报告期末公路上用于车辆通行的主线车道的长度,用于反映公路的综合通行能力。计算单位:公里。

对拥有不同主线车道数的公路应分段计算,每个全路路段的计算公式:

车道里程(公里)=该路段的公路里程(公里)×主线车道数　(1-1)

主线车道数是指公路在非高峰时段上下双向用于车辆通行的主要车道数,不包括用于停车、车辆转弯、收费站、车辆迂回、服务区区道等用途的车道数。

统计分组:

(1)按公路技术等级分为高速公路里程、一级公路里程、二级公路里程、三级公路里程和四级公路车道里程。

(2)按公路行政等级分为国道里程、省道里程、县道里程、乡道里程和专用公路车道里程。

(3)按路面等级分为高级路面里程、次高级路面里程、中级路面里程和低级路面车道里程。

3. 公路密度

公路密度是指报告期末一定区域内单位国土面积(人口、车辆)所拥有的公路里程数。

计算方法:

(1)按国土面积计算。计算单位:公里/百平方公里。计算公式:

$$公路密度 = \frac{公路里程}{国土面积} \tag{1-2}$$

(2)按人口计算。计算单位:公里/万人。计算公式:

$$公路密度 = \frac{公路里程}{人口数} \tag{1-3}$$

(3)按车辆计算。计算单位:公里/百辆。计算公式:

$$公路密度 = \frac{公路里程}{车辆数} \tag{1-4}$$

(4)按国土面积和人口的综合数计算。计算单位:公里/(百平方公里万人)$^{1/2}$。计算公式:

$$公路密度 = \frac{公路里程}{\sqrt{国土面积 \times 人口数}} \tag{1-5}$$

4. 公路通达率

公路通达率是指报告期末一定区域内已通公路的行政区占本区域全部行政区的比重。计算单位:%。

公路通达率一般采用“乡镇(村)公路通达率”表示,计算公式:

$$乡镇(村)公路通达率 = \frac{已通公路的行政乡镇(村)数}{行政乡镇(村)总数} \times 100\% \tag{1-6}$$

5. 等级公路比率

等级公路比率指报告期末等级公路里程占公路里程的比重。计算单位:%。计算方法:可按不同技术等级分别计算。

6. 公路绿化率

公路绿化率指报告期末已绿化公路里程占公路总里程的比重,反映现有公路已达到绿化标准的程度。计算单位:%。计算公式:

$$公路绿化率 = \frac{已绿化公路里程}{公路总里程} \times 100\% \tag{1-7}$$

7. 交通量

交通量指在单位时间内通过公路某一断面的实际车辆数。计算单位:辆/小时。

计算方法:观测记录一定时间内通过公路某一断面各种类型车辆的数量。

8. 折算交通量

折算交通量指在单位时间内通过公路某一断面的折算车辆数。计算单位:辆/小时。

计算方法:每类车辆的交通量与该类车辆的折算系数乘积之和。

9. 可能通行能力

可能通行能力指在现实的公路和交通条件下,单位时间内一个车道或一条公路某一路段可以通过的最大折算车辆数。计算单位:辆/小时。

10. 设计通行能力

设计通行能力指公路交通的运行状态保持在某一设计的服务水平时,单位时间内公路上某一路段可以通过的最大折算车辆数。计算单位:辆/小时。

11. 交通拥挤度

交通拥挤度指公路上某一路段折算交通量与设计通行能力的比值,其反映交通的繁忙程度。计算单位:%。计算公式:

$$交通拥挤度 = \frac{折算交通量}{设计通行能力} \times 100\% \tag{1-8}$$

案例 1-3　我国公路运输线路概况

根据《2009 年公路水路交通运输行业发展统计公报》,截至 2009 年年底,全国公路总里程达 386.08 万公里,分类别公路里程如表 1-5 所示。全国等级公路里程 305.63 万公里,占总里程的 79.2%,其中二级及以上高等级公路里程 42.53 万公里,占总里程的 11.0%。按公路路面类型分,各类型路面里程分别为:有铺装路面 171.99 万公里,其中沥青混凝土路面 48.89 万公里,水泥混凝土路面 123.10 万公里;简易铺装路面 53.25 万公里;未铺装路面 160.83 万公里。全国有铺装路面和简易铺装路面公路里程 225.24 万公里,占总里程的 58.3%。

分类别公路里程表(单位:万公里)　　表 1-5

公路类别	公路里程	公路等级	公路里程	路面类型		路面里程
国道	15.85	高速公路	6.51	有铺装路面	沥青混凝土	48.89
省道	26.60	一级公路	5.95		水泥混凝土	123.10
县道	51.95	二级公路	30.07	简易铺装		53.25
乡道	101.96	三级公路	37.90	未铺装		160.83
专用公路	6.72	四级公路	225.20			
村道	183.00	等外公路	80.46	—		
合计	386.08	合计	386.09			

全国公路密度为 40.22 公里/百平方公里,全国通公路的乡(镇)占全国乡(镇)总数的 99.60%,通公路的建制村占全国建制村总数的 95.77%。全国公路养护里程 368.83 万公里,占公路总里程的 95.5%。全国公路绿化里程 177.29 万公里,占公路总里程的 45.9%。

(二)公路构造物

1. 公路桥梁数量

公路桥梁数量指报告期末公路桥梁的实际数量。计算单位:座。公路桥梁数量按照以下方法计算:

(1)对于上下行路线及带有辅道的路线,两幅路上同一断面的并行桥梁按两座桥计算。

(2)由于路线的多次加宽,单幅路同一断面出现两座以上不同建设年代、不同结构形式、不同荷载等级的桥梁计为一座桥梁。

(3)互通式立交桥梁计为一座桥梁。

(4)在高填土路堤公路上设置的类似桥梁的通道,其跨径符合"桥梁涵洞按跨径分类标准"中桥梁标准的,计入公路桥梁数量。

统计分组:

(1)按公路桥梁的建筑材料和使用年限分为永久性桥梁数量、半永久性桥梁数量和临时性桥梁数量。

(2)按桥梁的跨径分为特大桥数量、大桥数量、中桥数量和小桥数量。

(3)按公路桥梁的技术等级分为一类桥梁数量、二类桥梁数量、三类桥梁数量和四类桥梁数量。

2. 公路桥梁长度

公路桥梁长度指报告期末公路桥梁的实际长度。计算单位:延米。

计算方法:有桥台的桥梁为两岸桥台侧墙或八字墙尾端间的距离,无桥台桥梁为桥面行车道长度。

统计分组:同公路桥梁数量的统计分组。

3. 桥梁良好率

桥梁良好率指报告期末一类、二类公路桥梁数量(长度)占公路桥梁数量(长度)的比重。计算单位:%。计算公式:

(1)按桥梁数量计算:

$$桥梁良好率 = \frac{一、二类桥梁数量}{公路桥梁数量} \times 100\% \tag{1-9}$$

(2)按桥梁长度计算

$$桥梁良好率 = \frac{一、二类桥梁长度}{公路桥梁长度} \times 100\% \tag{1-10}$$

4. 涵洞数量

涵洞是横贯并埋设在路堤中的供排泄洪水、灌溉或交通使用的渠道或管道。按《中国公路桥涵设计规范》规定:多跨桥梁的总长小于8米,或单孔跨度小于5米者,也称涵洞。涵洞数量指报告期末涵洞的实际数量。计算单位:道。

5. 公路隧道数量

公路隧道数量指报告期末公路隧道的实际数量。计算单位:处。

统计分组:按公路隧道长度分为特长隧道数量、长隧道数量、中隧道数量和短隧道数量。

6. 公路隧道长度

公路隧道长度指报告期末公路隧道的实际长度。计算单位:米。

计算方法:隧道长度按进出口洞门端墙面之间的距离,即两端墙墙面与路面的交线同路线中线交点间的距离。

统计分组:同公路隧道数量的统计分组。

7. 公路渡口数量

公路渡口数量指报告期末公路渡口的实际数量。计算单位:处。

统计分组:一般分为机动渡口数量和非机动渡口数量。

8. 载车渡船数量

载车渡船数量指报告期末公路渡口所拥有载车渡船的实际数量。计算单位:艘。

统计分组:一般分为机动渡船数量和非机动渡船数量。

案例1-4　我国公路构造物概况

根据《2009年公路水路交通运输行业发展统计公报》,截至2009年年底,全国公路桥梁达62.19万座、2726.06万米,其中特大桥梁1699座、288.66万米,大桥42859座、981.90万米。全国公路隧道为6139处、394.20万米,其中特长隧道190处、82.11万米,长隧道905处、150.07万米。

(三)收费公路

1.收费公路里程

收费公路里程指报告期末公路总里程中,收取车辆通行费的公路里程数。计算单位:公里。

统计分组:一般根据收费公路的性质分为收费还贷里程、收费经营里程和其他收费公路里程。

2.收费公路里程比率

收费公路里程比率指报告期末收费公路里程占公路总里程的比率。计算单位:%。计算公式:

$$\text{收费公路里程比率} = \frac{\text{收费公路里程}}{\text{公路总里程}} \times 100\% \tag{1-11}$$

3.收费公路通行量

收费公路通行量指在报告期内通过收费公路的实际车次数。计算单位:辆。

统计分组:

(1)按通行车辆的核定吨(客)位分组。

(2)按是否收取通行费分为收费车辆通行量和免费车辆通行量。

4.收费桥梁数量

收费桥梁数量指报告期末单独收取通行费的公路桥梁实际数量。计算单位:座。

5.收费桥梁通行量

收费桥梁通行量指在报告期内通过收费公路桥梁的实际车次数。计算单位:辆。

统计分组:同收费公路通行量的统计分组。

6.收费隧道数量

收费隧道数量指报告期末单独收取通行费的公路隧道实际数量。计算单位:处。

7.收费隧道通行量

收费隧道通行量指在报告期内通过收费公路隧道的实际车次数。计算单位:辆。

统计分组:同收费公路通行量的统计分组。

8.收费渡口数量

收费渡口数量指报告期末收取通行费公路渡口的实际数量。计算单位:处。

9.收费渡口通行量

收费渡口通行量指在报告期内通过收费公路渡口的实际车次数。计算单位:辆。

统计分组:同收费公路通行量的统计分组。

10. 车辆通行费收入

车辆通行费收入指在报告期内向通行车辆收取的通行费金额。计算单位:元。

统计分组:

(1)按设施类型分为公路通行费收入、桥梁通行费收入和隧道车辆通行费收入。

(2)按收费性质分为经营性通行费收入、还贷性通行费收入和其他通行费收入。

(3)按通行车辆的核定吨(客)位分组。

11. 过渡费收入

过渡费收入指在报告期内向通过收费渡口的车辆收取的过渡资金额。计算单位:元。

12. 收费站数量

收费站数量指报告期末收费站点的实际数量。计算单位:个。

统计分组:一般分为公路收费站数量、桥梁收费站数量、隧道收费站数量和渡口收费站数量。

13. 收费站密度

收费站密度指报告期末单位收费公路里程的收费站数量。计算单位:个/百公里。计算公式:

$$收费站密度 = \frac{收费站数量}{收费公路里程} \tag{1-12}$$

四、铁路、航空及管道运输线路

铁路、航空及管道运输线路的主要统计指标如表1-6所示。

铁路、航空及管道运输线路的主要统计指标　　表1-6

铁路运输线路	铁路营业里程;铁路正线延展里程;铁路电气化里程;铁路自动、半自动闭塞里程
航空运输线路	民用航空航线里程
管道运输线路	输油(气)管道长度;输油(气)管道延展长度;输油(气)能力

(一)铁路运输线路

1. 铁路营业里程

铁路营业里程又称营业长度(包括正式营业和临时营业里程),指办理客货运输业务的铁路正线总长度。凡是全线或部分建成双线及以上的线路,以第一线的实际长度计算;复线、站线、段管线、岔线和特殊用途线以及不计算运费的联络线都不计算营业里程。铁路营业里程是反映铁路运输业基础设施发展水平的重要指标,也是计算客货周转量、运输密度和机车车辆运用效率等指标的基础资料。

2. 铁路正线延展里程

铁路正线延展里程指正线第一线、第二线、第三线和其他正线建筑里程之和,不包括站线、段管线、岔线及特殊用途线的延展里程。它是作为计算铁路线上钢轨、枕木及路基砂石需要量的主要依据。

3. 铁路电气化里程

铁路电气化里程指在全部铁路营业里程中已安装了供电线路及设备,可以供电力机车牵

引列车运行的区段的总里程。

4. 铁路自动、半自动闭塞里程

为保证列车安全运行，在一个区间、同一时间内，一般只允许一列列车运行，这种保证列车在这个区间安全间隔运行的技术方法称为“闭塞”。自动和半自动闭塞里程是指装有列车自动或人工完成闭塞状态的铁路设备里程。自动或半自动闭塞里程占铁路营业里程的比重是反映铁路现代化的重要标志之一。

(二)航空运输线路

民用航空航线里程

民用航空航线里程指统计期间内全部民航运输定期班机飞行的航线长度的总和。航线长度按机场之间的距离计算，通常有两种计算方法：一是将每条航线长度相加称为重复计算航线里程；二是将两线或两条以上航线经过同一区段里程，只计算一次航线长度称为不重复计算航线里程。一般常用的是后者，它能确切反映民航运输网的规模，是表明民航事业为国民经济服务和方便人民生活程度的主要指标。

(三)管道运输线路

1. 输油(气)管道长度

输油(气)管道长度也称输油(气)里程，指油品(或天然气)的实际输送距离，一般按输油(气)管道的单线长度计算。若包括复线和备用线长度则称为输油(气)管道延展长度，指管道铺设的实际长度。我们通常使用的是不包括复线的“输油(气)管道里程”，它是反映管道运输发展规模和水平的主要指标。

2. 输油(气)管道延展长度

输油(气)管道延展长度指管道敷设的实际长度，包括复线和备用线的长度。输油气里程和延展长度均不包括各站内工艺管线。

3. 输油(气)能力

输油(气)能力指在油气产量及设备正常的条件下，在年度有效工作时间内，最大可能的输油(气)量。一般按设计能力填报，当实际条件发生很大变化时，则按上级批准的查定能力计算。

在计算输油气管道的输送能力时，对于一条输油气管道的输送能力只能根据干线的输送能力来确定，可以不考虑干线与支线的能力平衡。在几条输油气管线联网时，该管网的输油气能力则应根据各输油气管网的运行情况由有关部门综合确定，而不是把各条管道的能力简单地相加。

案例 1-5　我国的铁路、航空和管道运输线路概况

根据中国统计年鉴，截至 2008 年年底，铁路营业里程为 7.97 万公里，国家铁路营业里程达 6.40 万公里(正式营业里程为 6.01 万公里，临时营业里程为 3836 公里，正式营业里程比重为 94%)，其中复线里程 2.66 万公里，复线里程比重占 41.6%；内燃牵引里程为 3.90 万公里，占营业里程比重 60.9%；调度集中里程为 5541 公里；自动闭塞里程为 2.81 万公里，半自动闭塞里程为 3.73 万公里；国家铁路电气化里程为 2.50 万公里，占营业里程比重 39.1%；无缝线

路里程为6.22万公里;营业车站6033个,继电集中车站3849个,占营业车站比重63.8%;计算机连锁车站1888个,占营业车站比重31.3%。民航航线里程为246.18万公里,其中国际航线里程为112.02万公里。管道输油(气)里程为5.83万公里。

第二节 运输场站

一、水路运输场站

水路运输场站的分类及其主要指标如表1-7所示。

水路运输场站的主要统计指标　　表1-7

水路运输场站	助航设施	航标数量;绞滩站数量;岸绞设施数量;绞滩船数量;控制信号台数量
	港口设施:港口、码头、泊位	港口个数;港区面积;港区岸线长度
		码头泊位长度;码头前沿水深
		泊位个数;靠泊能力;泊位通过能力;泊位综合通过能力
	港口设施:仓库、堆场	库场面积;库场有效面积;单位面积堆存定额;库场容量;平均堆存能力;库场通过能力
		油罐、液化气罐、圆筒仓容积;油罐、液化气罐、圆筒仓有效容积;油罐、液化气罐、圆筒仓容量
	港口设施:铁路专用线、运输管道、滚装连接桥	铁路专用线长度;铁路装卸线长度;铁路装卸线通过能力
		运输管道长度;运输管道通过能力
		滚装连接桥数量
	港口设施:锚地、进出港航道、防波堤	锚地面积;锚地水深;锚地系泊能力
		进出港航道长度;进出港航道水深;进出港航道宽度;进出港航道乘潮持续时间;进出港航道满载通航最大船舶吨级
		防波堤长度

(一)助航设施

助航设施包括航标、绞滩站、绞滩船、控制信号台等。航标,即助航标志,是帮助船舶安全、经济和便利航行而设置的具有视觉、音响和无线电的信息服务作用的设施。绞滩是用一定的设备牵引船舶过急流滩的作业。当船舶以其最大功率航行而对岸航速仍低于0.5米/秒时,就需要绞滩。在工业发达国家,一般采用加大船舶功率的办法过滩而不用绞滩。绞滩依动力可区分为人力绞滩、水力绞滩和机械绞滩三种。

1. 航标数量

航标是航行标志的简称,指标示航道方向、界限与碍航物的标志,包括过河标、沿岸标、导标、过渡导标、首尾导标、侧面标、左右通航标、示位标、泛滥标和桥涵标等,是帮助引导船舶航行、定位和标示碍航物与表示警告的人工标志。它设于通航水域或其近处,以标示航道、锚地、滩险及其他碍航物的位置,表示水深、风情,指挥狭窄水道的交通。它对水运、渔业、海洋开发

和国防建设，建立海上和内河的安全经济通道，有着十分重要的作用。

航标数量指报告期末设标航道实际拥有的航标数量。计算单位：座。

统计分组：按航标布设的区域、主要作用形式、航标数量、固定形式、功能、配布类别、设置地点可以对航标进行分组。

（1）按布设的区域划分为海上航标数量和内河航标数量。

①海上航标：包括目视航标、音响航标和无线电航标。目视航标靠驾引人员视觉识别，最为方便。目视航标有一定颜色供白天识别，夜间发射闪光，灯塔、浮标、灯桩、灯船均属此种航标。音响航标按规定发出声响，可在能见度差的天气中助航，包括雾号、雾钟、雾笛和雾哨等。无线电航标是用无线电波为船舶助航，其设施包括无线电指向标、无线电导航台、雷达指向标、雷达应答标、雷达反射器和雷达指向标等。

②内河航标：用于江、河水域。内河航标各国不尽相同。中国的内河航标分为三类19种：一是引导航行标志，简称引航标志，用于标示内河安全航道的方向和位置等，有过河标、接岸标、导标、过河导标、首尾导标、桥涵标6种；二是指示危险标志，用于指示内河中有碍航行安全的障碍物，有三角浮标、浮鼓、棒形浮标、灯船、左右通航浮标、泛滥标6种；三是信号标志，用于标示航道深度、架空电线和水底管线位置，预告风讯，指挥弯曲狭窄航道的水上交通，有水深信号杆、通行信号台、鸣笛标、界限标、电缆标、横流浮标、风讯信号杆7种。中国内河航标表示右岸的漆红色，灯标发红光；表示左岸的漆白色，灯标发白光或绿光。河流的左右岸以面向下游为准，港口的左右岸以面向进港为准。

（2）按主要作用形式分为视觉航标数量、无线电导航航标数量和音响航标数量。

①视觉航标：又称目视航标，能使驾驶人员通过直接观测迅速辨明水域，确定船位，安全航行，是使用最多最方便的航标。目视航标常常颜色鲜明，以便白天观测；发光的目视航标可供日夜使用。常见的目视航标有灯塔、立标、灯桩、浮标、灯船和各种导标。灯塔是设置在重要航道附近的塔形发光固定航标，一般有人看守。立标是设置在岸边或浅滩上的固定航标，标身为杆形、柱形或桁架形。发光的立标称灯桩，发光射程比灯塔近得多。浮标是用锚碇泊水中的航标，用以表示航道、浅滩、碍航物等；发光的称灯浮标。灯船是作为航标使用的专用船舶，装有发光设备，作用与灯塔相同，锚碇于难以建立灯塔之处，一般不能自航。导标是由前后两个立标或灯桩组成的一对叠标，经过精确测量定点建立。导标最易观测，在其作用距离内只要看到两标重叠，就是船舶正好位于导标线上。导标用于引导船舶进出港口，通过狭窄航道，进入锚地以及转向、避险、测速、校正罗经等。激光导标也已开始应用。

②无线电导航航标：是以无线电波传送信息供船舶测定船位的助航标志。利用无线电技术对运载体运动进行引导，称为无线电导航。能够完成一定的无线电导航任务的技术装置总体，称为无线电导航系统。一般认为无线电是航海导航的新技术。与视觉航标相比，无线电导航系统通常有更大的覆盖区。无线电航标包括雷达反射器、雷达指向标、雷达应答器、无线电指向标、罗兰A、罗兰C、台卡、奥米加、子午仪卫星导航系统、全球导航星系统、全球定位系统和差分全球定位系统。

③音响航标：是以音响传送信号，引起航行人员注意的助航标志。音响航标，在能见度不良的天气或在水中，发出具有一定识别特征的音响信号，使船舶知道其概略方位，起警告危险作用。空中音响航标以空气作为传播介质，是使用最早、最普遍的音响航标。空中音响航标包

括雾钟、雾锣、雾角、雾哨、雾炮和雾号。水中音响航标以水为传播介质,常用的有水中钟、水中定位系统和水中振荡器。水中音响航标使用极少。

(3)按固定形式分为固定航标数量和浮动航标数量。

(4)按功能分为航行标志数量、信号标志数量和专用标志数量。

(5)按配布类别分为一类标志数量、二类标志数量、三类标志和重点标志数量(内河航道配布)。

①一类标志:在航运发达的河道上设置一类航标,由岸标和浮标交相组成,夜间全部发光,保证船舶昼夜都能从一个航标看到次个航标。

②二类标志:在航运较为发达的河段上设置二类航标,发光航标和不发光航标分段配布。在昼夜通航的河段上配布发光航标,其标志配布与一类航标配布相同;在夜间不通航的河段上配布不发光的航标,其标志配布密度与三类航标配布相同。

③三类标志:在航运不甚发达的河段上设置三类航标,密度较稀,夜间不发光,船舶只能利用航标和天然物在白天航行。

(6)按设置地点分为岸标数量和浮标数量。

2. 绞滩站数量

绞滩站数量指报告期末实际拥有的绞滩站数量。计算单位:个。

3. 岸绞设施数量

岸绞设施数量指报告期末实际拥有岸绞设施的数量。计算单位:处。

4. 绞滩船数量

绞滩船数量指报告期末实际拥有绞滩船的数量。计算单位:艘。

5. 控制信号台数量

控制信号台数量指报告期末实际拥有控制信号台的数量。计算单位:个。

(二)港口设施:港口、码头、泊位

港口是海上运输的基地,是连接水陆运输的枢纽。船舶在港口码头停泊,装卸货物,补充燃料、淡水、食物,办理客货运输和其他各种业务。港口的范围包括港内水域和港口陆域两大部分,港内水域有供船舶停泊的地方,称为泊位、锚地。海港是各种运输方式的集中点,具有各种设备及组织,为船舶和客货运输提供服务。内河港又称河港,是指位于江河沿岸的港口。在内河运输中具有重要的地位。它是船舶停泊、编队、补给燃料的基地,也是江河沿岸旅客货物的集散地。

港口设施和设备是港口企业进行生产经营活动的物质基础,包括码头、泊位、仓库、堆场、装卸机械、锚地、进港航道等。其技术性能的先进性、数量的多少、技术状态及其完好程度等,均直接影响港口生产系统各环节的能力大小,并决定港口的通过能力。

1. 港口个数

港口个数指报告期末港口的实际数量。计算单位:个。

统计分组:

(1)按港口所属的地理位置分为海港个数和河港个数。

(2)按港口是否对外籍船舶开放分为对外开放港口个数和不对外开放港口个数。

2. 港区面积

港区面积指报告期末港区的实际面积,包括水域和陆域面积。计算单位:平方公里。

3. 港区岸线长度

港区岸线长度指报告期末港区陆域与水域毗邻地段的实际长度。包括码头长度、护岸和自然岸坡等长度。计算单位:米。

4. 码头泊位长度

码头泊位长度指报告期末用于停系靠船舶,进行货物装卸和上下旅客地段的实际长度。包括固定的、浮动的各种形式码头的泊位长度。计算单位:米。

5. 码头前沿水深

码头前沿水深指码头前沿当地设计低水位以下的水深,可分为设计水深、维护水深和实际水深。计算单位:米。

6. 泊位个数

泊位个数指报告期末泊位的实际数量。计算单位:个。

统计分组:

(1)按泊位形式分为码头泊位个数和浮筒泊位个数。

(2)按泊位的使用性质分为生产性泊位个数和非生产性泊位个数。

(3)按泊位的主要用途分为通用散货泊位个数、通用件杂货泊位个数和专业化泊位个数等。

(4)按泊位的服务类型分为公用泊位个数和货主专用泊位个数。

(5)此外还可按靠泊能力、码头前沿水深分组。

7. 靠泊能力

靠泊能力指在当地设计低水位时,泊位所能靠泊并进行装卸货物、上下旅客等正常作业的最大满载船舶的载重吨级。计算单位:吨。

计算方法:以码头设计文件标明或核定的靠泊能力为准。

8. 泊位通过能力

泊位通过能力指一个泊位在一定时期(通常为一年)内可靠泊船舶所载货物(旅客)的额定数量,即设计或核定的通过能力。计算单位:万吨(万 TEU、万人次、万辆次)/年。

统计分组:参照泊位个数的统计分组。

9. 泊位综合通过能力

泊位综合通过能力指一个泊位在一定时期(通常为一年)内装卸、储存、集疏运各环节相互适应时能够通过货物(旅客)的额定数量。计算单位:万吨(万 TEU、万人次、万辆次)/年。

统计分组:参照泊位个数的统计分组。

案例1-6　我国港口设施概况

根据《2009 年公路水路交通运输行业发展统计公报》,截至 2009 年年底,全国港口拥有生产用码头泊位 31429 个,其中万吨级及以上泊位 1554 个。全国沿海港口拥有生产用码头泊位 5320 个,其中万吨级及以上泊位 1261 个;内河港口拥有生产用码头泊位 26109 个,其中万吨级及以上泊位293个。全国港口的吨级数量结构如表1-8所示。

我国港口吨级数量结构(单位:个) 表1-8

泊位吨级	沿海泊位个数	内河泊位个数	全国泊位个数
1~3万吨级(不含3万吨级)	533	149	682
3~5万吨级(不含5万吨级)	193	83	276
5~10万吨级(不含10万吨级)	371	56	427
10万吨级以上	164	5	169
合计	1261	293	1554

全国万吨级及以上泊位中,通用散货泊位274个,通用件杂货泊位284个,专业化泊位863个。专业化泊位中,集装箱泊位280个,煤炭泊位168个,金属矿石泊位44个,原油泊位66个,成品油泊位108个,散装粮食泊位24个。专业泊位的比例如图1-1所示。

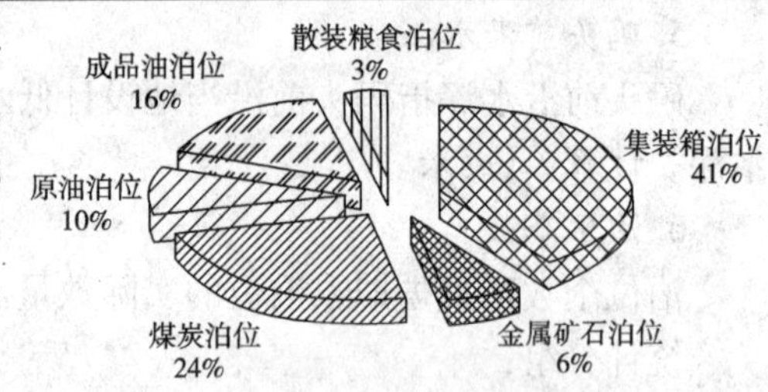

图1-1 各类专业泊位的数量比例

(三)港口设施:仓库、堆场

1.库场面积

库场面积指报告期末库场内部的总面积。计算单位:平方米。

计算方法:多层仓库应为各层仓库的面积之和。

统计分组:

(1)按库场所在位置可分为前方库场面积和后方库场面积。

(2)按库场建筑结构可分为仓库面积、货棚面积和堆场面积。

2.库场有效面积

库场有效面积指报告期末库场面积中实际可用于堆存货物的面积。计算单位:平方米。

计算方法:库场有效面积为库场总面积减去办公室、墙距、柱距、货堆间距、消防设备间距、安全通道等所占用的不能用于堆存货物的面积。

统计分组:同库场面积的统计分组。

3.单位面积堆存定额

单位面积堆存定额指在同一时间内平均每平方米有效面积堆存货物的吨数。计算单位:吨/平方米。

单位面积堆存定额分技术定额与使用定额两种:

(1)技术定额。根据仓库、堆场建筑结构情况确定。

(2)使用定额。除根据仓库、堆场建筑结构情况外,还要按不同货物的物理化学特性、包装情况、堆码形式及高度,以及技术安全条件等因素来测定。计算单位:吨/平方米。如使用定额尚未测定时,可按下列公式计算:

$$\text{单位面积堆存定额}=\frac{\text{同一时间最大堆存货物吨数}}{\text{有效面积}} \tag{1-13}$$

油罐、圆筒仓的相应指标为单位有效容积存储定额。计算单位:吨/立方米。

4. 库场容量

库场容量指报告期末库场最大安全堆存货物的数量(又称库场一次堆存量)。计算单位:吨、TEU。计算公式:

$$容量 = 有效面积 \times 单位面积堆存(使用)定额 \tag{1-14}$$

$$容量 = \frac{有效面积}{TEU面积} \times 集装箱堆码层数 \tag{1-15}$$

5. 平均堆存能力

平均堆存能力指报告期内平均每天拥有的仓库、堆场的货物堆存能力。计算单位:吨/天、TEU/天。计算公式:

$$平均堆存能力 = \frac{\sum 每天的堆存能力}{日历天数} \tag{1-16}$$

6. 库场通过能力

库场通过能力指报告期内库场所堆存的货物数量。计算单位:吨、TEU。计算公式:

$$库场通过能力 = \frac{库场容量 \times 库场可供使用的天数}{货物平均堆存期} \tag{1-17}$$

7. 油罐、液化气罐、圆筒仓容积

油罐、液化气罐、圆筒仓容积指报告期末油罐、液化气罐、圆筒仓的实际容积。计算单位:立方米。

统计分组:一般按承装货物类别分组。

8. 油罐、液化气罐、圆筒仓有效容积

油罐、液化气罐、圆筒仓有效容积指报告期末油罐、液化气罐、圆筒仓实际可用于存储货物的容积,按设计文件标明的为准。计算单位:立方米。

9. 油罐、液化气罐、圆筒仓容量

油罐、液化气罐、圆筒仓容量即油罐、液化气罐、圆筒仓存储量,指报告期末油罐、液化气罐、圆筒仓一次最大安全存储货物的数量。计算单位:吨。计算公式:

$$油罐、液化气罐、圆筒仓容量(吨) = 有效容积 \times 单位容积存储定额 \tag{1-18}$$

(四)港口设施:铁路专用线、运输管道、滚装连接桥

1. 铁路专用线长度

铁路专用线长度指报告期末港口专用铁路线路的实际长度。包括到发线、调车线、编组线和装卸线等全部线路的长度。计算单位:米。

计算方法:单股专用线,从与铁路局线路交接的道岔尖轨尖端起,丈量至港内最终尽头线车挡止的长度。如专用线的一端另通往其他线路时,则应丈量至与其他线路交接的道岔尖轨尖端止;如专用线有两股以上线路时,应先选择一股为主干股道,按上述方法丈量,其余股道则由主干股道递岔出的道岔尖轨尖端起至车挡止。

2. 铁路装卸线长度

铁路装卸线长度指报告期末铁路专用线长度中,可用于装卸作业的线路的实际长度。计算单位:米。

3. 铁路装卸线通过能力

铁路装卸线通过能力指在一定时期(通常为一年)内铁路装卸线所具有的装卸货物的能

力。计算单位:吨/年。计算公式:

$$\text{铁路装卸线通过能力}=\frac{\text{装卸线可同时装卸车辆数量}\times\text{车辆平均载重量}\times\text{昼夜送车次数}\times\text{报告期铁路营运天数}}{\text{铁路装卸工作月不平衡系数}} \tag{1-19}$$

$$\text{铁路装卸工作月不平衡系数}=\frac{\text{报告期内最大月装卸量}}{\text{报告期内平均月装卸量}} \tag{1-20}$$

4. 运输管道长度

运输管道长度指报告期末港口用于输送散装原油、成品油、石油气等铺设的管道的实际总延展长度。包括复线、备用线的长度。计算单位:米。

统计分组:一般按管道的不同口径分组。

5. 运输管道通过能力

运输管道通过能力指一定时期(通常为1年)内港口运输管道最大可能通过油(或气)的数量。计算单位:立方米/年。计算公式:

$$\text{运输管道通过能力}=\frac{\text{管道流通效率}\times\text{每昼夜作业时间}\times\text{月作业天数}\times 12}{\text{作业月不平衡系数}} \tag{1-21}$$

$$\text{作业月不平衡系数}=\frac{\text{报告期内最大月通过量}}{\text{报告期内平均月通过量}} \tag{1-22}$$

统计分组:一般按管道的不同口径分组。

6. 滚装连接桥数量

滚装连接桥数量指报告期末港口所拥有的滚装连接桥的实际数量。计算单位:座。

(五)港口设施:锚地、进出港航道、防波堤

1. 锚地面积

锚地是指专供船舶停泊及进行水上装卸作业用的水域。

锚地面积指报告期末锚地的实际面积。计算单位:平方米。

统计分组:按锚地所处位置分为港内锚地面积和港外锚地面积。

(1)港内锚地。一般设在有掩护的水域,主要供船舶等候靠泊码头或进行水上过驳作业用,有的锚地还提供船队进行船舶编解组作业。

(2)港外锚地。港外锚地设在港外,供船舶候潮、待泊、联检及避风使用,也可用于装卸易燃易爆危险品停泊,有时也进行水上装卸作业。在有天然掩护条件的港外锚地可进行部分减载的过驳作业,使吃水较深的船舶能够进入水深不足的港池。

2. 锚地水深

锚地水深指锚地范围内,最浅处当地海图零点以下的水深。计算单位:米。

3. 锚地系泊能力

锚地系泊能力指报告期末锚地能够停泊的最大船舶载重吨级和对应的船舶数量。计算单位:吨级、艘数。

4. 进出港航道长度

进出港航道长度指报告期末进出港航道的实际长度。计算单位:米。

5. 进出港航道水深

进出港航道水深指进出港航道范围内，最浅处通航水位以下的水深，可分为设计水深、实际水深和乘潮水深。计算单位：米。

6. 进出港航道宽度

进出港航道宽度指进出港航道最窄处的航道宽度。计算单位：米。

7. 进出港航道乘潮持续时间

进出港航道乘潮持续时间指进出港航道乘潮水位所持续的时间。计算单位：小时。

8. 进出港航道满载通航最大船舶吨级

进出港航道满载通航最大船舶吨级指在进出港航道能够满载通航的最大船舶吨级。计算单位：吨级。

9. 防波堤长度

防波堤长度指报告期末港口防波堤的实际长度。计算单位：米。

二、公路运输场站

公路运输场站的主要统计指标如表1-9所示。

公路运输场站的主要统计指标　　表1-9

公路运输场站	客运站数量；客运站面积；客运站建筑面积
	货运站数量；货运站面积；货运站建筑面积
	堆存面积

1. 客运站数量

客运站数量指报告期末公路客运站的实际数量。计算单位：个。

统计分组：按客运站的级别分为一级车站数量、二级车站数量、三级车站数量和四级车站数量。

2. 客运站面积

客运站面积指报告期末公路客运站实际占用的土地面积，包括站前广场和站外绿化地面积。计算单位：平方米。

统计分组：同客运站数量的统计分组。

3. 客运站建筑面积

客运站建筑面积指报告期末公路客运站中所有生产、生活设施的建筑面积之和。计算单位：平方米。

统计分组：

(1)同客运站数量的统计分组。

(2)按用途分为生产用建筑面积和非生产用建筑面积。

4. 货运站数量

货运站数量指报告期末公路货运站的实际数量。计算单位：个。

统计分组：

(1)按货运站的业务范围和功能分为货运综合服务站数量、专用物资货运站数量、零担货运站数量、集装箱货运站数量和危险品货运站数量。

(2)按货运站的级别分为一级货运站数量、二级货运站数量、三级货运站数量和四级货运站数量。

5. 货运站面积

货运站面积指报告期末公路货运站实际占用的土地面积,包括站前广场面积和站外绿化地面积。计算单位:平方米。

统计分组:同货运站数量的统计分组。

6. 货运站建筑面积

货运站建筑面积指报告期末公路货运站中所有生产、生活设施的建筑面积之和。计算单位:平方米。

统计分组:

(1)同货运站数量的统计分组。

(2)按用途分为生产用建筑面积和非生产用建筑面积。

7. 堆存面积

堆存面积指报告期末公路货运站中用于堆存货物和存放运输车辆的面积。计算单位:平方米。

统计分组:按实际功能和用途分为库房面积、机场面积和停车场面积。

复习思考题

1. 航道里程可按哪些方式分组?

2. 公路构造物主要有哪些?

3. 试比较港口、码头、泊位之间的区别,并查找上海港所属的港口、码头、泊位体系及其现状。

4. 选择一个港口,根据港口设施的各项指标进行资料的搜集与分析。

第二章　运输装备统计

第一节　运输工具统计

一、船舶统计

船舶是水路运输最基本的生产工具，是交通运输能力的重要组成部分。船舶统计是水路运输生产统计的重要内容。根据水路行业经营管理的需要，进行船舶统计，全面、及时、准确地掌握水路行业船舶的数量、能力、构成、分布状况与技术状态，可以为水路客货运输，船舶更新、检修，航道建设与维护等提供基础资料，为调整产业结构和制定产业发展政策提供依据。

（一）船舶的统计原则和统计范围

船舶按所有权原则进行统计，即凡从事水路运输的船舶均由船舶所有者进行统计。

船舶统计范围包括营运、在修、待修、国家征用、封存停航、沉没未处理、租出但仍拥有产权的船舶，不包括租入、代管和组织使用其他单位的船舶。经改建、新建还未正式验收纳入固定资产的船舶也不包括在内。不统计渔船和军用船舶。

（二）船舶分类

1. 按动力分类

船舶按动力可分为机动船和非机动船。

2. 按用途分类

船舶按用途可分为运输船舶、辅助船舶、工程船舶等。

运输船舶是指直接从事客货运输的船舶，包括客船、客货船、货船和拖船。客船是指专门用于运输旅客及其携带的行李和邮件的船舶。客货船是指除运送旅客及其携带的行李之外，还可装载相当数量货物的船舶。货船是指专门用于运送各种货物的船舶，又分为杂货船、散货船、集装箱船、滚装船、液货船和其他货船。拖船是指专门拖带其他船舶、船队、木排或浮动建筑物的船舶。

辅助船舶指不直接从事客、货运输，为运输生产服务的船舶，包括交通船、巡逻艇、消防船、检疫艇、引航船、供应船、起锚艇、带缆艇、救生船、救助拖船及港作拖船、驳船等。

工程船舶指用于航道、航务、港建工程等装有专用技术设备并完成特定技术工作的船舶或为工程服务的船舶，包括挖泥船、吹泥船、泥驳、起重船、打桩船、打夯船、打捞船、布缆船、铺管船、航标船、破冰船、测量船、铺管船、海难救助船、海洋开发船、海洋调查船、钻探船、浮油回收船及其他工程船等以及航道、航务工程部门专用的拖船、驳船等。工程船舶和辅助船舶统称为工程工作船舶。

3. 按航行区域分类

船舶按航行区域可分为远洋船、沿海船、内河船、港作船。远洋船是指从事远洋运输的船舶，一般是货船，它载重量大、船壳坚固，航行于各大洋、近海等区域。沿海船是指从事我国沿海航线运输的船舶，有客船、客货船、货船、油船等。内河船是指从事江河、湖泊运输的船舶，有客船、客货船、货船、油船、拖船、驳船、木帆船。港作船是指在港湾水域之内工作，基本上为停泊在港内的船舶服务，既能完成港内运输，又能在港内锚地进行装卸工作的船舶。

4. 按技术状况分类

船舶按技术状况可分为一类船舶、二类船舶、三类船舶和四类船舶。

一类船舶指船舶技术状况良好，可以保持正常运输生产，符合安全生产要求的船舶。具体条件如：①船体、主要机电设备和专用设备的技术状况能满足船检部门的各项有关规定，并取得应有的全部证书，鉴定书中无保留意见；②能达到各项定额，不减载、不减拖，主、辅机均能达到额定功率，工程船舶专用设备不降低设计性能；③燃、润料消耗和工况参数可达到额定水平；④主要安全、应急、自动装置指示正确，功能正确。

二类船舶指船舶技术状况尚好，能参加正常营运，基本上符合安全生产条件，具体条件基本与一类船舶相近，但有如下差别：①船体、主要机电设备和专用设备的技术状况可满足船检部门的船舶检验规范的要求，并取得应有的全部证书，但鉴定书中列有限期解决的问题；②有局部缺陷，可以在计划修理中得到解决。

三类船舶指船舶技术状况不良，存在问题较多，带病航行，须经大修理才能恢复正常营运生产，具体条件如：①船体、主要机电设备和专用设备的技术状况存在较大缺陷，须采取一定措施后可取得船检部门的证书，但鉴定书中有较大保留意见；②主要技术参数不能达到额定要求，有限制航区、减载、减拖、减低气压，主机降低负荷等情况。

四类船舶指船舶技术状况严重不良，已不具备安全生产条件，被迫停航的船舶。

5. 按船体材质分类

船舶按船体材质可分为钢质船、木质船、水泥船和其他材质船舶。

6. 按船籍国别分类

船舶按船籍国别可分为中国籍船舶和外国籍船舶。

7. 按船舶登记国别分类

船舶按船舶登记国别可分为悬挂中国国旗船和方便旗船。

此外船舶还可按船龄、船舶登记总吨和经济类型等进行分组。

（三）船舶统计指标

船舶统计指标主要包括船舶艘数、排水量、载重量、载客量、箱位量、船舶容积、船舶速度等，具体指标体系如表 2-1 所示。

1. 船舶艘数

船舶艘数指报告期末所拥有的船舶数量。计量单位：艘。

船舶的主要统计指标　　表 2-1

<table>
<tr><td rowspan="7">船舶</td><td colspan="2">船舶艘数</td></tr>
<tr><td>排水量</td><td>空船排水量;满载排水量</td></tr>
<tr><td>载重量</td><td>总载重量;净载重量</td></tr>
<tr><td colspan="2">载客量</td></tr>
<tr><td colspan="2">箱位量</td></tr>
<tr><td>船舶容积</td><td>登记吨位(总吨位、净吨位);货舱容积</td></tr>
<tr><td>船舶速度</td><td>交船速度;技术速度;平均营运速度;其他船舶航速</td></tr>
</table>

2. 排水量

排水量指船体入水部分所排开水的重量,它等于船舶当时的总重量。排水量分为空船排水量和满载排水量,此外还有实际排水量。排水量通常用符号 Δ 表示,计算单位:吨。

(1)空船排水量。船舶装备齐全但无载重量时的排水量称为空船排水量($\Delta_{空}$)。空船排水量等于空船时的重量,是船舶最小限度的重量。计算公式:

$$\Delta_{空} = 船体 + 船机设备 + 锅炉及管系中的淡水等 \tag{2-1}$$

(2)满载排水量。船舶载重达到载重线时所排开水的重量称为满载排水量($\Delta_{满}$)。通常指夏季满载吃水的排水量。计算公式:

$$\Delta_{满} = \Delta_{空} + 客、货 + 燃料 + 淡水 + 备品 + 船员及其供应品 + 船舶常数 \tag{2-2}$$

3. 载重量

载重量指船舶在营运过程中所具有的载重能力。船舶载重量一般分为总载重量和净载重量。

(1)总载重量。总载重量(DW)反映船舶具有的总载荷能力,是指报告期末所拥有的船舶达到设计满载时可以装载的实际重量。计算单位:吨。总载重量等于满载排水量减去空船排水量,即装载客、货、燃料、淡水、备品、船员及其供应品和船舶常数后的重量。计算公式:

$$总载重量 = 客、货 + 燃料 + 淡水 + 备品 + 船员及其供应品 + 船舶常数 \tag{2-3}$$

(2)净载重量。净载重量(NDW)反映船舶具有的载运货物的能力,是指报告期末所拥有船舶的总载重量减去燃(物)料、淡水、粮食及供应品、人员及其行李等的重量及船舶常数后,能够装载货物的实际重量。计算单位:吨。净载重量等于总载重量减去燃料、淡水、备品、船员及其供应品和船舶常数。计算公式:

$$净载重量 = 总载重量(DW) - 储备品总重量(\sum W) - 船舶常数(C) \tag{2-4}$$

船舶常数(C)是指船舶经过营运后,船上存有的残损器材和废品,污水沟、压载舱中残留的积水,船体粘连的附着物等的重量总和。它等于测定时的空船实际排水量减去出厂时的空船排水量。

例 2-1　某船满载排水量 $\Delta_{满}$ 为 30000 吨,空船排水量 $\Delta_{空}$ 为 8000 吨,航速 16 节,船舶常数 150 吨,预计由天津开往新加坡,航程为 2759 海里。已知油水消耗定额如下:燃油:航行为 40 吨/天、停泊为 20 吨/天;淡水:航行为 20 吨/天、停泊为 15 吨/天,食品为 1 吨/天;另加 3 天安全系数(其中航行安全系数 2 天,等待供应时间 1 天),试求航次净载重量。

解 $$航行时间 = \frac{航线距离}{航速} = \frac{2759}{16 \times 24} = 7.2(天)$$

考虑航行安全系数2天,航行时间为:7.2+2=9.2(天)

$$\begin{aligned}燃料消耗量 &= 航行时燃料消耗定额 \times 航行天数 + 停泊时燃料消耗定额 \times 停泊天数 \\ &= 40 \times 9.2 + 20 \times 1 = 388(吨)\end{aligned}$$

$$\begin{aligned}淡水消耗量 &= 航行时淡水消耗定额 \times 航行天数 + 停泊时淡水消耗定额 \times 停泊天数 \\ &= 20 \times 9.2 + 15 \times 1 = 199(吨)\end{aligned}$$

$$\begin{aligned}食品等消耗量 &= 食品等消耗定额 \times 航次天数 \\ &= 1 \times 10.2 = 10.2(吨)\end{aligned}$$

$$\begin{aligned}储备品总重量 &= 燃料消耗量 + 淡水消耗量 + 食品等消耗量 \\ &= 388 + 199 + 10.2 = 597.2(吨)\end{aligned}$$

$$\begin{aligned}净载重量 &= 满载排水量 - 空船排水量 - 储备品总重量 - 船舶常数 \\ &= 30000 - 8000 - 597.2 - 150 = 21252.8(吨)\end{aligned}$$

4. 载客量

载客量指报告期末所拥有船舶可用于载运旅客的额定数量。计算单位:客位。

由于船舶载运旅客设备不同,有铺位和座位之分。在计算客位数时,不论是铺位还是座位,均按一个客位计算。客货船临时将货舱改作载客用途,该船的客位数不作变更。载客量不包括船员自用铺位。载客量反映船舶具有载运旅客的能力。

5. 箱位量

箱位量指报告期末所拥有船舶可装载集装箱的额定数量。计算单位:TEU。

各种外部尺寸的集装箱均按折算系数折算成20英尺集装箱进行计算。

箱位量反映船舶具有载运集装箱数量(TEU)的能力。

6. 船舶容积

(1)登记吨位,又称为容积吨位,是为船舶注册登记而规定的一种以容积计算的丈量单位。根据《船舶吨位丈量规范》规定,船舶丈量以立方米为单位,一个“登记吨”相当于2.83立方米的容积。登记吨位分为总吨位和净吨位。

①总吨位(GT)。也称总吨或注册总吨,指报告期末以船舶总容积计算的实际吨位数量。计算单位:吨位。

总吨是根据船舶丈量规范的规定,丈量出船舶所有大舱、房间等围蔽场所的总容积,减去规范中规定免除的部分如船舶驾驶室、双层底、公共卫生用的舱室等的容积,以2.83立方米为1吨位,计算得出的吨位数,以船舶证书的记载为准。计算公式:

$$总吨(GT) = \frac{船舶总容积}{2.83} \tag{2-5}$$

在现行统计中沿海和远洋船舶要计算总吨,内河船舶一般不作统计。

总吨位的主要用途:统计船舶吨位,表示船舶建造规模的大小;对船舶登记、船舶大小进行比较;作为客船和客货船计算船舶费用及处理海损事故的依据;也用于计算造船和船舶保险费用。

②净吨位(NT)。也称为净吨或注册净吨,是指船舶报告期末以船舶有效容积计算的实际吨位数量。计算单位:吨位。

净吨是从船舶总容积中减去船员处所、机舱处所等不能用来载运旅客、货物的容积，得到的船舶有效容积，以2.83立方米为1吨位，计算得出的吨位数，船舶证书上均有记载。计算公式：

$$\text{净吨}(NT) = \text{总吨} - \frac{\text{非直接营运容积}}{2.83} \tag{2-6}$$

净吨位是船舶报关、结关，向港口缴纳在港停泊费、引航费、灯塔费、进坞费等费用的依据。

(2)货舱容积，指船舶或舱内实际能装载货物的空间。通常用符号 V 表示，单位为立方米。货舱容积可分为散装容积和包装容积，另外还有装燃油和淡水的液舱容积。

7. *船舶速度*

船舶速度性能是运输船舶的重要技术营运性能之一。运输船舶速度性能包括：交船速度、技术速度、平均营运速度和其他船舶航速等。

(1)交船速度，又称试航速度，是指船舶的最大速度。是船舶建造后在航行试验中测得的速度。

(2)技术速度，又称静水速度，是由航运企业机务部门对船舶进行热工实验所测得速度。通常测定满载和空载两种技术速度，并记入船舶证书中。技术速度是确定速度定额的依据。

(3)平均营运速度，指船舶航行距离与实际航行时间的比值。反映了船舶在营运过程中的实际周转速度。显然，由于受到例如淡水及狭窄航道，雾风浪水流的影响以及船舶技术管理的水平等各种原因的影响，平均营运速度将低于技术速度。

(4)其他船舶航速，包括满载航速、压载航速、限制航速、临界航速、技术下限速度、最佳航速。

二、公路运输工具统计

公路运输工具是公路运输企业最基本的劳动资料，是公路运输能力的重要组成部分。为了适应和满足公路客货运输的需要，公路运输工具无论是数量还是能力都必须要有一定的后备，因此，合理配置和充分运用公路运输工具是公路运输组织管理的主要目标和任务之一。进行公路运输车辆及其运用情况统计，能够客观、全面、及时、准确地反映公路运输车辆的数量、结构、能力及实际运用情况，为公路运输企业和公路运输行业合理配置运输资源、提高经济效益服务。

(一)公路运输工具的统计范围

凡产权属于公路运输企业的运输工具(包括向银行部门和其他款源借款、贷款而购置的运输工具)均应纳入统计，包括国家征用、经上级主管单位批准封存以及出租或调给其他单位使用但产权仍属公路运输企业的运输工具数；不包括租入、代管和组织使用其他单位的运输工具数。

(二)公路运输工具的统计分组

1. *按运输工具的技术特征及行驶方式分组*

机动车是指装有各种发动机，以机械动力行驶的车辆，包括汽车、其他机动车。其他机动车是指除汽车以外的各种机动车辆，包括各种简易机动车、三轮汽车等，但不包括运输用拖

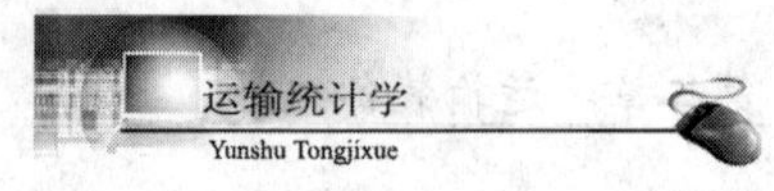

拉机。

非机动车是指本身没有动力,需要依靠其他机动车拖带或利用人力、畜力行驶的车辆,包括挂车、货运人力车、畜力车等。

2. 按运输工具的用途分组

营运车是指属于营业运输用的车辆。在计算其实有数时,只要是属于营业运输用的车辆,不论技术状况完好或在修、待修,也不论正在使用或由于各种原因停用(包括经批准封存的),或者拟报废尚未经主管单位批准,以及正在进行技术改装或技术改造的,均应统计在内。

非营运车是指为公路运输企业自身服务的车辆,包括公路运输企业及其附属单位的公务车(如小客车、吉普车、交通车、材料及生活用车等),具有特殊用途的专用车(如修理工程车、自用油罐车、加油车、救援车等),以及用于培训驾驶员的教练车等。

3. 按运输工具的车体结构分组

载客汽(挂)车是指有专门的客运装备、用于旅客运输的汽(挂)车,包括普通载客汽(挂)车和通道式载客汽车。载货汽车安装固定车棚、固定座位、固定用于客运并由交通监理部门核发给载客汽车行驶证的"简易载客汽车",应计为载客汽车。

载货汽(挂)车是指用于货物运输的汽(挂)车,包括栏板式、平板式、罐式、厢式等汽(挂)车,以及牵引式载货汽车等。

载货汽车临时作"代客车"使用,仍应计为载货汽车。客车附设货位和货车附设客位的客货混合汽车,由企业根据交通监理部门核发的汽车行驶证来确定其是否为载客汽车或载货汽车。

4. 按运输工具使用的能源分组

汽油车是指以汽油作为行车燃料的汽车。柴油车是指以柴油作为行车燃料的汽车。其他能源车是指以其他能源作为行车动力的汽车。

5. 按运输工具的吨位分组

汽车按载重(客)量大、小,分为大型汽车和小型汽车。大型汽车和小型汽车的划分标准,按交通运输部、公安部有关规定执行。

6. 按运输工具的厂牌、型号分组

汽车按其厂牌、型号的分组来统计。凡有全国统一规定目录的,按统一规定目录分组;全国统一规定目录未包括的,由各省(自治区、直辖市)交通厅(局、委)规定。

(三)公路运输工具的统计指标

1. 汽车车辆数

汽车车辆数指报告期末运输车辆的实有数量。计量单位:辆。

2. 汽车吨位数

汽车吨位数指报告期末载货车辆的标记或核定吨位,反映载货车辆的运载能力。计量单位:吨位。

3. 汽车客位数

汽车客位数指报告期末载客车辆的标记或核定客位,反映载客车辆的运载能力。计量单位:吨位。

三、铁路机车车辆统计

(一)客车现有数

铁路客车由于有固定的配属关系,配属给铁路局,编成固定车底,按规定车次和运行图规定时刻在固定的线路上往返运行。因此,铁路客车现有数主要指配属客车数。

配属客车按其是否参加营业运输可分为运用车和非运用车两大类,运用车又分为实际编组车、临时运用车和待编待挂车。非运用车包括备用车、检修车、改变装备车、新造转属及出厂车和其他非运用客车。

客车还可以按用途及车种分为软卧车、硬卧车、软座车、硬座车、代用客车、餐车、行李车、邮政车、公务车等。

客车的分类统计对组织旅客运输、研究客运设备的比例关系、计划和考核客车的检修等都是非常重要的。

(二)机车现有数

机车现有数统计反映了各铁路局、机务段在报告期内现有机车台数及其分配状况,可作为调配机车和日常指挥运输生产的依据。机车的分类如下:

1. 按归属权划分

(1)配属机车。指根据铁道部配属命令,拨交铁路局(包括自购)及机务段保管、使用,涂有局(段)标志,并在资产台账内登记的机车。合资铁路、地方铁路的自有机车为其配属机车。

(2)非配属机车。指原配属关系不变,根据铁道部命令由他局(段)派至本局(段)租入及临时加入支配的机车。

2. 按使用权限划分

(1)支配机车。指根据铁道部、铁路局命令拨交各局(段)支配使用的机车,包括租入和临时加入支配的机车。

(2)非支配机车。指根据铁路局命令批准的长期备用(长期备用机车为段的非支配机车,为局的支配汽车)、出租的机车以及按租用合同办理的出租机车。

第二节　装卸机械统计

装卸搬运是货物运输生产过程的重要组成环节,是完成货物位移的必需步骤。装卸搬运是指货物运输过程中,在起始点和终结点所进行的装、卸、集、疏货物的短距离位移作业。它把货物运输生产活动的各个环节连接成连续的作业过程。

一、港口装卸机械统计

装卸机械在港口装卸工作中具有很重要的地位。在船车装卸过程中,大量地使用装卸机械进行作业,不但能够大大提高装卸效率、加快船车周转、降低装卸成本,更重要的是以装卸机械代替了装卸工人笨重的体力劳动。

(一)港口装卸机械统计范围

港口装卸机械统计范围是:港口企业用于装卸生产的带有动力的装卸机械,包括正在使用、因故停工、待修、在修、待报废及租(借)入的装卸机械;不包括经批准封存、正在恢复维修、出租(借)的装卸机械、无动力平板车、集装箱平板车及非生产用的装卸机械。

(二)港口装卸机械统计指标

1. 装卸机械数量

装卸机械数量指报告期末带有动力的装卸机械的实际数量。计量单位:台(量、米)。

计算装卸机械台数时,由数台装卸机械组成一条专用装卸线的,凡固定场地,不能拆卸移动或增减的,视为一个整体按一台计算并按主机进行归类计算,其余作为附属机械不再统计。如已组成一条专用作业线,但组成的机械经常拆移,或虽已固定场地,却随任务或水位的变化等原因而部分拆卸移动、增减的,一律按实际数量归类计算。

2. 装卸机械负荷能力

装卸机械负荷能力指报告期末装卸机械中单机的最大负荷能力,包括机械的幅度。计算单位:吨、吨/小时、立方米/小时、箱、箱/小时、米。

装卸机械负荷能力一般以制造厂出厂时标记的负荷量为准,如无标记负荷量,则按技术部门鉴定的负荷量为准。

3. 装卸长度

装卸长度指报告期末实有运输机械和专用机械附属的输送带长度。计算单位:米。

装卸长度一般以制造厂出厂时标记的长度为准,如无标记数,则按技术部门鉴定的长度为准。

4. 输油臂数量

输油臂数量指报告期末港口用于装卸散装原油、成品油、石油气等油臂的实际数量。计算单位:台组。

二、公路装卸搬运车辆与机械统计

(一)公路装卸搬运车辆与机械的概念

装卸搬运车辆与机械是指在运输过程中用于将货物装上和卸下车辆、短距离的移动等相关作业的车辆与机械的总称。

(二)公路装卸搬运车辆与机械的分类

1. 按工作状态分类

装卸搬运车辆与机械按工作状态可分为运行式和固定式两大类。

2. 按动力源分类

装卸搬运车辆与机械按动力源可分为人力、电力和内燃动力三大类。

3. 按装卸方式分类

装卸搬运车辆与机械按装卸方式可分为气力输送、带式输送、料斗装卸、起落吊钩装卸、抓举装卸和电磁吸盘装卸六大类。

4. 按技术特征分类

装卸搬运车辆与机械按技术特征可分为间歇作业和连续作业两大类。

(三)公路装卸搬运车辆与机械的统计范围

装卸搬运车辆与机械的数量与能力按产权进行统计。只要产权属于本单位,不论租借给

其他单位使用,还是暂时封存不用,或是等待报废尚未经批准的车辆与机械,均应纳入统计。

(四)公路装卸搬运车辆与机械的统计指标

1. 公路装卸搬运车辆与机械数

公路装卸搬运车辆与机械数指报告期末公路货运场站装卸搬运车辆与机械的实际数量。计算单位:辆(台)。

统计分组:按动力源、装卸搬运车辆与机械的类型或能力分组。

2. 公路装卸搬运车辆与机械的装卸搬运能力

装卸搬运能力指报告期末装卸搬运车辆与机械具备的额定货物装卸搬运量。计算单位:吨。

每台装卸搬运车辆与机械的装卸搬运能力按其原制造厂出厂的标记最大起重、搬运能力计算;若无标记最大起重、搬运能力,则按技术部门核定的最大起重、搬运能力计算。

第三节 筑养路机械统计

高等级公路,特别是高速公路的迅速发展,促使筑养路机械向高水平、高性能和大型专用机型发展,筑养路机械长足的发展对提高公路养护作业效率、施工安全性、通行能力、营运效益及实现我国公路的可持续发展具有十分重要的意义。

一、筑养路机械的统计范围

凡是从事公路修建、养护的筑养路机械,均纳入统计范围,按使用权统计。

二、筑养路机械的统计指标

筑养路机械的统计指标体系如表2-2所示。

筑养路机械的主要统计指标 表2-2

筑养路机械	筑养路机械数
	筑养路机械平均数量
	筑养路机械实有能力
	筑养路机械平均能力

(一)筑养路机械数

筑养路机械数指报告期末主要用于土方、石方、路基和路面工程施工养护的机械的实际数量。计算单位:台(辆)。

(二)筑养路机械平均数量

筑养路机械平均数量指报告期内平均每天拥有的筑养路机械数量。计算单位:台(辆)。计算公式:

$$\text{筑养路机械平均数量} = \sum \frac{\text{每台(辆)机械的实际拥有天数}}{\text{日历天数}} \tag{2-7}$$

(三)筑养路机械实有能力

筑养路机械实有能力指报告期末同类筑养路机械的设计能力或核定能力的总和。计算单位:千瓦。

每台筑养路机械的实有能力,一般按该机械的工作部分或动力部分的功率计算,包括该机械本身的动力和为该机械服务的单独动力设备(如发动机)的功率,但不包括未安装的单独动力设备的功率。

(四)筑养路机械平均能力

筑养路机械平均能力指报告期内平均每天拥有的同类筑养路机械能力。计算单位:千瓦。计算公式:

$$\text{筑养路机械平均能力} = \sum \frac{\text{每台机械的实有能力} \times \text{拥有天数}}{\text{日历天数}} \tag{2-8}$$

第四节　汽车维修、检测装备统计

汽车维修、检测是公路运输生产过程的保障环节,可使车辆在合理的技术使用条件下,经常保持良好的状况,随时出车工作。对于延长车辆寿命,节约燃料和降低消耗,保证公路运输行业安全、优质、高产、低消耗地完成运输生产任务具有重要的作用。

汽车维修、检测机构与装备统计指标的统计指标体系如表 2-3 所示。

汽车维修、检测机构与装备统计指标的主要统计指标　　表 2-3

汽车维修、检测机构与装备	汽车维修机构与装备	汽车维修业户数
		汽车维修厂区面积
		汽车维修厂房面积
		汽车维修设备数量
	汽车检测机构与装备	汽车检测站数
		汽车检测站占地面积
		汽车检测站厂房面积
		汽车检测设备数量
		综合检测线数量

一、汽车维修机构与装备

(一)汽车维修业户数

汽车维修业户数指报告期末从事汽车维修的业户实际数量。计算单位:个。

统计分组:

(1)按汽车维修业户的经济类型分为国有汽车维修业户数、集体汽车维修业户数、个体汽车维修业户数、合营汽车维修业户数、中外合资汽车维修业户数、独资汽车维修业户数、私营汽车维修业户数和港澳台合资汽车维修业户数。

(2)按汽车维修业户的经营范围分为一类汽车维修业户数、二类汽车维修业户数和三类汽车维修业户数。

(二)汽车维修厂区面积

汽车维修厂区面积指报告期末汽车维修业户的实际占地面积。计算单位:平方米。

汽车维修厂区面积统计以土地使用权为准进行统计。

(三)汽车维修厂房面积

汽车维修厂房面积指报告期末汽车维修业户用于车辆维修的车间面积。计算单位:平方米。

(四)汽车维修设备数量

汽车维修设备数量指报告期末汽车维修业户拥有的汽车维修机械和仪器设备的实际数量。

统计分组:

(1)按汽车维修设备的结构和性能分为汽车维修通用设备、汽车维修专用设备和汽车监测设备数量。

(2)按汽车维修设备的用途分组。

二、汽车检测机构与装备

(一)汽车检测站数

汽车检测站数指报告期末汽车综合性能检测站的实际数量。计算单位:个。

(二)检测站占地面积

汽车检测站占地面积指报告期末汽车检测站的实际占地面积。计算单位:平方米。

(三)检测站厂房面积

汽车检测站厂房面积指报告期末汽车检测站实际用于车辆检测的车间面积。计算单位:平方米。

(四)检测设备数量

汽车检测设备数量指报告期末汽车检测站拥有汽车检测机械和仪器设备的实际数量。

统计分组:按汽车检测设备用途分为发动机总成检测设备数量、底盘检测设备数量和其他检测设备数量。

(五)检测线数量

综合检测线数量指报告期末汽车检测站拥有的汽车综合性能检测线的实际数量。计算单位:条。

复习思考题

1. 分别找一艘干散货船、油船、集装箱船、杂货船、滚装船,列出它们的船名和所属公司,并比较它们的各项统计指标。

2. 试分析空船排水量、满载排水量、总载重量、净载重量、总吨位、净吨位指标的区别和联系。

3. 按照船舶运力,列出过去十年我国十大航运公司和世界二十大集装箱班轮运输公司的名称。

4. 试查找上海港洋山港码头、外高桥码头、军工路码头、张华浜码头、宝山码头装卸机械数量和装卸机械负荷能力。

第三章　运输生产统计

运输生产活动是实现运输对象在空间位置上的转移,这种转移所产生的效用只能在运输过程中被消费,而不能在运输过程终了以实物形态独立存在。因此,我们可以用运输了多少货物或旅客,即运输量多少来评价运输业对国民经济和社会的贡献。运输生产的成果就是运输工作量或称运输量。运输生产统计主要就是对运输量的统计。运输生产统计是研究运输生产活动,搞好运输管理的重要依据。

第一节　运输量统计

运输量统计的主要任务是搜集、整理和分析客货运输量(包括客/货运量和旅客/货物周转量)及其构成和流向流量等,反映和分析运输流在时间上和空间上的分布与平衡情况,研究运输同国民经济的比例关系,以及客运为旅客服务的质量等,为编制运输计划、检查监督运输生产的执行情况、改进运输组织工作、合理组织运输、充分利用运输能力和挖掘运输潜力提供统计资料。

一、运输量统计范围和原则

(一)货物运输量的统计范围和原则

货物运输统计主要研究运量及其构成、货物周转量、货物流向流量、运输密度、平均运输距离等。要正确地统计货物运输量,首先必须明确货物运输量的统计范围和原则。

1. 货物运输量的统计范围

货物运输量的统计范围包括专业运输部门完成的、交通部门组织其他部门完成的以及其他社会运输力量完成的具有营运性质的货物运输量,包括水路、公路、铁路、民航、管道五种运输方式。

2. 货物运输量的统计原则

(1)货物运输量按实际重量进行统计。各种货物的计量单位是不同的,为了反映货物运输的总规模,在计算货物运输量时,各种运输方式的各种货物运输量应统一按实际重量进行统计。这是因为:①各种货物的计量单位中,只有按重量计算,才可以相加,而且一般货物不论其外形包装如何改变,其质量是不变的。②大宗物资如煤炭、钢铁、粮食、棉花等在生产部门都是以重量为计量单位的,货运量采用重量单位计量,和生产部门的计量单位一致,便于研究运输和生产的关系。③完成运输活动所使用的运输工具,也是按载重量计算的。运输活动主要是通过运输工具完成的,用重量单位计算货运量,便于进行运量和运力的平衡,反映运输工具载

重能力的利用程度。

货运量统计一般应以运输单据记载的实际重量为准。如按实际重量计算有困难,可根据其航次或车次、距离及装载情况合理推算,以运输收入和核定的吨位折算货物运输量。例如管道运输天然气规定按1000立方米折合1吨计算。

运输业运输货物时,货物重量有实际重量与计费重量之分。计费重量是指运输企业计算运费时所使用的重量,它通常是按某些物资的体积或单件规定的。在水路运输中,以按上级主管部门规定的《货物重量换算表》作为计费重量的换算标准。计费重量有时被称为"运费吨",它是运输企业据以计算运费、进行经济核算的依据。在铁路运输中,除另有规定外,整车物资一般按车辆标记重量计算运费。

(2)运输量按经营管理系统进行统计。运输量统一按经营管理系统进行统计,即运输工具属于哪一个企业,其运输量就由哪个企业进行统计,而不管该运输工具在何处从事运输活动。由于运输工具是流动作业,经常跨越行政区域进行运输作业,远洋运输船舶还跨越国界从事运输生产活动,根据运输量按经营管理系统统计的原则,运输企业的各种运输工具不论在什么地方完成的运输量,统一由所属企业进行统计。

对出租运输工具的运输量,应根据上述原则区分不同情况进行统计。出租给运输企业的,其运输量由租入的运输企业进行统计。但调度权仍属出租企业的,则由出租企业统计。出租或出包给非运输企业的,其运输量仍由出租企业进行统计。属于运输企业代管的运输车船完成的运输量,应由代管单位进行统计。汽车运输中,由汽车运输企业组织非运输企业车辆完成的运输量,则由负责组织运输业务的汽车运输企业进行统计。

(3)运输量应按到达量进行统计。货物运输量应按到达量进行统计,即按报告期内已运达运输单据所记载的应到达的地点并卸完的货物,才能统计为报告期货物运输量。运输生产为实现人、货位移,客观上表现为发送和到达,因此就存在着按发送或到达时间统计两种方法。由于运输目的本身就是改变运送对象的地点,实现货物位置的变换,一批货物只有被运送到目的地,并将货物全部卸完,才算实现了这一批货物的位置变换,否则应认为这个运输生产过程没有完成。因此,只有运输终了,已经运送到目的地的货物数量,才能准确地反映运输生产过程的最终结果,而货物运输量也应按到达量进行统计。

但是,由于按到达量统计必须待货物到达卸下才能统计,而按发送量统计更加方便和迅速,所以在统计实践中往往仍沿用按发送量进行统计的办法。

(二)旅客运输量的统计范围和原则

1. 旅客运输量的统计范围

旅客运输量统计是指由交通运输部门及其组织其他部门的运输工具所完成具有营运性质的旅客运输量,包括水路、公路、铁路、民航四种运输方式。

2. 旅客运输量的统计原则

(1)按实际人数进行统计。客运量应按实际乘车、船或飞机的人数统计,包括持有客票和各种免费乘车证的人数。

(2)按运输工具管理系统统计。运输企业的各种运输工具,不管在什么地方完成的客运量,均由该运输工具所属企业进行统计。组织其他部门和租入的运输工具所完成的客运量,由负责组织运输和租入的企业进行统计,租出运输供给的企业不再统计。

(3)按运输单据记载的距离统计。旅客周转量按运输单据上所记载的运输距离及旅客人数计算。对因改道运行或进行循环运输、多角运输的,都应按所记载的发到港站间距离计算旅客周转量。

二、运输量统计指标、计算及分组

运输量统计指标如表3-1所示。

运输量的主要统计指标　　表3-1

运输量	货物运输量	货运量;货物周转量;换算周转量;货物平均运输距离;货物运输密度;运输系数;不平衡系数;集装箱运量;集装箱周转量;集装箱货运量;滚装船舶运输量
	旅客运输量	客运量;旅客周转量;旅客平均运输距离;旅客运输密度;人均旅行次数

(一)货物运输量

1. 货运量

货运量($Q,\sum Q$)指运输企业在一定时期内实际运送的货物数量,其计量单位为吨。不论货物运输距离的长短或货物种类如何,凡货物重量到达1吨的,即计算为一个货物吨。货运量是反映运输生产成果的指标,体现着运输业为国民经济服务的数量。一定时期货运数量的大小,也是反映国力状况的一个重要指标。

反映货运量的指标有发送货物吨数、到达货物吨数和运送货物吨数。

(1)发送货物吨数,指货物在发送站(港)始发的货物重量。

发送货物吨数表明物质生产部门交给运输业运送的产品数量,也说明运输业满足国民经济对运输需要的程度,它直接关系到运输工具的调度。国家计划的货运量,就是按发送吨计算的。发送货物吨数还能表明承运站(港)所在地区供给其他地区的产品种类和数量,从而反映该站(港)所在地区的经济特征。这一指标还表明始发站(港)工作量的大小,是站(港)安排货物运输工作、配备劳动力及技术装备、进行经济核算的依据之一。每批运送的货物在货主第一次托运时,都要编制包括货物名称和重量、始发站(港)和到达站(港)等资料在内的原始记录,如铁路、公路和水运中的货票,民航运输中的货物舱单等。

发送货物吨数可以直接依据原始单据求得,因此,按发送货物吨数统计货运量,资料搜集比较容易,也比较及时。

(2)到达货物吨数,指到达目的站(港)的货物重量。

到达货物吨数是从一起货物的运输已经完成的角度来反映运输业的成果。它能准确反映货物运输的最终结果,通过运到站(港)所在地区的产品种类和数量,在一定程度上反映出该地区的经济特征并表示该地区需要其他地区供给的产品种类及数量。到达货物吨数也表明货物运输终了时站(港)工作量的大小,是安排与考核站(港)各项工作的依据之一。

(3)运送货物吨数,指运输企业为完成运输任务而从事运送工作的货物重量。

特别地,民用航空运输中货运量称为货邮运量。管道运输中货运量称为输油(气)量。输油(气)量指输油气管道实际输送的油气数量。计算一条管线的管输量指首站和各进油点的

输出量之和。一个单位管几条输油气管线,在计算输油气量时,应分别列出每条管线的输油气量。天然气按1000立方米折1吨原油计算。

货运量是按不同运输工具分别统计的。因此,各种不同的运输工具完成的货运量是有重复的。在同一运输企业使用同种运输工具完成的货物运输则应避免重复计算。一个独立的运输企业对货主一次托运的货物,由于航道、公路条件或其他原因在企业内部使用同类运输工具接运时,如汽车倒汽车,轮驳倒轮驳,其货运量只能计算一次。由于货运计划是按不同运输工具分别编制的,对于在同一企业内货主一次托运而由不同运输工具接运,其货运量每种运输工具可分别各自计算一次。铁路、公路、水陆联运时,由于运输方式不同,运输工具不同,也应视为几次不同的运输任务,分别统计其货运量。

运输企业运送的旅客行李、包裹,在运输生产中同样消耗活劳动和物化劳动,凡单独计算运费的部分,其性质属货物运输,是货运量的一个组成部分,应按其实际重量统计货运量。但在实际工作中,并不是所有运输方式都将计费的旅客行李、包裹统计在货运量中,如铁路货运量按现行制度规定,就不包括这部分重量,它们是作为行李、包裹另行统计的。在航空运输中,定期航班既经过国内航段又经过国际航段运输的货物,同时各计算一次国内货运量和一次国际货运量。

2. 货物周转量

货物运输的职能就是要把货物运送到消费地点,实现产品的使用价值。运输企业在货物运输方面作了多少工作,不仅表现在运送了多少吨货物,还表现为这些货物被运送了多少距离。因此,要计算包括货运量和运送距离两个因素的综合指标,即货物周转量指标,用以全面反映货物运输部门所完成的工作量。货物周转量($Q1$, $\sum Q1$)是运输企业在报告期内所完成的货物运输工作总量,其单位为吨公里、吨海里(1海里=1.852公里)。1吨货物运送1公里,称为1吨公里。

货物周转量的计算方法,是把每批货运量(货物吨数)乘以该批货物的运送距离,然后加总。计算公式:

$$货物周转量=\sum(每批货物重量\times该批货物的运送距离) \tag{3-1}$$

计算周转量所用的运送距离通常是计费里程,就是货物发送站与到达站之间的收费距离,也就是货物发送地点与到达地点之间按照某种运输方式在正常情况下必须经过最短距离。按照这样的距离计算才是实现货物使用价值所必须通过的距离;才相当于社会必要劳动的工作量。因此,在检查计划和分析运输经济情况时,都使用按计费里程计算的周转量。

按照计费里程计算的周转量也叫计费吨公里,它是根据货票中所记载的货物重量和发到站间的里程或货票上记载的起运和卸载地点的距离为依据计算的。

但在实际工作中,有时由于特殊原因,货物并不是按照收费标准的最短里程运送,而是绕道运送,例如铁路运输为了避开运输密度过大而通过能力不足的区段,公路运输和水运为了多揽顺路货等情况,都会使货物实际运送里程不等于计费里程。为了考核和分析车船运用情况、燃料消耗、人员定额及营运费用等,运输企业除了计算计费吨公里外,还要按实际运送距离计算运行公里指标,并以此作为考核燃料、材料消耗和各种费用的根据。

特别地,在民用航空运输中货物周转量称为货邮周转量。在管道运输中货物周转量称为输油(气)周转量。

通常所说的货物运输量是货运量和货物周转量的合称，一般以货物周转量作为货物运输企业的产品产量。

例 3-1 有两批货物，第一批为 150 吨，运送距离为 20 公里；第二批为 80 吨，运送距离为 100 公里。

解 这两批货物的货运量：$\sum Q = 150 + 80 = 230$（吨）

货物周转量：$\sum Ql = 150 \times 20 + 80 \times 100 = 11000$（吨公里）

3. 换算周转量

为了综合反映运输业在一定时期内货物和旅客总的运输工作量，还需要设置换算周转量指标，以便在综合考核运输企业的运输工作成绩时，用以计算运输劳动生产率和运输单位成本等指标。设置换算周转量指标，是由于同一运输企业，甚至单独一个运输工具，往往兼营客货两种运输，而燃料、物料、折旧和劳动力消耗等都是和在一起核算的。而运输也是一个有机的整体，客运和货运生产往往是在统一的运输生产过程中完成的，经常按客货分开核算工作量太大，因此只能设法把两种运输工作量用统一计量单位表示，这个指标就是换算周转量，或称换算吨公里。

换算周转量的计算方法是以 1 个货物周转量等于 1 个换算周转量，同时将旅客周转量与货物周转量按一定的比例换算成统一计量单位加总求得。换算比例的大小取决于运输企业运送 1 吨公里和 1 人公里所消耗的人力、物力的多少。我国现行制度规定，铁路、水路中的铺位运输，换算比例是 1 人公里折合 1 吨公里；座位运输由于所占空间及所费人力、物力消耗较少，换算比例为 3 人公里折合 1 吨公里；汽车运输按 10 人公里折合 1 吨公里；民用航空运输则将旅客人数按旅客体重（国内航线成人按 72 千克，国际航线成人按 75 千克计算，均包括手提行李 5 千克）折算为重量吨，然后乘以运输距离，再与货物周转量相加求得，称为总周转量。

上述换算比例和换算方法，是在假定按劳动消耗量相等的情况下规定的。但是，这个假定条件与实际情况是有出入的，因此，按上述比例计算的换算周转量便具有一定的假设性。为了使换算周转量的计算符合劳动消耗量的实际情况，可以用实际每一旅客人公里成本与每一货物吨公里成本之比来修正旅客人公里数，这种方法能比较正确地反映运输业总工作量。计算公式：

$$\begin{matrix}\text{换算}\\\text{周转量}\end{matrix} = \begin{matrix}\text{货物}\\\text{周转量}\end{matrix} + \frac{\text{每一旅客周转量成本}}{\text{每一货物周转量成本}} \times \begin{matrix}\text{旅客}\\\text{周转量}\end{matrix} \tag{3-2}$$

采用这个方法计算的结果，仍是一个近似值。因为运输成本并不反映运输生产过程中的全部劳动消耗。同时，在当前实际工作中，很难把属于旅客运输的劳动消耗同属于货物运输的劳动消耗截然分开，而且，由于价格与价值的背离，也很难精确地计算出旅客运输成本与货物运输成本。

4. 货物平均运输距离

运输工作量的大小，不仅取决于货运量的多少，还决定于运输距离。运输距离反映货物生产地与消费地的距离。但每一批货物的运输距离只是个别现象，只有从全社会来看，通过大量现象去观察，将货物周转量除以货运量，求得货物平均运输距离，才能比较准确地反映货物生产与消费地的联系，观察其发展趋势。计算公式：

$$货物平均运输距离 = \frac{货物周转量}{货运量} \tag{3-3}$$

平均运输距离是分析各地区之间和国民经济各部门、各企业之间的经济联系的重要指标。实际工作中，不仅要计算全社会或某一地区的全部货物平均运距，更重要的是要计算每一运输方式和每一货物品类的平均运距。分析研究各种运输方式、各种货物的平均运距，了解其变动趋势和变动原因，可为具体确定一定时间、地点和运输条件下的各种运输方式的经济运距提供参考。

影响货物平均运距变化的因素很多，主要有生产力布局、资源的综合利用程度、运输货物的构造、产销关系、货运量在各种运输方式间的分配比例、运输网的布局、运输价格的高低、不合理运输的产生等，因而在分析平均运距的变动时，必须结合具体情况进行具体分析。从统计分析来说，由于货物平均运距指标是一个加权平均数，必须注意两点：

(1)由于不同品种的货物平均运距相差很大，因此，除计算全部货物的平均运距外，还要计算各类货物的平均运距，以便分析各种货物的平均运距及货物结构变化对全部货物平均运距的影响程度。

(2)由于同一品种的货物运输距离波动范围很大，所以，还可以按货物的运输距离进行分组，对货物平均运距指标作出补充说明。

例 3-2　表 3-2 是某船公司三条船的有关运量与运距的资料，试计算该船公司的货物平均运距。

三条船的运量与运距资料　　表 3-2

项　目 / 船　名	货运量(万吨)	货物平均运距(海里)	货物周转量(万吨海里)
A 船	90	600	54000
B 船	70	700	49000
C 船	110	550	60500
合计	270		163500

解　　货物平均运距 = 货物周转量/货运量 = 163500/270 = 606(海里)

5. 货物运输密度

货物运输密度简称货运密度或货流密度，是指在一定时期内(通常是指 1 年)某种运输方式平均每公里线路上所负担的货物周转量。它等于一定时期内货物周转量除以该线路的营业长度。计算单位：吨公里/公里。计算公式：

$$货物运输密度 = \frac{货物周转量}{线路营业长度} \tag{3-4}$$

货物运输密度可以按营业线路上某一区段计算，也可以按全部营业线路长度计算。由于线路各站间及区段内上行与下行的货物运输量不等，所以在计算货物运输密度是要按上、下行分别计算，为了便于分析，还应按货物品类分别统计。

货运密度是说明线路能力利用程度和工作强度的指标。无论在新线设计和在旧线改建时，一般都要考虑货运密度的大小。货运密度是设计新线路的通过能力和沿线港站、仓库、信号场所等设备的依据之一。

应当指出，货流密度同货运量是两个不同的概念。前者是指一定时期内每一公里线路平均通过的货物周转量,计算单位:吨公里/公里;后者是指一定时期内通过的货物吨数,计算单位:吨。

例 3-3 某公路运输企业辖区内的某主要路段 A-D,其中 A-B 的区间段为 30 公里,货运量为 2 万吨,B-C 的区间段里程为 25 公里,货运量为 5 万吨,C-D 区间段里程为 60 公里,货运量为 3 万吨,求 A-D 段的货物运输密度。

解

$$
\begin{aligned}
\text{货物运输密度} &= \frac{\text{货物周转量}}{\text{线路营业长度}} \\
&= \frac{30 \times 2 + 25 \times 5 + 60 \times 3}{30 + 25 + 60} \\
&= 3.17(\text{万吨公里/公里})
\end{aligned}
$$

6. 运输系数

运输系数指的是一定期间内全社会或某一地区某一种产品必须经过运输才能用于生产消费或生活消费的部分在总生产量中所占的比重,运输系数越大,表明该产品的运输量越大,反之则越小。如果其他情况不变,有了运输系数,便可以根据工农业产值和发展速度来预测运输业的运输产量及其应有的发展速度。计算公式:

$$
\text{运输系数} = \frac{\text{运量}}{\text{生产量}} \tag{3-5}
$$

运输系数可以按实物单位计算,也可以用价值指标计算。按实物单位计算的运输系数是按各类产品分别计算的,如煤的生产量是 100 吨,运输量是 65 吨,则煤的运输系数为 0.65。

按价值计算的运输系数,可将每亿元 GDP 与货运量进行对比,计算每亿元 GDP 的运输系数,用以反映货运量与生产量之间的比例关系,研究货物运输的发展趋势。

需要指出的是,按价值计算的运输系数中,产量指标以价值计算,而运量却是以实物重量计算的,由于社会产品结构不同,同一总产值包含的实际重量往往有较大的差别。尽管如此,如果根据有关变动因素加以必要的修正,则可根据经济规模和发展来预测和推断运量的变化,为合理规划运输网的建设和运力的安排提供必要的资料。

在计算运输系数时,一个重要的条件就是必须消除货运量的重复计算。即同一批货物,不管经过多少种运输方式和多少次运输,它的重量只能计算 1 次,否则便会夸大运输系数。但由于服务对象和运输条件的限制,有的货物要经过几种不同的运输方式,实际工作中重复货运量无法消除,这就使综合运输系数可能超过 1。因此,一般计算一种运输方式的运输系数比较能够说明问题。

7. 不平衡系数

均衡运输对于充分利用现有运力,提高运输生产效率具有重大的经济意义。因此,反映运输的不均衡性,研究逐步减少运输的不均衡,是运输统计的任务之一。

货运量在时间上的不均衡性,指在一定时期间货运量的不均衡,统计上用不平衡系数来反映,它是报告期最高月(日)货运量与平均货运量之比。计算公式:

$$
\text{不平衡系数} = \frac{\text{报告期月(日)最高货运量}}{\text{报告期年(月)平均货运量}} \tag{3-6}
$$

不平衡系数一般按年或月计算。通过年不平衡系数,可观察全年各月货运量的不平衡情况,通过月不平衡系数,可以观察全月每日货运量的不平衡情况。

一般地说,这一数值大于1,表明运输能力要保持多于年(月)平均需要量的备用能力,这一数值越接近1,表明不均衡程度越小。

在计算不平衡系数时,应注意时间间隔期的划分。一般地,间隔期越短,反映的不平衡现象越真实。间隔期如果过长,则将掩盖货运的不平衡情况。但确定间隔期应从实际情况出发,如水运不平衡系数的计算,由于船舶运输生产周期比较长,以月为间隔不仅计算上比较方便,而且能同计划相适应,所以以月为间隔期来计算较为适宜。而汽车运输生产周期较短,以最忙月最高一天的货运量与全年平均昼夜的货物平均运量来对比计算则是适宜的。

8. 集装箱运量

集装箱运量指报告期内船舶实际运送集装箱的数量。按集装箱的实际箱数计算,计算单位:箱;按折合为20英尺集装箱的数量计算,计算单位:TEU。

集装箱运量按集装箱是否装载货物分为重箱和空箱;按集装箱外部尺寸分为45英尺箱运量、40英尺箱运量、20英尺箱运量、10英尺箱运量等。

9. 集装箱周转量

集装箱周转量指报告期内船舶实际运送的每个集装箱与该集装箱运送的标准里程的乘积之和。

按集装箱的实际箱周转量计算,计算单位:箱公里(海里)。计算公式:

$$\text{集装箱周转量} = \sum(\text{每个集装箱} \times \text{该箱实际运送距离}) \tag{3-7}$$

按折合为20英尺集装箱周转量计算,计算单位:TEU公里(海里)。计算公式:

$$\text{集装箱周转量} = \sum(\text{每个集装箱的换算 TEU 数量} \times \text{该箱实际运送距离}) \tag{3-8}$$

10. 集装箱货运量

集装箱货运量指报告期内船舶运送集装箱的实际重量,包括集装箱装载货物的重量和集装箱箱体的重量。计算单位:吨。

一般可按船舶航行区域分为远洋集装箱货运量、沿海集装箱货运量、内河集装箱货运量;按集装箱装载货物的贸易性质可分为内贸集装箱货运量、外贸集装箱货运量、第三国集装箱货运量。

11. 滚装船舶运输量

(1)滚装车辆数。指报告期内滚装船舶运送车辆的实际数量。计算单位:辆。

(2)滚装车辆货运量。指报告期内滚装船舶运送车辆的重量。计算单位:吨。滚装车辆货运量按滚装车辆的重量计算,包括车辆自重及车辆装载货物重量。在滚装汽车的实际重量无法取得的情况下,按滚装车辆的体积吨计算。

(3)滚装车辆货物周转量。指报告期内滚装船舶运送每批车辆与该批车辆运送标准里程的乘积之和。滚装车辆货物周转量等于每批滚装车辆的自重及所载货物重量(或每批滚装车辆的体积吨)与其运送距离的乘积之和。计算单位:吨公里(海里)。

(二)旅客运输量

1. 客运量

客运量指在一定时期内各运输部门实际运送的旅客人数,其计算单位为人次。

计算客运量时,不管旅客行程的长短或客票票价的多少,每位乘客均按1人计算。半价、儿童票也按1人计算,往返客票按往返各1人计算,免购客票的儿童不计客运量。在航空运输中,乘坐定期航班既经过国内航段又经过国际航段的旅客,同时计算一个国内客运量和一个国际客运量。

2. 旅客周转量

旅客周转量指一定时期内,各运输部门实际运送的旅客人数与其相应的旅客运输距离乘积之和,旅客的运输距离,应以旅客所持的客票票面上记载的起止地点的距离为计算依据。计算单位:人公里、人海里。将1名旅客运送1公里,即得1人公里。计算公式:

$$\text{旅客周转量} = \sum(\text{旅客的人数} \times \text{运送里程}) \tag{3-9}$$

3. 旅客平均运输距离

旅客平均运输距离是指一定时期内平均每1名旅客被运送(或旅行)的距离,它是由报告期内的旅客周转量除以同期运送旅客人数而求得。计算单位:公里。计算公式:

$$\text{旅客平均运输距离} = \frac{\text{旅客周转量}}{\text{客运量}} \tag{3-10}$$

旅客平均运输距离是一个平均数,它并不反映每一名旅客实际旅行的距离,只是反映各种运输方式旅客被运送(或旅行)的平均距离,也可以称为旅客平均运程或平均运程。

4. 旅客运输密度

旅客运输密度表示在区间、区段或某条线路平均每公里营业线所通过的客运量,它反映线路能力的利用程度。计算公式:

$$\text{旅客运输密度} = \frac{\text{旅客周转量}}{\text{营业里程}} \tag{3-11}$$

5. 人均旅行次数

人均旅行次数指每人一定时期内(通常指一年)旅行的次数,反映旅客的乘坐行为习惯。

(三)民用航空运输量统计

1. 民用航空航线条数

民用航空航线指出于商业的目的,民航飞机从地球表面一点(起飞)飞到另一点(终点)的航行线路。应同时具备三个条件:一是有民航飞机定期飞行,二是有足以保证民航飞机飞行和起降所需要的机场及地面设施,三是经过批准并在一个航季中正常执行。计算条数时,来回程计为一条。

2. 民用航空飞机班次

民航飞机自始发到终点航站的一次飞行,去、回程各按一个班次统计。专、包机飞行,按任务和架次统计。一项任务和一项包机,是由一架飞机完成的,按一架次统计;由两架飞机或由一架飞机两次完成的,按两架次统计。

3. 通用航空飞行时间

通用航空飞行时间指民航飞机完成为工农业生产服务和专项空中作业飞行任务所花费的飞行时间。

4. 正班平均载运率

正班平均载运率指报告期内正班飞行所完成的运输总周转量与可提供周转量之比。

(四)运输量统计的主要分组

1. 按运输范围分组

按运输范围分组,就是按运送路线范围和作业性质分组。

在水路运输中,根据运输的范围不同,分为内河运输量、沿海运输量和远洋运输量。内河运输量是指有内河运输企业的船舶所完成的运输量。沿海运输量是指由海运企业的沿海运输船舶所完成的运输量。沿海运输具有运量大、投资省、不占土地、运费低廉等优点。远洋运输量是指由远洋运输企业或海运局及省、市水运企业的海船所完成的运输量。远洋运输负担着外贸和国际交流的使命。

根据我国目前情况,公路运输主要是负担着完成短途运输的任务,因而没有规定按运输范围进行运输量分组的统计。

在铁路运输中,按运输范围分组是根据货物或旅客的运送路线是否超过一个铁路局的范围,而把运输量分为管内运输和直通运输,旅客运输量中还要区分出市郊运输。管内运输是指在本铁路局管辖范围内,不经过其他铁路局的线路所完成的运输。直通运输是指有两个或两个以上的铁路局共同完成的运输。直通运输又分为输出运输、输入运输和通过运输。输出运输是发站在本局、到站在他局或虽发往本局,而在运输过程中需经过他局的运输。输入运输是发站在他局,而到站在本局的运输或虽发站在本局,但在运输过程中需经由他局而到本局的运输。通过运输是指自邻局接入,通过本局转移交给邻局的运输。

对一个铁路局来说,按运输范围和作业性质划分的运输与货物运输量各指标之间存在着下列四种关系:

货物发送吨数 = 管内货物运输吨数 + 输出货物运输吨数

货物到达吨数 = 管内货物运输吨数 + 输入货物运输吨数

接运货物吨数 = 输入货物运输吨数 + 通过货物运输吨数

交出货物吨数 = 输出货物运输吨数 + 通过运输货物吨数

货运量 = 管内货物运输吨数 + 接运货物吨数

= 货物到达吨数 + 交出货物吨数

= 管内货物运输吨数 + 输出货物运输吨数 + 输入货物运输吨数 + 通过货物运输吨数

民用航空运输量按运输范围的不同,分为地区航线、国内航线和国际航线完成的运输量。

按运输范围分组可以标明各种运输完成的运输量在总运输量中所占的比重及其特点,以反映其工作量的大小和工作的性质,进而分析它们对运输成本、劳动生产率等不同的影响。

2. 运输按货物种类分组

运输部门承运的货物种类繁多,各种货物在国民经济中的作用不同,如只统计运输货物的总运量,不能全面反映运输工作的情况和国民经济各部门的联系。因此,还需对运输的货物进行分类统计。

(1)按货物的自然属性分类。按照自然属性,货物可以分为煤炭及制品;石油、天然气及制品;金属矿石;钢铁;矿物性建筑材料;水泥;木材;非金属矿石;化学肥料及农药;盐;粮食;机械、设备、电器;化工原料及制品;有色金属;轻工产品;医药产品;农林牧渔业产品等。

按货物的自然属性分类有利于运输和生产的衔接,便于研究运输和生产的比例关系,反映国民经济对各类货物运输的需要,有利于检查运输政策的执行情况和运输计划的完成情况,研

究地区的经济特征以及各地区间的经济关系和国民经济的发展情况。

(2)按货物的包装方式分类:

①有包装货物,包括用不同材料、尺寸、形状的箱、桶、袋等的货物和各种形式捆扎起来的货物,这类货物也称为件杂货。

②无包装货物,如原木、生铁、钢坯等不用包装的货物。

③散装货包括液态和固态两种,如煤、散装粮食、散装化肥、散装水泥、原油及制品等。

④成组化货物,为提高装卸作业效率,把某些零星分散的小件杂货和散装集零成组进行运输,称为成组化货物。包括托盘、网络、绳扣及各种形式的集装箱、集装袋、集装笼等。

按货物的包装方式分类,有利于合理调配运输工具和货物的储存、堆放及装卸。

(3)按货物的比重分类。货物按比重不同可分为:重货,即重量大、体积小的货物;轻泡货,即体积大、重量轻的货物;一般货物等几类。按货物比重分类,便于轻重货物配装,充分利用各种运输工具的载重能力和有效容积,提高运输工具的利用率。

(4)按货物的特性分类。为了保证运输安全和运输质量,货物还需按其特性分类。如危险品货物,包括各类易燃、易爆、有毒、腐蚀性强、带放射性等具有危险性的货物;易腐货物,如水果、蔬菜、鲜活食物等需冷藏运输的货物;超限货物,包括超长、超宽、超高、超重等需采取特殊运输方式的货物。按货物的特性分类,可为搞好货物运输的组织工作提供有用的资料。

3. 按运输工具分组

货物运输量按运输工具分组,可以反映各种运输工具完成的货物运输量所占的比重及其变化情况,为研究各种运输工具的使用情况、生产率和经济效益提供依据。

水路运输中按船舶类型可分为轮船(包括客船、货船、拖驳船、集装箱船等)完成的运输量和民间运输工具(木帆船、筏)完成的运输量。在大力发展现代化运输工具的同时,充分发挥民间运输工具的作用,对充分利用内河运输的优势,促进城乡物资交流具有重要意义。

公路运输按运输工具的不同可分为汽车、其他机动车、非机动车及驮力所完成的运输量。公路运输按运输工具分组可以研究公路运输中,各种运输工具完成的运输量及其变化情况,进而说明公路运输现代化的进程。

铁路货物运输是按货车种类,将使用车和卸空车按照棚车、敞车、平车、砂石车、罐车、保温车等货车种类进行分组的。通过这种分组,可以了解各种车辆的使用车数及卸空车数,作为调配车辆及安排装卸作业的参考。

民用航空运输量是按机型分组的。每种机型的飞机运输能力不同,因而其完成的运输量也不同。按机型分组可以考察每种机型运输量、生产率、载运率和飞机利用率的计划完成情况,为航班运行、指挥生产、提高飞机利用程度、挖掘运输潜力、编制计划提供依据。

4. 按运输密度分组

运输量按运输密度分组就是把各区段线路长度几个区段上所通过周转量按各区段密度大小进行分组。

铁路运输中,为了分析铁路运输的均衡性,不仅要按区段研究,还要对每个区间和区段的上、下行方向的分布情况进行研究,以反映运输的均衡程度,说明运输线路能力的利用程度,并为加强线路技术设备、提高线路通过能力提供依据。公路运输中也应按上、下行对运输密度进行分组研究。

5. 按运输距离分组

各种运输方式都有自己的特点，都有各自适合的应用范围。各种运输方式在不同时期都存在一个合理运输的里程范围，这便是通常所说的经济运距。运输距离的远近和运送时间和运送速度的要求有关。将客货运输按运输距离分组，可以表明客货运量在不同运输距离上的分配情况，研究各种运输方式的合理分工。

第二节　运输场站生产统计

一、港口生产统计

港口是水路运输始发地、目的地或途经地，是货物换装和集散的中心，是水路运输和水陆联运的枢纽。港口的任务就是为船舶提供能安全停泊的设施，及时完成货物和旅客的转运，并为船舶提供补给、修理等技术服务和生活服务。港口是多功能的系统，港口生产活动过程是一个多环节的连续生产过程。港口在装卸作业时，要将水运工具、陆运工具及库场连接起来，形成不同操作过程、作业过程及不同的工序。港口生产系统包括装卸系统、仓储系统及集疏运系统，港口生产统计指标众多，主要可分为吞吐量；装卸、集疏运；堆存；进出港船舶；船舶在港停时；火车在港停时；辅助作业等统计指标，如表3-3所示。

港口生产的主要统计指标　　表3-3

港口生产统计	吞吐量	旅客吞吐量；货物吞吐量；集装箱吞吐量；滚装汽车吞吐量
	装卸、集疏运	装卸量；操作量；装卸自然吨数；操作系数；车船直接换装作业比重；装卸工时数；装卸工时效率；工序吨数；装卸机械化程度；集运量；疏运量
	堆存	入库(场)货物数量；出库(场)货物数量；期初堆存货物数量；期末结存货物数量；货物堆存数量；货物堆存吨(TEU)天数；平均堆存期；平均每天堆存货物吨数
	船舶进出港	进出港船舶数；进出港船舶登记总吨；进出港船舶登记净吨；进出港船舶总载重(箱)量；进出港船舶船员数
	船舶在港停时	船舶停泊艘次；船舶停泊总艘时；船舶停泊吨位天数；船舶平均每次在港停时；船舶作业艘次；平均每装卸千吨(百TEU)在港停时；平均每千吨货(百TEU)装卸小时；船舶平均每停泊艘天装卸货物吨数；平均船时量
	火车在港停时	到港车辆数；作业辆次数；在港总停留时间；装卸货物数量；日均到港车辆数；平均一次作业在港停留时间；日均装卸车数；平均每作业辆次装卸货物数量
	辅助作业	驳运量；驳运周转量；助泊艘次；引航艘次；带缆艘次

(一)吞吐量

吞吐量是衡量港口生产规模大小的主要数量指标，也是港口指标体系中最重要的产量指标。吞吐量是编制港口生产计划、进行港口规划和港口设计的主要依据，港口的改、扩建规模也是根据吞吐量来确定的。

港口吞吐量包括旅客吞吐量和货物吞吐量。

1. 旅客吞吐量

旅客吞吐量指经由水运乘船进、出港区范围的旅客量。包括乘旅游船进出港区的旅客人数和购买半票的旅客人数,但不包括免票儿童、船舶船员人数、轮渡和港区内短途客运的旅客,以及在本港下船登岸,后又乘同一船舶上船出港的旅客人数。计算单位:人次。

港口旅客吞吐量按旅客流向分为旅客发送量和旅客到达量;按航线分为国内航线旅客吞吐量和国际航线旅客吞吐量;还可按旅客国籍等分组。

港口旅客吞吐量是根据客票出售记录单(应扣除退票数)和客运日报表等进行统计的。

2. 货物吞吐量

货物吞吐量指报告期内经由水路进、出港区范围并经过装卸的货物数量。包括邮件、办理托运手续的行李、包裹以及补给运输船舶的燃料、物料和淡水。计算单位:吨。

货物吞吐量按货物流向分为进港和出港吞吐量,还可按装卸货港分组;按货物的贸易性质分为内贸和外贸吞吐量,其中外贸吞吐量还可按其承运船舶的船旗分组;按货物的类别分,可根据现行的交通行业标准《运输货物分类和代码》:按货物物理形态和包装形式分为液体散货、干散货、件杂货、集装箱和滚装汽车吞吐量等;按承运船舶的种类分为杂货船、散货船、集装箱船、油船、客货船和其他船吞吐量。

港口货物吞吐量统计的原始资料,内贸船舶为"货物交接清单"、"货物运单",外贸船舶为"舱单"。港口货物吞吐量统计报告期的截止时间,以期末(月、季、年)一天18:00时为准,即在报告期末当日18:00时以前整船卸完和整船装妥,并办完交接手续者,统计为报告期的货物吞吐量。

下列情况计入货物吞吐量:

(1)自本港装船运出港口的货物,计算一次出港吞吐量;由水路运进港口卸下的货物,计算一次进港吞吐量。

(2)由水路运进港口,经装卸又从水路运出港口的转口货物,分别按进港和出港各计算一次吞吐量。

(3)货物吞吐量必须以该船在本港装卸的货物全部装卸完毕,并且办理交接手续后一次进行计算。

(4)牲畜、家禽、轻泡等无法取得实际重量的货物重量按交通运输部规定的"货物重量换算系数表"进行换算。

(5)滚装汽车的吞吐量按车辆数和实际重量分别计算。

下列情况不计入货物吞吐量:

(1)由同一船舶运载进港,未经装卸又运载出港的货物(包括原驳船换拖)。

(2)由同一船舶卸下,随后又装上同一船舶运出港口的货物,或装船未运出,又卸回本港的货物。

(3)港区范围内的轮渡、短途运输货物,以及为运输船舶装卸货物服务和各码头之间的驳运量。

(4)港口进行疏浚,运出港外抛弃的泥沙。

(5)在港区内装船运至港区以外倒入海内的废弃物。

3. 集装箱吞吐量

集装箱吞吐量指报告期内由水路进、出港区范围并经装卸的集装箱数量。按箱量和重量分别统计。计算单位:箱、TEU、吨。

计算箱量时,按集装箱的实际箱数和折合为20英尺集装箱(TEU)数计算。计算重量时,按集装箱的总重和货重分别计算。无法取得集装箱实际重量时,每TEU按8吨计算。

集装箱吞吐量按集装箱的尺寸类型分为10英尺箱、20英尺箱、35英尺箱、40英尺箱、45英尺箱集装箱吞吐量等;按是否装载货物分为空箱和重箱集装箱吞吐量。同时根据需要,参照货物吞吐量相关分组方法进行分组。

4.滚装汽车吞吐量

滚装汽车吞吐量指报告期内进、出港区范围自行驶上、驶下运输船舶的汽车(含车内货物)数量。计算单位:辆次、吨。

(二)装卸、集疏运

1.装卸量

指报告期内进、出港区范围,并经过装卸的货物数量。计算单位:吨、TEU。

计算方法:

(1)从车、船上卸下的进港货物或装上车、船的出港货物,各计算一次装卸量。

(2)进出港货物在车、船间直取和货船外挡过驳,虽在港口进行操作一次,规定要按一装一卸计算,作为两个装卸量。

(3)在同一港口的各作业区之间的货物驳运,凡未出港区范围的不算装卸量。

统计分组:按不同运输工具分为船舶装卸量、货车(火车)装卸量、汽车装卸量、管道装卸量和港驳装卸量等。

2.操作量

操作量指通过一个完整的操作过程所装卸、搬运的货物(或集装箱)数量。计算单位是操作吨(操作量)。在一个既定的操作过程中,1吨货物(或1个TEU)不论经过几组工人或几部机械操作,也不论搬运距离远近,是否有辅助作业,均只计算为1个操作吨(量)。

所谓完整的操作过程,是指货物由某一运输工具(船或车)到另一运输工具(车或船);或由运输工具到库场或由库场到运输工具及库场的整个装卸搬运过程。它是由舱内、起落舱、水平运输、库场(或车)内等若干道工序组成。

同一库场内的倒垛(或转堆)、翻仓、拆包、倒包、灌包、缝包、摊晒货物、过秤检验等,均属装卸辅助作业,不计算操作量。

操作量是反映装卸工作量大小的数量指标,编制计划时,操作量是根据分货种的装卸自然吨(量)排列操作过程确定的,在统计时则根据报告期实际累计求得的。

3.装卸自然吨数

装卸自然吨指进、出港区并经装卸的货物数量。集装箱码头称为装卸自然量,以标准箱(TEU)为计量单位。1吨货物(或1个TEU)从进港到出港(包括进港后不再出港,在港内消耗的物资,如建港物资等)不论经过几次操作,均只计算1个装卸自然吨(装卸自然量)。在计算装卸自然吨(装卸自然量)时,其余一律于装船或装车出港时统计。

装卸自然吨(量)和吞吐量一样都是港口装卸工作量的主要指标,它与吞吐量之间的主要差别是水水中转货物和港口进行换装作业时,每一装卸自然吨(量)计算为两个吞吐量吨,而水陆中转则统计为一个吞吐量。两者的关系可用下式表示:

$$
\begin{aligned}
Q_{自} &= Q_{吞}/(2-\alpha) \\
Q_{吞} &= Q_{自}(2-\alpha)
\end{aligned}
\tag{3-12}
$$

式中：$Q_{吞}$——吞吐量；

$Q_{自}$——装卸自然吨（装卸自然量）；

α——水陆换装自然吨（量）与总自然吨（量）之比。

装卸自然吨、吞吐量和操作量之间的关系如表 3-4 所示。

装卸自然吨、吞吐量和操作量之间的关系 表 3-4

操作过程	自然吨（量）	吞吐量	操作量
船—船	1	2	1
船—库—船	1	2	2
船—港内驳运（去货主码头）	1	1	1
船—港内驳运（去港务局码头）	1	1	1
船—库—港内驳运（去货主码头）	1	1	2
船—库—港内驳运（去港务局码头）	1	1	2
港内驳运（货主码头来）—库—船	1	1	2
港内驳运（港务局码头来）—库—船	1	1	2
车—船	1	1	1
车—库—船	1	1	2
车—库—港内某处（港口自用物资）	1	0	2
船—库—港内某处（港口自用物资）	1	1	2
船—库—库—车	1	1	3

4. 操作系数

操作系数指操作量和相应的货物装卸自然吨（量）之比，它可以测定每吨货物（每 1 个 TEU）在本港内的平均操作次数，它是考核港口装卸工作组织完善程度的主要质量指标之一。计算公式：

$$
操作系数 = \frac{操作量}{装卸自然吨数} \tag{3-13}
$$

因每吨货物（每个标准箱）通过港口至少要经过一次装卸，因此操作系数不会小于 1。如果港口全部装卸工作都是以直取作业形式进行（如船—船，或船—车），则操作系数等于 1。实际上，总是会有一部分货物（或集装箱）在进港后要进库场保管，然后再装上运输工具运出港口，所以操作系数总是大于 1 的。

在一般情况下，操作系数低的港口，直取比重高，库场需要量少，完成换装作业所消耗的劳动量少，成本低，货损也少，是装卸组织管理工作的重要目标之一。但直取作业比重提高往往会延长船舶在港停留时间，影响货物周转，因此不能片面地追求操作系数的降低，而要追求系统的总体最佳效益。

5. 车船直接换装作业比重

车船直接换装作业比重指直接作业的装卸货物（集装箱）数量占全部装卸货物数量（集装箱）的比重。它是反映港口组织工作水平的质量指标之一。计算公式：

$$\gamma = \frac{Q_1 + Q_2}{Q} \times 100\% \tag{3-14}$$

式中：Q_1——船—船直接换装货物吨数（集装箱标准箱箱量）；

Q_2——船—车直接换装货物吨数（集装箱标准箱箱量）；

Q——装卸船舶货物总吨数（集装箱标准箱箱量）。

例 3-4　某海船运大米 10000 吨到某港卸货，其中 2000 吨直接装上河船运走，1500 吨在码头直接装车运走，其余的卸船进库，再从库装车运走。试计算完成上述装卸任务，所产生的吞吐量、装卸量、操作量、直接换装比重及操作系数各是多少。

解

吞吐量 = 2000 × 2 + 8000 = 12000（吨）

装卸量 = 10000（自然吨）

操作量 = 2000 + 1500 + 6500 + 6500 = 16500（吨）

直接换装比重 = (2000 + 1500)/10000 = 35%

操作系数 = 16500/10000 = 1.65

6. 装卸工时数

装卸工时数指报告期内装卸工人从事装卸作业的工时数。计算单位：工时。

7. 装卸工时效率

装卸工时效率指报告期内装卸工人（包括司机及其助手）平均每人工作 1 小时所完成的操作量。装卸工时效率是反映港口装卸劳动生产率的指标之一。计算单位：吨/工时。计算公式：

$$\text{装卸工时效率} = \frac{\text{操作量}}{\text{装卸工时数}} \tag{3-15}$$

8. 工序吨数

工序吨是按各港制订的各类货物的操作过程，划分为若干工序，在一个工序中，完成 1 吨货物的操作，计算为 1 个工序吨。

统计分组：

(1)按货物装卸操作地点及顺序分为舱底作业工序吨数、起落舱作业工序吨数、搬运作业工序吨数、车内作业工序吨数和库（场）内作业工序吨数。

(2)按货物装卸作业的机械化操作程度分为机械操作工序吨数、半机械操作工序吨数和人力操作工序吨数。

在同一工序中，同时使用机械和人力操作时，应按其所需的劳动量较大或操作距离较远者，计为机械或人力操作工序吨。

9. 装卸机械化程度

装卸机械化程度指港口装卸工作中，机械操作工序吨数占总工序吨数的比重，反映港口的机械化水平。计算单位：%。计算公式：

$$\text{装卸作业机械化程度} = \frac{\text{机械操作工序吨数}}{\text{总工序吨数}} \times 100\% \tag{3-16}$$

10. 集运量

集运量指报告期内到港货物的实际卸货数量。计算单位：吨、TEU。

统计分组:按运输方式分为公路集运量、铁路集运量、水路集运量和管道集运量。

11. 疏运量

疏运量指报告期内离港货物的实际装货数量。计算单位:吨、TEU。

统计分组:按运输方式分为公路疏运量、铁路疏运量、水路疏运量和管道疏运量。

(三)堆存

1. 入库(场)货物数量

入库(场)货物数量指报告期内进入仓库(罐)、堆场的货物实际数量。计算单位:吨、TEU。

2. 出库(场)货物数量

出库(场)货物数量指报告期内自仓库(罐)、堆场运出的货物实际数量。计算单位:吨、TEU。

3. 期初堆存货物数量

期初堆存货物数量指报告期初仓库(罐)、堆场所存储货物的实际数量。计算单位:吨、TEU。

4. 期末结存货物数量

期末结存货物数量指报告期末仓库(罐)、堆场所存储货物的实际数量。计算单位:吨、TEU。计算公式:

期末结存货物数量 = 期初堆存货物数量 + 本期入库(场)货物数量 - 本期出库(场)货物数量 (3-17)

5. 货物堆存数量

货物堆存数量指报告期内仓库(罐)、堆场所存储货物的实际数量。反映货物堆存的工作量。计算单位:吨、TEU。计算公式:

货物堆存数量 = 期初堆存货物数量 + 本期入库(场)货物数量 (3-18)

凡是进入过仓库、堆场的货物数量,不论堆存的时间长短,都统计为货物堆存吨数。即1吨货物如以1年为报告期,则堆存1天、堆存1月或堆存1年,都计为堆存货物1吨。

6. 货物堆存吨(TEU)天数

货物堆存吨(TEU)天数指报告期内仓库(罐)、堆场货物堆存数量与其实际堆存天数乘积之和。计算单位:吨天、TEU天。它是反映库场堆存工作量的综合指标,不仅反映货物堆存的数量,而且反映了货物堆存的时间。

计算方法:统计货物堆存吨天数就得掌握每批货物的数量及每批货物进港和出港的时间。但如果货物种类多,且较分散进、出库场的情况下,测定货物进、出的时间工作量较大,因此为简便,一般可用报告期每天仓库(罐)、堆场结存的货物数量和每天出仓库(罐)、堆场的货物数量之和的累积数代替。此种方法利于统计,但不利于货物保管的管理工作。

计算公式:

货物堆存吨(TEU)天数 = ∑(货物堆存吨数 × 堆存天数)
= ∑[每天结存的货物数量 + 每天出库(场)的货物数量] (3-19)

堆存统计的原始资料是货物进(出)库单或库(罐)场日报表。

7. 平均堆存期

平均堆存期指每吨(TEU)货物平均在库场内堆存的时间,反映货物在库场内的流转情况,也可称为平均每吨货物堆存天数。计算单位:天。计算公式:

$$平均堆存期 = \frac{报告期货物堆存吨天数}{报告期堆存货物吨数} \tag{3-20}$$

平均堆存期短,货物在库场内流转就快,货物在港口停留时间就短,能减少港口堵塞,扩大港口吞吐能力。

8. 平均每天堆存货物吨数

平均每天堆存货物吨数指报告期内平均每天在库场所堆存的货物的数量,反映库场每天平均所拥有的货物吨数。计算单位:吨。计算公式:

$$平均每天堆存货物吨数 = \frac{报告期货物堆存吨天数}{报告期日历天数} \tag{3-21}$$

平均每天堆存货物吨数一般总小于平均仓容量。所谓平均仓容量是指平均每天库场最大能安全堆存的货物数量。平均每天堆存货物的吨数越接近平均仓容量,则库场的运用情况就越好。

例 3-5　已知某库场上期末结存货物为 8000 吨,在为期 8 天的统计期内货物堆存情况如表 3-5 所示,试计算其货物堆存吨天数、货物平均堆存期。

某库场货物堆存情况　　表 3-5

日期	1	2	3	4	5	6	7	8
结存(吨)	13000	7000	10000	6000	8000	12000	10000	11000
出库(吨)	5000	9000	7500	12000	10000	6000	9000	10000

解　(1)$\sum$每天结存的货物数量 = 13000 + 7000 + 10000 + 6000 + 8000 + 12000 + 10000 + 11000 = 77000(吨)

$\sum$每天出库场的货物数量 = 5000 + 9000 + 7500 + 12000 + 10000 + 6000 + 9000 + 10000 = 68500(吨)

货物堆存吨天数 = 77000 + 68500 = 145500(天吨)

(2)根据"本期入库场货物数量 = 期末结存货物数量 - 期初堆存货物数量 + 本期出库场货物数量",计算出每天入库场货物数量如表 3-6 所示。

该每天入库场货物数量　　表 3-6

日期	1	2	3	4	5	6	7	8
入库(吨)	10000	3000	10500	8000	12000	10000	7000	11000

$\sum$每天入库场的货物数量 = 10000 + 3000 + 10500 + 8000 + 12000 + 10000 + 7000 + 11000 = 71500(吨)

$$货物平均堆存期 = \frac{145500}{8000 + 71500} = 1.83(天)$$

(四)船舶进出港

船舶进出港统计可以反映船舶进港或出港的艘次数、吨位数及船员人数,同时可以反映不同吨位、不同类型船舶进、出港的数量及变化情况,可为船舶的调度、装卸作业生产及船舶在港停泊等进行有计划，合理的安排提供依据，在一定程度上也可以说明港口规模的大小。

统计范围：凡进、出港区并在港内停泊，其总吨在5吨位及以上或总载重量在10吨及以上的各种运输船舶、工程技术船舶等，不论船籍，是否装卸货物或上下旅客，均纳入统计范围。包括来港避风的船舶，从事商业性运输或作业的军用、公安、体育运动及渔业船舶；不包括本港从事港务工作的船舶，以本港为基地或在本港从事基建施工、航道疏浚、打捞救助的工程技术船舶，尚未取得船舶证书专为试航而进出港口的新造船舶，已缴销船舶证书专为进港解体(即拆船)的各种已报废的船舶，商港、渔港混合港口停靠渔港码头的渔船，以及商港、军港混合港口停靠军用码头的军用船舶。

进出港船舶按船舶承运货物的贸易性质分为外贸和内贸船舶；按船舶国籍分为外国籍和本国籍船舶；此外，还可按船舶类型、载重量和所装载的货物类型等分组。

统计指标：

1.进出港船舶数

进出港船舶数指报告期内进、出港口船舶的实际数量。计算单位：艘次。

2.进出港船舶登记总吨

进出港船舶登记总吨指报告期内以进出港口船舶总容积计算的吨位数量。计算单位：吨位。

3.进出港船舶登记净吨

进出港船舶登记净吨指报告期内以进出港口船舶有效容积计算的吨位数量。计算单位：吨位。

4.进出港船舶总载重(箱)量

进出港船舶总载重(箱)量指报告期内进出港口船舶达到设计满载时可载运的实际重量(箱位量)数。计算单位：吨位、TEU。

5.进出港船舶船员数

进出港船舶船员数指报告期内所有进、出港口船舶的船员人数。计算单位：人。

进出港船舶统计以船舶登记证书上记载的为准。

(五)船舶在港停时

统计范围：凡在码头、浮筒、锚地上进行装卸作业的运输船舶均应进行统计。不包括客船、客货船、路过和来港避风未装卸货物的船舶。

船舶在港停泊时间的组成：由生产性停泊时间、非生产性停泊时间和自然因素引起的停泊时间三部分组成。

生产性停泊时间指船舶在运输生产工程中所必需的停泊时间。包括装卸作业时间、移泊时间、技术作业时间和其他生产性停泊时间。

(1)装卸作业时间包括装卸前后的张挂安全网、起放吊杆、开盖货舱、接卸输油管(臂)的准备时间；装卸货物时间；补给船用燃料、货料及淡水的时间；扫舱、铺舱、隔舱及油船加温等辅助作业时间。

(2)移泊时间指装卸作业计划中规定或受港口条件的限制，必须从这一泊位移至另一泊位作业的移泊时间。

(3)技术作业时间指拖驳运输船舶的编、解队时间。

(4)其他生产性停泊时间指上述各种生产性停泊时间以外的其他生产性停泊时间。

非生产性停泊时间指由于运输、装卸组织工作不善,或因船舶到港不均衡,或货物不能按时集中等运输生产过程非必需的停泊时间。包括港方原因、船方原因、铁路原因、货主原因和其他原因五部分。

(1)港方原因指因港方设备、劳动力不足,或调度不当等属于港方责任而造成的船舶等码头泊位、等工人、等库场、等拖驳船以及港口装卸机械设备故障等停泊时间。

(2)船方原因指因船方责任造成的停泊时间。包括等货物积载图、等船员、等运行调度命令、船上装卸机具和照明发生故障等造成的停泊时间。

(3)铁路原因指因无车辆或取送车不及时等铁路方面责任造成的停泊时间。

(4)货主原因指由于货主责任,如货物不能按时集中或疏散,流向未定不能开工作业等造成的停泊时间。

(5)其他原因指上述各种非生产性停泊原因以外的其他非生产性停泊时间。包括等联检(植检、商检)、等熏洗舱、等工人换班及吃饭等造成的停泊时间。

自然因素引起的停泊时间,指因自然因素影响而造成的停泊时间。包括因风、雨、雾等不能作业,高温季节工人工间休息,候潮进出港等所造成的停泊时间,以及船舶到指定地点避风的停泊时间及其往返的航行时间。

统计指标:

1. 船舶停泊艘次

船舶停泊艘次指报告期内在港停泊船舶次数的累计数。计算单位:艘次。

一艘船舶从进港时起至出港时止,不论船舶吨位大小;不论单装单卸或又装又卸;不论是否移泊或移泊次数多少,均只计算为一个停泊艘次。对于船舶进港后进行跨区装卸,即船舶由其他作业区(不包括货主码头)移至本作业区进行装卸,则应统计一次“续装卸艘次”。所谓续装卸艘次是指船舶跨区装卸停泊的艘次数,用以反映船舶在各作业区的停泊数量。全港汇总时,只要扣除此数,就能得到全港船舶停泊艘次数,避免重复计算。例如,一船舶从外港至本港第一装卸区进行装卸,之后移泊至第二装卸区进行装卸后出港,则第一作业区计一次船舶停泊艘次,第二作业区计一次续装卸艘次,全港船舶停泊艘次为一个艘次。

统计分组:

(1)按船舶承运货物的贸易性质分为外贸船舶停泊艘次和内贸船舶停泊艘次。

(2)按船舶国籍分为外国籍船舶停泊艘次和本国籍船舶停泊艘次。

(3)按船舶类型、船舶载重量分组。

2. 船舶停泊总艘时

船舶停泊总艘时指报告期内在港停泊船舶艘次数与其停泊时间(小时)的乘积之和。计算单位:艘时。

计算方法:船舶停泊总艘时由生产性停时、非生产性停时和自然因素停时三部分组成。在同一时间内产生两种以上不同性质的停泊原因时,计入主要的或时间较长的一种原因内。

3. 船舶停泊吨位天数

船舶停泊吨位天数指报告期内在港停泊船舶吨位数与其停泊时间的乘积,再除以 24 小时折算。

4. 船舶平均每次在港停时

船舶平均每次在港停时指报告期内平均每艘船舶每次在港停泊的时间。用以反映每艘船在港停泊时间的长短。计算单位:天。计算公式:

$$船舶平均每次在港停时=\frac{船舶停泊总艘时/24}{船舶停泊艘次数} \tag{3-22}$$

5. 船舶作业艘次

船舶作业艘次指报告期内在港装、卸作业船舶的实际艘次。计算单位:艘次。

计算方法:一艘船泊在港单装、单卸按一个作业艘次计算,进行亦卸亦装的双重作业按两个作业艘次计算。

6. 平均每装卸千吨(百 TEU)在港停时

平均每装卸千吨(百 TEU)在港停时指报告期内在港停泊船舶平均每装卸一千吨货物(百 TEU)所占用生产性停泊和港方原因非生产性停泊的时间。计算单位:天/千吨、天/百 TEU。计算公式:

$$平均每装卸千吨货在港停时=\frac{(生产性停泊时间+非生产性停泊中港方原因时间)/24}{装卸货物数量}\times 1000$$

$$平均每装卸百\ TEU\ 货在港停时=\frac{(生产性停泊时间+非生产性停泊中港方原因时间)/24}{装卸货物数量}\times 100$$

(3-23)

7. 平均每千吨货(百 TEU)装卸小时

平均每千吨货(百 TEU)装卸小时指报告期内平均每装卸一千吨货物(百 TEU)所需的小时数。计算单位:小时/千吨、小时/百 TEU。计算公式:

$$平均每千吨货装卸小时=\frac{装卸作业时间}{装卸货物数量}\times 1000$$

$$平均每百\ TEU\ 货装卸小时=\frac{装卸作业时间}{装卸货物数量}\times 100 \tag{3-24}$$

8. 船舶平均每停泊艘天装卸货物吨数

船舶平均每停泊艘天装卸货物吨数指在报告期内在港停泊船舶平均每艘船每停泊一天所装卸完成的货物吨数,简称船舶装卸总定额。此指标综合反映了船舶的装卸效率。计算单位:吨/艘天。计算公式:

$$船舶平均每停泊艘天装卸货物吨数=\frac{装卸货物吨数}{船舶停泊艘天数} \tag{3-25}$$

9. 平均船时量

平均船时量指报告期内平均每艘在港停泊船舶每小时所装卸货物的数量。计算单位:吨/艘时、TEU/艘时。计算公式:

$$平均船时量=\frac{装卸货物数量}{船舶停泊总艘时} \tag{3-26}$$

(六)火车在港停时

统计范围:凡在港区范围的铁路装卸线或路、港协议规定的交叉线内进行装卸货物的货车均进行统计,不包括港口自备货车。

1. 到港车辆数

到港车辆数指报告期内由铁路局送至港口铁路专用线的货车车辆的数量。单位:辆次。统计分组:按空车、重车进行分组。

2. 作业辆次数

作业辆次数指报告期内货车装车和卸车的实际数量之和。计算单位:辆次。

计算方法:计算作业辆次时,装或卸一辆车,即计算一个作业辆次。同一辆车,进行亦卸亦装的双重作业,则计算两个作业辆次。作业辆次数除按装、卸车统计外,还应按主要货类分别进行统计。

3. 在港总停留时间

在港总停留时间指报告期内在港车辆的停留时间之和。计算单位:辆时。

4. 装卸货物数量

装卸货物数量指报告期内在港口铁路专用线上,货车实际装卸货物的数量。计算单位:吨、TEU。

5. 日均到港车辆数

日均到港车辆数指报告期内平均每天由铁路局派车送达港口铁路专用线的车辆数。计算单位:辆次/天。计算公式:

$$日均到港车辆数 = \frac{到港车辆数}{报告期日历天数} \tag{3-27}$$

6. 平均一次作业在港停留时间

平均一次作业在港停留时间指报告期内在港口铁路专用线上平均每辆货车每次作业所停留的时间。它是反映铁路货车在港停留时间的指标。计算单位:小时/辆次。计算公式:

$$平均一次作业在港停留时间 = \frac{总停留时间}{作业辆次数}$$

7. 日均装卸车数

日均装卸车数指报告期内平均每天装卸的车辆数。计算单位:辆次/天。计算公式:

$$日均装卸车数 = \frac{作业辆次数}{日历天数} \tag{3-28}$$

8. 平均每作业辆次装卸货物数量

平均每作业辆次装卸货物数量指报告期内平均每辆在港作业车辆装卸货物的数量。计算单位:吨/辆次。计算公式:

$$平均每作业辆次装卸货物数量 = \frac{装卸货物数量}{作业辆次数} \tag{3-29}$$

(七)辅助作业

1. 驳运量

驳运量指报告期内驳运船舶在港区范围实际完成的驳运货物数量。计算单位:吨、TEU。

2. 驳运周转量

驳运周转量指报告期内驳运量与其驳运距离的乘积之和。计算单位:吨公里、TEU 公里。

3. 助泊艘次

助泊艘次指报告期内助泊拖船协助进出港口或移泊的船舶靠、离码头所完成的助泊过程的次数。计算单位:艘次。

4. 引航艘次

引航艘次指报告期内为进出港区和在港内移泊的船舶引航作业的次数。每引领一艘船舶进、出港或移泊一次即为一个引航艘次。计算单位:艘次。

5. 带缆艘次

带缆艘次指报告期内为靠离码头、浮筒的船舶所作的系、解缆作业的次数。每为一艘船系(解)缆一次即为一个带缆艘次。计算单位:艘次。

二、公路场站生产统计

公路运输场站是在某一限定的场所上为组织运输生产所需的生产性或服务性的各类设施的结合体,是公路运输网络中旅客或货物集散、中转的节点,是交通枢纽系统中的重要组成部分。现代化公路运输场站是保证国民经济正常运行的重要基础设施,在旅客及各种货物的运输全过程中起着至关重要的作用。公路场站包括公路运输客运场站和公路运输货运场站。公路场站生产统计指标体系如表 3-7 所示。

公路场站的生产统计指标 表 3-7

公路场站生产统计	营运班线数量;营运班线里程;班线运量;日发班次;日过往班次;日均发送量;通班车乡镇数;乡镇通班率;通班车行政村数;行政村通班率;从业人员数;平均人数

1. 营运班线数量

营运班线数量指报告期内已开通客运班车的实际线路数量。计算单位:条。

统计分组:

(1)按运输区域分为跨省班线数量、跨地(市)班线数量、跨县(市)班线数量和县内班线数量。

(2)按营运班线长度分为一类班线数量、二类班线数量、三类班线数量和四类班线数量。

2. 营运班线里程

营运班线里程指报告期末已开通客运班车的线路总里程。计算单位:公里。

统计分组:同营运班线数量的统计分组。

3. 班线运量

班线运量指报告期内在已开通运营班线上从事旅客运输的车辆完成的旅客运输量。计算单位:人。

4. 日发班次

日发班次指报告期内公路客运站平均每日始发的客运班次数。计算单位:班次。计算公式:

$$日发班次 = \frac{发出的总班次}{日历天数} \tag{3-30}$$

5. 日过往班次

日过往班次指报告期内平均每日过往公路客运站的班次数。计算单位:班次。计算公式:

$$日过往班次 = \frac{过往总班次}{日历天数} \tag{3-31}$$

6. 日均发送量

日均发送量指报告期内公路客运站平均每日发送的旅客人数。计算单位:人。计算公式:

$$日均发送量=\frac{发送旅客总人数}{日历天数} \tag{3-32}$$

7. 通班车乡镇数

通班车乡镇数指报告期末乡镇政府所在地已开通客运班车的乡镇数量。计算单位:个。

8. 乡镇通班率

乡镇通班率指报告期末一定区域内通班车乡镇数占本区域全部乡镇数的比重。计算单位:%。计算公式:

$$乡镇通班车率=\frac{通班车乡镇数}{乡镇总数}\times 100\% \tag{3-33}$$

9. 通班车行政村数

通班车行政村数指报告期末有客运班车通达点或客车营运线路两侧两公里以内的行政村数量。计算单位:个。

10. 行政村通班率

行政村通班率指报告期末一定区域内通班车行政村数占本区域全部行政村数的比重。计算单位:%。计算公式:

$$行政村通班车率=\frac{通班车行政村数}{行政村总数}\times 100\% \tag{3-34}$$

11. 从业人员数

从业人员数指报告期末从事公路场站生产经营及管理活动的人员数量。计算单位:人。

统计分组:一般按所从事的场站生产业务类型进行分组。

12. 平均人数

平均人数指报告期内平均每天拥有的从事公路场站生产经营及管理活动的人员数量。计算单位:人。计算公式:

$$平均人数=\frac{\sum 每日人数}{日历天数} \tag{3-35}$$

第三节　运输设施和运输工具维护、检测统计

一、运输基础设施的维护、检测统计

(一)水路航道及辅助设施维护

水路航道及辅助设施维护的主要统计指标如表3-8所示。

水路航道及辅助设施维护的主要统计指标　　表3-8

水路航道及辅助设施维护	通航期;通航率;通航保证率;航道维护尺度保证率;通航密度;航标维护座天数;航标失常座天数;航标维护正常率;航标正常率;疏浚工程量;扒沙(石)工程量;补坝工程量;爆破清障工程量;清除障碍物工程量;测量工程量;雷达应答器正常工作率

1. 通航期

通航期指航道一年内可通航船舶的天数。计算单位:天。

在我国,北方港口的航道受冰冻与洪、枯水期的限制,不能全年通航。南方的江河大都可以全年通航。通航期的长短,直接影响航道的通过能力和经济效益,必要时可采取工程措施以延长通航期。

2. 通航率

通航率指报告期内航道实际通航的时间占总时间的比重。计算单位:%。计算公式:

$$\text{通航率} = \frac{\text{实际通航天数}}{\text{日历天数}} \times 100\% \tag{3-36}$$

通航率越高,说明港口的通航时间长,利用率高,通航条件好。

3. 通航保证率

通航保证率指平均每年实际通航天数占全年通航总天数的比重。计算单位:%。计算公式:

$$\text{通航保证率} = \frac{\text{平均每年实际通航天数}}{\text{全年通航总天数}} \times 100\% \tag{3-37}$$

通航保证率通常要根据多年水文资料来统计或调整。反映航道通航时间的程度。

4. 航道维护尺度保证率

航道维护尺度保证率指报告期内航道经维护后达到规定维护尺度时间占报告期内应通航时间的比重。计算单位:%。计算公式:

$$\text{航道维护尺度保证率} = \frac{\text{达到维护尺度天数}}{\text{应通航天数}} \times 100\% \tag{3-38}$$

5. 通航密度

通航密度指报告期内通过某一航道断面的船舶或船队数。通常以 24 小时内通过的船舶或船队数为基准。计算单位:艘/天。计算公式:

$$\text{通航密度} = \frac{\text{通航船艘数}}{\text{通航时间}} \tag{3-39}$$

6. 航标维护座天数

航标维护座天数指报告期内实际维护的视觉、音响航标及其维护天数的乘积之和。计算单位:座天。计算公式:

$$\text{航标维护座天数} = \sum(\text{每座实际维护的航标} \times \text{该座航标维护天数}) \tag{3-40}$$

7. 航标失常座天数

航标失常座天数指报告期内处于不正常状态的视觉、音响航标座数与其失常天数的乘积之和。计算单位:座天。计算公式:

$$\text{航标失常座天数} = \sum(\text{每座失常航标} \times \text{该座航标失常天数}) \tag{3-41}$$

统计分组:一般分为航标非维护性失常座天数和航标维护性失常座天数。

8. 航标维护正常率

航标维护正常率指报告期内视觉、音响航标正常维护的座天数占航标维护座天数的比重。计算单位:%。计算公式:

$$航标维护正常率 = \frac{航标维护座天数 - 维护性失常座天数}{航标维护座天数} \times 100\% \quad (3\text{-}42)$$

9. 航标正常率

航标正常率指报告期内视觉、音响航标保持正常的座天数占航标维护座天数的比重。计算单位:%。计算公式:

$$航标正常率 = \frac{航标正常座天数}{航标维护座天数} \times 100\% \quad (3\text{-}43)$$

10. 疏浚工程量

疏浚工程量指报告期内完成航道疏浚工程的数量。计算单位:立方米。

11. 扒沙(石)工程量

扒沙(石)工程量指报告期内完成航道扒沙(石)工程的数量。计算单位:立方米。

12. 补坝工程量

补坝工程量指报告期内完成航道补坝工程的数量。计算单位:立方米。

13. 爆破清障工程量

爆破清障工程量指报告期内完成航道爆破清障工程的数量(以爆破用炸药量为标准)。计算单位:吨。

14. 清除障碍物工程量

清除障碍物工程量指报告期内清除航道上危及船舶航行的障碍物(沉船、沉树、零散石块、石堆等)数量。计算单位:艘(沉船);立方米(其他)。

15. 测量工程量

测量工程量指报告期内完成航道全程测量或浅滩测量的工程数量。计算单位:平方公里。

16. 雷达应答器正常工作率

雷达应答器正常工作率指报告期内雷达应答器正常工作台时占实际工作台时的比重。计算单位:%。计算公式:

$$雷达应答器正常工作率 = \frac{正常工作台时}{实际工作台时} \times 100\% \quad (3\text{-}44)$$

(二)公路养护

公路养护的主要统计指标如表3-9所示。

公路养护的主要统计指标 表3-9

公路养护	公路养护里程;公路养护工程量;公路养护工程工作量;好路率;养护质量综合值;从业人员数;平均人数;公路养护管理机构数

1. 公路养护里程

公路养护里程指报告期内对公路工程设施进行经常性或季节性养护和修理的公路里程数。计算单位:公里。

对于公路养护里程,不论工程量大小、养护方式如何,均应统计为公路养护里程;拨给补助费由群众养护的公路里程也纳入统计。按公路养护方式可分为常年养护里程和季节性养护里程。

2. 公路养护工程量

公路养护工程量指报告期内用实物量计算的实际完成的公路养护工程数量。根据养护的对象可划分为：

(1)路面养护工程量。计算单位：平方米、立方米。

(2)路基养护工程量。计算单位：立方米。

(3)桥梁养护工程量。按桥梁数量计算，计算单位：座；按桥梁长度计算，计算单位：延米。

(4)涵洞养护工程量。按涵洞数量计算，计算单位：道；按涵洞长度计算，计算单位：延米。

(5)隧道养护工程量。按隧道数量计算，计算单位：处；按隧道长度计算，计算单位：延米。

(6)漫水工程养护工程量。按漫水工程数计算。计算单位：处；按漫水工程长度计算，计算单位：延米。

(7)防护工程养护量。按长度计算，计算单位：延米；按面积计算，计算单位：平方米；按体积计算，计算单位：立方米。

(8)渡口养护工程量。计算单位：处。

3.公路养护工程工作量

公路养护工程工作量指报告期内用价值量计算的实物完成的公路养护工程数量。计算单位：元。

公路养护工程工作量按完成的单个养护工程实物量乘预算单价求得，没有预算价格的，可按实际发生费用计算。计算公式：

$$公路养护工程工作量=\sum(单个工程实际完成实物量\times相应工程的预算单价) \tag{3-45}$$

统计分组：一般分为小修保养工程工作量、中修工程工作量、大修工程工作量和改建工程工作量。

养路段(站)指报告期内的县级养路单位。计算单位：个。

4.好路率

好路率指报告期内实际评定的公路养护里程中，优、良等级路段的里程和占实际评定的公路养护里程的比重。计算单位：%。计算公式：

$$好路率=\frac{优先路里程+良等路里程}{实际评定的养护里程}\times 100\% \tag{3-46}$$

实际评定的养护里程是指设有道班养护的县级以上公路总里程，减去因路面施工等原因不能进行养护质量检查评定的公路里程。

5.养护质量综合值

养护质量综合值指综合衡量一定区域内公路养护质量的指标。计算公式：

$$养护质量综合值=\frac{优先路里程\times 100+良等路里程\times 80+次等路里程\times 50+差等路里程\times 20}{实际评定的养护里程} \tag{3-47}$$

6.从业人员数

从业人员数指报告期末从事公路养护生产及管理活动的人员数量。其工资一般由公路部门用养路费支付。计算单位：人。

统计分组：一般分为固定制人员数、合同制人员数和其他养护人员数。

7. 平均人数

平均人数指报告期内平均每天拥有的从事公路养护生产及管理活动的人员数量。计算单位:人。计算公式:

$$平均人数 = \frac{\sum 每日人数}{日历天数} \tag{3-48}$$

统计分组:根据统计时间的长度不同,可划分为月平均人数、季平均人数和年平均人数。

8. 公路养护管理机构数

公路养护管理机构数指报告期末进行公路养护管理的机构数量。计算单位:个。

统计分组:一般分为省级管理机构数、地级管理机构数、县级管理机构数和道班(工区)管理机构数。

二、运输工具的维修、检测统计

(一)船舶维修

船舶维修统计是反映船舶的技术状况,合理组织船舶的维修工作,分析研究船舶维修部门的维修质量和管理水平的重要依据。根据船舶使用的时间和实际状态,船舶修理工作分为航次修理(航修)和计划修理两种。计划修理又可分为大修、中修、小修三种。

统计范围:凡从事水路运输的船舶,不论是在本部门(企业)附属保修单位、航修站或委托国内外其他单位进行修理的,均应纳入统计。

船舶维修统计包括反映维修规模的数量指标与反映维修状况的质量指标两部分。船舶维修的主要统计指标如表 3-10 所示。

船舶维修的主要统计指标　　表 3-10

船舶维修	船舶维修数量	船舶送修数量;船舶修竣数量;船舶修理艘天数;船舶修理总时间;船舶平均修理时间;返修船舶艘次数;船舶修理费用
	船舶维修质量	船舶返修率;平均修船费用;单位周转量修船费用

1. 船舶维修数量

(1)船舶送修数量。指报告期内实际送修的船舶数量。计算单位:艘次。

统计分组:

①按修理性质分为送修船舶数量和船员自修船舶数量。

②按修理类别分为大修数量、小修数量、航修数量和基本恢复修理数量。

(2)船舶修竣数量。指水运企业根据修船合同规定的修理项目,在报告期内已全部修理完毕的船舶数,包括报告期内送修或报告期以前送修、在报告期修理完毕的船舶数。计算单位:艘次。

(3)船舶修理艘天数。指水运企业在报告期内修理竣工船舶实际进行修理的总时间,计算单位:艘天。一艘船舶修理一天计算为一个船舶修理艘天,因此,船舶修理天数是报告期内修理竣工的各艘船舶实际修理天数之和。修理天数的计算为自船舶被受理修理时起至船舶修理竣工时止的延续日历天数,船舶因返修而耗用的时间也包括在内。

(4)船舶修理总时间。指报告期内送修船舶自厂方受理时起,至船舶修竣出厂时止的日历天数。计算单位:天。

(5)船舶平均修理时间。指报告期内每艘修竣船舶的平均修理时间,用以反映船舶修理工作的效率。计算单位:天。计算公式:

$$\text{船舶平均修理时间}=\frac{\text{船舶修理艘天数}}{\text{船舶修竣数量}} \tag{3-49}$$

(6)返修船舶艘次数。指水运企业在报告期已修理竣工出厂的船舶,由于维修质量,包括材料、配件等的质量缺陷,而造成返修的船舶总次数,计算单位:艘次。一艘船舶返修一次计为一个返修艘次。

(7)船舶修理费用。指报告期内修竣船舶实际发生的修理费用,用以反映修船费用的使用与节约或超支情况,计算单位:元。为分析修船费用的组成与实际效果,修理费用应分为厂(站)修费用、自修费用和配件购置费用进行统计。各种事故造成的修理费用,原则上应列为事故损失,如发生事故后结合计划修理进行,则超过计划修理费用的余额应列为事故损失。

2. 船舶维修质量

(1)船舶返修率。指报告期的返修船舶艘次数与船舶修竣艘数之比,用以反映船舶修理工作的质量。计算单位:%。计算公式:

$$\text{船舶返修率}=\frac{\text{返修船舶艘次数}}{\text{船舶修竣数量}}\times 100\% \tag{3-50}$$

(2)平均修船费用。指报告期内水运企业修竣船舶的平均修理费用,反映船舶修理费用的水平,用以进行预算和分析比较。计算单位:元。计算公式:

$$\text{平均修船费用}=\frac{\text{船舶修理费用}}{\text{船舶修竣数量}} \tag{3-51}$$

(3)单位周转量修船费用。指报告期内水运企业所发生的船舶修理费用与完成的货物(旅客)周转量或换算周转量之比,反映水运企业完成单位货物(旅客)周转量或换算周转量所支付的船舶维修费用。它将水运企业船舶维修工作与生产经营活动结合在一起,表明了船舶维修费用水平及其效益。计算单位:元。计算公式:

$$\text{单位周转量修船费用}=\frac{\text{船舶修理费用}}{\text{货物(旅客)周转量或换算周转量}} \tag{3-52}$$

(二)汽车维修与检测

汽车维修与检测的主要统计指标如表3-11所示。

汽车维修与检测的主要统计指标 表3-11

汽车维修与检测	汽车维修	汽车维修生产	修竣辆次;返修辆次;返修率;在厂总车日;平均在厂车日(车时);从业人员数;修理(维护)总工时;平均修理(维护)工时;修理(维护)费用;平均修理(维护)总费用
		汽车大修间隔里程	送修大修辆次;大修车总行程;平均大修间隔里程
	汽车检测	完成检测辆次;从业人员数	

1. 汽车维修

汽车维护和修理统计的目的是:合理组织汽车的保修工作,检查汽车保修技术经济定额和

计划修理、预防保养制度的贯彻执行情况，反映和研究汽车保修部门的组织管理水平和保修技术质量。汽车保修统计的原始资料为车辆动态记录、保修费用结算单、工时统计记录等。

(1)汽车维护和修理的统计范围。凡公路运输企业的营运汽车，不论是在本企业附属保修单位或是委托其他保修单位进行统计。汽车保修分类和作业内容，按交通运输部颁发的《汽车运输和修理企业技术管理制度》的规定执行。对载客汽车和载货汽车应分别统计。

(2)汽车维修生产统计指标：

①修竣辆次。指报告期内维护和修理竣工，经检验合格出厂的车辆次数。但不包括返修竣工的辆次数。每辆车进行维护或修理并竣工一次，即计算一个修竣辆次。修竣辆次数直接反映报告期修理工作量的大小，并可为编制与检查汽车修理计划提供资料。修竣辆次的统计依据是检验部门的车辆竣工登记或车辆竣工通知单。计算单位：辆次。

统计范围：在本期修竣出厂的车辆次数，包括前期送修辆次和本期送修辆次均应纳入统计，不包括尚未修竣出厂的辆次和返修竣工辆次。

统计分组：一般按修理与维护的级别分为大修辆次、总成大修辆次、小修辆次、一级维护辆次、二级维护辆次和专项修理辆次。

②返修辆次。指报告期内修竣出厂后的车辆在保证范围(如大修车走合期后4000～5000公里，或从实际出厂之日起60天内)，由于修理过失或因利用旧料及配件质量不佳造成的损失和故障，而回厂返修的辆次数，包括本期修竣并返修和前期修竣本期返修的辆次。计算单位：辆次。

凡有返修工单的汽车不论返修工时长短及修理费用多少，返修几次就计算几个返修辆次。但经检验属于外购配件问题引起的返修，在车辆进厂不超过半天(4小时)，修理工时在8个工时以内者，可不计返修辆次，只计修理工时。

③返修率。指修竣出厂车辆中回厂返修车辆所占比重。是反映保修工作质量的指标。返修率低，说明维修工作质量高；反之，则工作质量低。计算单位：%。计算公式：

$$\text{返修率}=\frac{\text{返修辆次}}{\text{修竣辆次}}\times 100\% \tag{3-53}$$

④在厂总车日。指从厂方受理该车进厂之日的第二天起至修竣交车出厂的当天止的日历日数(算出不算进)。包括该期返修车占用的在厂车日及节假日数。一、二级维护和小修在厂车时，指车辆进厂(场)至作业完毕，经检验合格出厂为止所占用的小时数(昼夜连续计算)。计算单位：大修、三级维护为“车日”，一、二级维护和小修为“车时”。

⑤平均在厂车日(车时)。指报告期平均每辆修竣车的在厂车日或车时数。该指标反映汽车修理工厂工作效率高低以及组织管理水平。车辆在厂修理时间，会直接影响完好车日和对车辆的时间利用。计算单位：车日(车时)/辆次。计算公式：

$$\text{平均在厂车日或车时}=\frac{\text{在厂总车日(车时)}}{\text{修竣辆次}} \tag{3-54}$$

⑥从业人员数。指报告期末从事车辆维修生产和管理活动的人员数量。计算单位：人。

统计分组：一般按工作岗位分为管理人员数和技术人员数。

⑦修理(维护)总工时。指修竣车辆进行修理(维护)作业的工时总数。

汽车大修使用工时，包括大修及为其服务的制配工时、原车件的修旧工时、返修工时等。

采用总成互换,应将换装的总成大修耗用的工时统计在总工时内。但修旧件和总成互换件已按商品价计算者,不再计入工时。

客车两次大修之间进行的发动机大修,其工时应计算在下次大修工时内。结合维护进行的小修,如维护和小修工时超过维护定额工时,其超过部分可另计小修工时,不包括在维护工时内。计算单位:工时。

⑧平均修理(维护)工时。指修竣车辆平均每辆次修理(维护)作业工时数。平均修理(维护)工时是直接反映汽车修理工厂修车效率的指标,可为制定和检查修车定额提供依据。计算单位:工时。计算公式:

$$平均修理(维护)工时=\frac{修理(维护)总工时}{修竣辆次} \tag{3-55}$$

⑨修理(维护)费用。指修竣出厂车辆进行修理(维护)作业费用的总数,不包括轮胎的修补和翻新费用。计算单位:元。

客车两次大修之间进行发动机大修的,其费用应计算在下次大修费内。

⑩平均修理(维护)总费用。指修竣车辆平均每辆次或每行驶一定里程的修理(维护)作业总费用。大修按辆次计算,计算单位:元/辆次;小修维护按每车千公里计算,计算单位:元/千公里。计算公式:

$$大修车平均修理费=\frac{大修车总费用}{大修车修竣辆次} \tag{3-56}$$

$$小修(维护)平均修理费=\frac{小修(维护)总费用}{总行程}\times 1000 \tag{3-57}$$

(3)汽车大修间隔里程统计指标:

①送修大修辆次。指在报告期内,已送到本企业附属的保修厂和委托其他企业进行修理的辆次,以及大修后已行驶一定里程、经技术鉴定其机件磨损程度已超过大修容许限度而经批准报废的汽车辆次。不包括非正常损坏和行车肇事需要大修的送修辆次。

②大修车总行程。指报告期送修的各辆大修车,从上次大修后出厂运行时起,至本次大修止所行驶里程的总合,包括报废车辆(不包括因肇事损坏而报废车辆)最后一次大修后至报废止所行驶的总车公里。

③平均大修间隔里程。指报告期送厂大修车平均每辆车相邻两次大修间行驶的里程。计算单位:公里。计算公式:

$$平均大修间隔里程=\frac{大修车总行程}{送修大修辆次数} \tag{3-58}$$

2. 汽车检测

(1)完成检测辆次。指报告期内所完成的各种车辆检测的辆次。计算单位:辆次。

计算方法:每辆车进行维护或修理并竣工一次,即计算一个修竣辆次。

统计分组:一般按检测类别分为大修检测辆次、二级维护检测辆次、质量仲裁检测辆次、专项检测辆次和委托检测辆次。

(2)从业人员数。指报告期末从事车辆检测工作的人员数量。计算单位:人。

统计分组:一般按工作岗位分管理人员数和技术人员数。

第四节　船闸生产与打捞统计

船闸生产与打捞的主要统计指标如表3-12所示。

船闸生产与打捞的主要统计指标　　表3-12

船闸生产与打捞	船闸生产	闸次;船闸作业量;船闸通航时间;船闸通航率;闸次作业时间;平均闸次作业时间;船闸利用率;船舶待闸时间;客船平均待闸时间;货船平均待闸时间
	打捞	打捞总次数;有效打捞总次数;打捞沉船数;打捞沉船吨位;打捞货物件数

一、船闸生产

(一)闸次

闸次指报告期内船闸运转的实际次数。计算单位:闸次。

计算方法:船闸每上行运转一次或下行运转一次各计为一个闸次。

(二)船闸作业量

船闸作业量指报告期内过闸船舶的实际数量。计算单位:艘次、吨、吨位。

计算方法:每艘船舶过闸一次,计为一个艘次;运输船舶按船舶净载重量计算,拖船、工程船和工作船按船舶总吨计算。

(三)船闸通航时间

船闸通航时间指报告期内船闸处于运行或待运行状态的时间。计算单位:小时、天。

(四)船闸通航率

船闸通航率指报告期内船闸通航时间占日历总时间的比重。计算单位:%。计算公式:

$$船闸通航率=\frac{船闸通航时间}{日历总时间}\times 100\% \tag{3-59}$$

(五)闸次作业时间

闸次作业时间指报告期内有船舶过闸的船闸运转时间。计算单位:分钟。

计算方法:每一闸次作业时间指船闸显示进闸信号,第一艘船舶从靠船墩或规定的待闸水域进闸时起,到最后一艘出闸船舶的船尾经过迎向待闸水域时止的时间。

(六)平均闸次作业时间

平均闸次作业时间指报告期内平均每一闸次的作业时间。计算单位:分钟/闸次。计算公式:

$$平均闸次作业时间=\frac{闸次作业时间}{闸次总数} \tag{3-60}$$

(七)船闸利用率

船闸利用率指报告期内船闸的闸次作业时间占船闸通航时间的比重。计算单位:%。计算公式:

$$船闸利用率=\frac{船闸作业时间}{船闸通航时间}\times 100\% \tag{3-61}$$

(八)船舶待闸时间

船舶待闸时间指报告期内过闸船舶(队)等待过闸的总时间。计算单位:艘时。

计算方法:过闸船舶抵达船闸从引航靠船墩或规定的待闸水域时起,至接到船闸指令或船闸显示进闸信号时止的时间统计为待闸时间。

统计分组:船舶待闸时间一般可按过闸船舶的种类分为客船(旅游船)待闸时间、货船待闸时间。

(九)客船平均待闸时间

客船平均待闸时间指报告期内平均每艘过闸客船的待闸时间。计算单位:分钟/艘次。计算公式:

$$\text{客船平均待闸时间} = \frac{\text{客船待闸时间(艘时)}}{\text{过闸客船总艘次(艘次)}} \times 60 \tag{3-62}$$

(十)货船平均待闸时间

货船平均待闸时间指报告期内平均每艘过闸货船的待闸时间。计算单位:分钟/艘次。计算公式:

$$\text{货船平均待闸时间} = \frac{\text{货船待闸时间(艘时)}}{\text{过闸货船总艘次(艘次)}} \times 60 \tag{3-63}$$

二、打捞

(一)打捞总次数

打捞总次数指报告期内进行打捞工程作业的次数。计算单位:次。

(二)有效打捞总次数

有效打捞总次数指报告期内进行打捞工程作业,打捞到沉船、沉物的次数。计算单位:次。

(三)打捞沉船数

打捞沉船数指报告期内实际打捞起沉船的数量。计算单位:艘。

(四)打捞沉船吨位

打捞沉船吨位指报告期内实际打捞起沉船的总吨位。计算单位:吨位。

(五)打捞货物件数

打捞货物件数指报告期内实际打捞起沉没货物的数量。计算单位:件。

复习思考题

1. 运输量的统计指标有哪些?试查找去年我国的水路运输量各项指标值。
2. 试比较港口装卸量、操作量、装卸自然吨数之间的关系。
3. 港口生产统计主要分为哪六大指标?
4. 船舶在港停时中,哪些指标能反映船舶在港效率?哪些指标值越大,效率越高?
5. 试查找长江航道各主要航段的主要航道统计指标。
6. 船舶维修统计指标有哪些?试找一家船舶维修公司,分析其各项维修指标。

7. 试分析长江三峡船闸的各项统计指标。

8. 某船定额载重量18000吨,3月份活动情况如图3-1所示,在港时间19天,航行8天,修理4天,A、B、C表示港口。求:该船的载重量利用率、营运率、航行率。

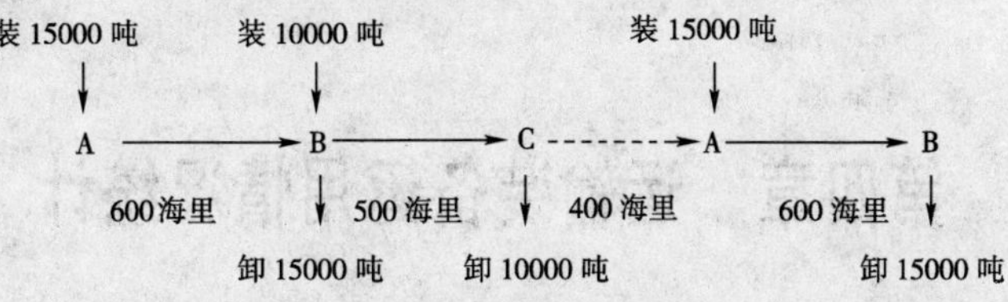

图 3-1

9. 某一企业4月1日有车200辆,其中150辆为4吨解放牌汽车,50辆为5吨东风牌汽车;4月11日购入50辆标记吨位为5吨的东风车辆,同时报废10辆标记吨位为4吨的解放牌汽车。直至月末再未发生车辆增减变化,求4月份的平均总吨位和平均吨位。

第四章　运输装备运用情况统计

充分、合理地运用运输装备，是提高运输效率，更多、更好地完成运输生产任务的主要条件之一。运输装备运用情况统计的主要任务是：准确、及时、全面地反映运输工具和生产设备所处的状态，从数量上反映各种运输生产装备的运用情况和工作效果，检查和分析运输生产过程各个环节的工作质量及其对运输生产的影响。

第一节　运输工具运用情况统计

一、船舶运用情况统计

（一）船舶运用情况的统计范围

船舶运用情况统计以水运企业使用的运输船舶为统计对象。凡使用权属于水运企业的运输船舶，包括企业全部自有的和租入、借入的运输船舶，不论正在使用或修理、待修，也不论是由于非技术性停驶或技术状况不好而停驶，以及待报废的船舶，均应纳入统计范围。不包括国家征用的船舶、经批准封存和借、租给其他单位的船舶、卧冬和沉没的船舶、不直接参加运输生产的船舶。

（二）船舶运用情况的统计

1. 船舶生产能力

船舶生产能力是说明报告期内可使用的运输船舶的最大能力。它由船舶实有数、船舶吨位（客位、千瓦）天、船舶吨位（客位、千瓦）次等数量指标构成。

但是仅有实有数指标还不能准确地反映企业实际拥有的运输能力。拥有船舶的航运企业如果不将船舶投入营运，也不能构成真正的生产能力。所以要将船舶实有数与船舶的运用情况结合起来，才能全面衡量企业的生产能力。为此引进下面动态反映企业生产能力的指标。

（1）船舶吨位（客位、千瓦）次。指一定报告期内，船舶所完成的航次数（n）与船舶定额吨位（客位、功率）的乘积。计算公式：

$$船舶吨位（客位、千瓦）次 = \sum[船舶定额吨位（客位、功率）\times 航次数] \quad (4\text{-}1)$$

例 4-1　某沿海航运企业在 2010 年 6 月份 3 艘货轮的定额吨位与往返温申线的航次资料如表 4-1 所示。

（2）船舶吨位（客位、千瓦）里。指一定报告期内，船舶所完成的航行总里程（L）与船舶定额吨位（客位、功率）的乘积。报告期内船舶的航行总里程，指船舶各航次航行距离（L_i）的总和，即 $L = \sum L_i$。

（3）船舶吨位（客位、千瓦）天。指一定报告期内船舶定额吨位（客位、千瓦）与该船时间

(以天为单位)的乘积。

船舶航次资料　　表4-1

船号＼项目	定额吨位(客位、千瓦)	完成航次数	船舶吨位次数
01	600	5	3000
02	300	4	1200
03	700	3	2100
合计	1600	12	6300

例4-2　某航运公司3月份的船舶总时间如表4-2所示。

船舶时间资料　　表4-2

类别＼项目	定额吨位(客位、千瓦)	使用天数	船舶总时间
货轮	5000吨位	31	155000吨位天
客轮	300客位	31	9300客位天
拖船	60千瓦	25	1500千瓦天

例4-3　某公司A船舶,定额吨位为18000吨,该船舶一年内营运时间为320天,一年内共航行50000海里,则:

$$船舶吨天 = 18000 \times 320 = 576(万吨天)$$

$$船舶吨里 = 18000 \times 50000 = 9(亿吨海里)$$

(4)船舶在册吨位(客位、千瓦)天。指一定报告期内每天保有船舶的累计数量,包括营运吨位(客位、千瓦)天数和非营运吨位(客位、千瓦)天数。计算单位:吨位(客位、千瓦)天。计算公式:

$$\begin{aligned}船舶在册吨位(客位、千瓦)天 &= \sum 每天保有船舶吨位(客位、千瓦)数 \\ &= \sum 每艘船舶定额载重量(客位、千瓦) \times 船舶在册时间\end{aligned} \tag{4-2}$$

(5)船舶营运吨位(客位、千瓦)天。指一定报告期内船舶技术状况良好能正常参加营运的吨位(客位、千瓦)天。船舶定额吨位(客位、千瓦)与船舶营运时间($T_{营}$)的乘积称船舶营运吨位(客位、千瓦)天。计算公式:

$$\begin{aligned}船舶营运吨位(客位、千瓦)天 = &船舶在册吨位(客位、千瓦)天 - \\ &船舶非营运吨位(客位、千瓦)天\end{aligned} \tag{4-3}$$

(6)船舶非营运吨位(客位、千瓦)天。指一定报告期内船舶技术状况不良,不能参加营运的吨位(客位、千瓦)天,包括待修、修理及待报废,航次以外进行检修和洗刷锅炉,以及专为修船进出船厂的吨位(客位、千瓦)天。

(7)船舶营运时间($T_{营}$)。指船舶总时间(在册时间)中,技术状况完好,可以从事客、货运输工作的时间,包括航行、停泊和其他工作时间。

①船舶航行时间($T_{航}$)。指船舶从离开港口码头或锚地、浮筒解去最后一根缆绳时起,至到达港靠码头或锚地、浮筒带上第一根缆绳时止的航行时间,包括重航和空航时间。

重航时间是指船舶载有客、货的航行时间。空航时间是指船舶没有装载客、货的航行时间,客货轮客、货两项中,如只有一项有载时,则有载的一项计为重航,无载的一项计为空航。

运输拖船在港口担负编解驳船队的时间,属港内作业时间,应计入其他工作时间内,而不应计为航行时间。

②船舶停泊时间($T_{停}$)。指船舶在运输生产过程中,因各种原因在港口和途中的全部停泊时间,包括生产性、非生产性和其他原因停泊时间。

③船舶其他工作时间。指营运时间中除去航行、停泊时间之外,临时从事港内作业以及为救援遇难船舶等特殊任务的时间。

船舶总时间构成如表 4-3 所示。

船舶总时间构成 表 4-3

船舶总时间(在册时间)						
营运时间						非营运时间
航行时间		停泊时间			其他工作时间	
重载时间	空载时间	生产性停泊时间	非生产性停泊时间	其他原因停泊时间		

2. 船舶装载率

装载率又称负载率,对于货船称载重量利用率,客船称客位利用率,推(拖)船称平均每千瓦拖带量。船舶装载率又分为发航装载率和运距装载率。

(1)发航装载率。表示船舶离开港口时货船的定额吨位、客船的定额吨位和推(拖)船的定额功率的利用程度。计算单位:%。计算公式:

货船:
$$\alpha_{发} = \frac{Q}{D_{定}} \times 100\% \tag{4-4}$$

客船:
$$\alpha_{发} = \frac{P}{M} \times 100\% \tag{4-5}$$

推(拖)船:
$$\alpha_{发} = \frac{Q}{N} \times 100\% \tag{4-6}$$

(2)运距装载率。反映船舶在一定的行驶距离内货船的定额吨位,客船的定额客位和推(拖)船的定额功率的平均利用程度。它是在一定报告期内船舶运输周转量与船舶行驶吨位(客位、功率)海里(公里)的比值。计算单位:%。计算公式:

货船:
$$\alpha = \frac{\sum_{i=1}^{m}\sum_{j=1}^{n} Q_{ij} l_{ij}}{\sum_{i=1}^{m}\sum_{j=1}^{n} D_{定i} L_{ij}} \times 100\% \tag{4-7}$$

客船:
$$\alpha = \frac{\sum_{i=1}^{m}\sum_{j=1}^{n} P_{ij} l_{ij}}{\sum_{i=1}^{m}\sum_{j=1}^{n} M_{i} L_{ij}} \times 100\% \tag{4-8}$$

推(拖)船:
$$\alpha = \frac{\sum_{i=1}^{m}\sum_{j=1}^{n} Q_{ij} l_{ij}}{\sum_{i=1}^{m}\sum_{j=1}^{n} N_{ij} L_{ij}} \times 100\% \tag{4-9}$$

式中:l_{ij}——第 i 艘船在第 j 航次的货物运输距离,公里(海里);

L_{ij}——第 i 艘船在第 j 航次的行驶距离,公里(海里)。

例 4-4　某船 $D_{定}=15000$ 吨，第一航次载货 10000 吨，航程 3000 海里；第二航次航程 4000 海里，始发时载货 12000 吨，在行驶 2000 海里抵中途港后卸下货物 8000 吨，则：

完成的货物周转量：

$$\begin{aligned}\sum_{i=1}^{m}\sum_{j=1}^{n}Q_{ij}l_{ij}&=\sum_{i=1}^{1}\sum_{j=1}^{2}Q_{ij}l_{ij}=Q_{11}l_{11}+Q_{12}l_{12}\\&=10000\times3000+[12000\times2000+(12000-8000)\times(4000-2000)]\\&=62000(\text{千吨海里})\end{aligned}$$

船舶吨位海里：

$$\begin{aligned}\sum_{i=1}^{m}\sum_{j=1}^{n}D_{定i}L_{ij}&=\sum_{i=1}^{1}\sum_{j=1}^{2}D_{定i}L_{ij}=D_{定1}L_{11}+D_{定1}L_{12}\\&=15000\times3000+15000\times4000\\&=105000(\text{千吨海里})\end{aligned}$$

平均运距载重量利用率：

$$\begin{aligned}\alpha&=\frac{\sum_{i=1}^{m}\sum_{j=1}^{n}Q_{ij}l_{ij}}{\sum_{i=1}^{m}\sum_{j=1}^{n}D_{定i}L_{ij}}\times100\%\\&=\frac{62000}{105000}\times100\%\approx59\%\end{aligned}$$

发航装载率及运距装载率的数值通常小于 1.0。提高发航装载率及运距装载率的主要途径是提高船舶的载货量、载客量及减少船舶空驶距离。

(3)载重量利用率。指报告期内货物运输船舶完成的货物换算周转量与其重载航程载重量的比值。计算单位:%。计算公式：

$$\text{载重量利用率}=\frac{\text{货物换算周转量}}{\text{重载航程载重量}}\times100\% \tag{4-10}$$

(4)载客量利用率。指报告期内旅客运输船舶完成的旅客换算周转量与其重载航程载重量的比值。计算单位:%。计算公式：

$$\text{载客量利用率}=\frac{\text{旅客换算周转量}}{\text{重载航程载重量}}\times100\% \tag{4-11}$$

(5)总航程载重量。指报告期内每艘在用船舶在运输过程中总航行里程与定额载重量的乘积之和。计算单位:吨位(客位、TEU、车位、千瓦)公里。计算公式：

$$\text{总航程载重量}=\sum(\text{每艘船舶定额载重量}\times\text{该船舶总航行里程}) \tag{4-12}$$

(6)重载航程载重量。指报告期内每艘在用船舶在运输过程中重载航行里程与定额载重量的乘积之和。计算单位:吨位(客位、TEU、车位、千瓦)公里。计算公式：

$$\text{重载航程载重量}=\sum(\text{每艘船舶定额载重量}\times\text{该船舶重载航行里程})$$

(7)平均每千瓦拖带(顶推)量。指报告期内拖船平均每千瓦功率拖带(顶推)的货物数量。计算单位:吨/千瓦。计算公式：

$$\text{平均每千瓦拖带(顶推)量}=\frac{\text{拖带(顶推)换算周转量}}{\text{拖船总航程载重量}}\times100\% \tag{4-13}$$

(8)箱位利用率。指报告期内集装箱船舶完成的集装箱周转量与其重载航程载重量的比值。计算单位:%。计算公式：

$$箱位利用率 = \frac{集装箱周转量}{重载航程载重量} \times 100\% \tag{4-14}$$

3. 船舶平均航行速度

平均航行速度是指船舶平均航行一天所行驶的里程，就一艘船而言，它等于航行距离(L)与航行时间(T)的比值。

船舶平均航行速度不同于船舶技术速度，它包括船舶营运中进出港口，通过狭小航道、运河、遇雾和避让船舶等情况的减速以及风流的影响因素等。对于同类船舶在同一航线的平均航行速度进行统计分析，能使计划的航次航行时间更符合客观实际。

当计算一组船舶的平均航行速度时，因各种货船的定额吨位不同，各种客船的定额客位及推(拖)船的定额功率也不相同，所以必须考虑这种因素的影响。一组船舶的平均航行速度。计算单位：公里(海里)/天。计算公式：

货船：

$$\overline{V} = \frac{\sum_{i=1}^{m}\sum_{j=1}^{n} D_{定i} L_{ij}}{\sum_{i=1}^{m}\sum_{j=1}^{n} D_{定i} t_{航ij}} \tag{4-15}$$

客船：

$$\overline{V} = \frac{\sum_{i=1}^{m}\sum_{j=1}^{n} M_{i} L_{ij}}{\sum_{i=1}^{m}\sum_{j=1}^{n} M t_{航ij}} \tag{4-16}$$

推(拖)船：

$$\overline{V} = \frac{\sum_{i=1}^{m}\sum_{j=1}^{n} N_{i} L_{ij}}{\sum_{i=1}^{m}\sum_{j=1}^{n} N_{i} t_{航ij}} \tag{4-17}$$

式中：$\overline{V}$——船舶平均航行速度，公里(海里)/天；

$t_{航ij}$——第 i 艘船在第 j 航次的航行时间，天。

平均航行速度在一定程度上既反映船舶周转的快慢，又反映客货运送时间的长短。较高的平均航行速度除能提高船舶生产率外，还有利于国民经济各部门资金的周转和扩大再生产。在国际贸易运输中，提高船舶的平均航行速度，即提高了船舶在国际航运市场的竞争能力。

4. 船舶时间利用

船舶时间利用包括船舶营运率、船舶航行率及船舶平均航次时间。

(1)船舶营运率。指报告期内船舶从事营运的时间占总时间(在册时间)的百分比。一艘船舶的营运率是报告期内该船营运时间和在册时间之比。计算单位：%。计算公式：

$$\varepsilon_{营} = \frac{T_{营}}{T_{册}} \times 100\% \tag{4-18}$$

对于一组船舶，它是报告期内各船营运吨天总和与在册吨天总和之比。计算公式：

货船：

$$\varepsilon_{营} = \frac{\sum_{i=1}^{m} D_{定i} T_{营i}}{\sum_{i=1}^{m} D_{定i} T_{册i}} \times 100\% \tag{4-19}$$

客船：

$$\varepsilon_{营} = \frac{\sum_{i=1}^{m} M_{i} T_{营i}}{\sum_{i=1}^{m} M_{i} T_{册i}} \times 100\% \tag{4-20}$$

推(拖)船:

$$\varepsilon_{营}=\frac{\sum_{i=1}^{m}N_{i}T_{营i}}{\sum_{i=1}^{m}N_{i}T_{册i}}\times 100\% \tag{4-21}$$

式中:$T_{营i}$——第 i 艘船的营运时间,天;

$T_{册i}$——第 i 艘船的在册时间,天。

营运率数值小于1.0,它反映船舶在册时间的利用程度,船舶维修保养越好,处于技术状况完好的时间就多,修理期越短;船舶安全生产做得越好,则效率越高。提高营运率是挖掘运输潜力的重要途径之一,保证船舶有较高的营运率,是管理工作的一个关键。

(2)船舶航行率。指一定报告期内船舶航行时间占营运时间的百分比。对一艘船而言,它等于报告期内船舶航行时间与营运时间之比。计算单位:%。计算公式:

$$\varepsilon_{航}=\frac{T_{航}}{T_{营}}\times 100\% \tag{4-22}$$

对于一组船舶,它指一定报告期内各船航行吨天总和与营运吨天总和之比。计算公式:

货船:

$$\varepsilon_{航}=\frac{\sum_{i=1}^{m}D_{定i}T_{航i}}{\sum_{i=1}^{m}D_{定i}T_{营i}}\times 100\% \tag{4-23}$$

客船:

$$\varepsilon_{航}=\frac{\sum_{i=1}^{m}M_{i}T_{航i}}{\sum_{i=1}^{m}M_{i}T_{营i}}\times 100\% \tag{4-24}$$

推(拖)船:

$$\varepsilon_{航}=\frac{\sum_{i=1}^{m}N_{i}T_{航i}}{\sum_{i=1}^{m}N_{i}T_{营i}}\times 100\% \tag{4-25}$$

式中:$T_{航i}$——第 i 艘船的航行时间,天。

航行率数值小于1。在一定的航线和一定的航速条件下,航行率高意味着船舶主要时间用于实现客货空间位移,因而在一定时期内船舶能完成更多的运输生产任务。在航速一定的情况下,提高航行率的主要途径是缩短船舶在港停泊时间。

(3)平均航次时间。航次是指船舶按照调度命令完成一个完整的运输生产过程。

航次时间的计算:自上一航次目的港卸空所载货物(或下完旅客)时起,至本航次目的港卸空所载货物(或下完旅客)时止,计为本航次的时间。新增船舶及修理完竣重新参加营运的船舶,其航次时间的起算,以调度命令为准。

船舶平均航次时间指报告期内船舶完成一个航次平均所需时间。计算单位:天。一艘船舶在报告期内的平均航次时间的计算公式:

$$\bar{t}_{次}=\frac{\sum_{i=1}^{n}t_{次i}}{n} \tag{4-26}$$

式中:$t_{次i}$——船舶完成第 i 个航次所需时间,天;

$\bar{t}_{次}$——船舶平均航次时间,天;

n——船舶完成的航次数。

船舶的营运活动是一个航次接一个航次进行的，所以船舶在报告期内的营运时间（$T_{营}$）可以看作它的诸航次时间（$t_{次}$）的总和，因而报告期内，一组船的平均航次时间可用以下公式计算：

货船：
$$\overline{t_{次}}=\frac{\sum_{i=1}^{n}D_{定i}T_{营i}}{\sum_{i=1}^{n}D_{定i}n_{i}} \tag{4-27}$$

客船：
$$\overline{t_{次}}=\frac{\sum_{i=1}^{n}M_{i}T_{营i}}{\sum_{i=1}^{n}M_{i}n_{i}} \tag{4-28}$$

推（拖）船：
$$\overline{t_{次}}=\frac{\sum_{i=1}^{n}N_{i}T_{营i}}{\sum_{i=1}^{n}N_{i}n_{i}} \tag{4-29}$$

平均航次时间指标反映航区或航线上船舶生产周期的快慢。在货流结构比较稳定，船舶航线固定，技术设备一定的条件下，平均航次时间的长短可反映生产组织工作的质量和水平。时间的节约是最重要的，因此缩短船舶生产周期是航运部门应当努力的目标。

（4）班轮准班率。指报告期内班轮运输按规定时间抵达港口的航次数占总航次数的比重。计算单位：%。计算公式：

$$班轮准班率=\frac{准班航次数}{总航次数}\times100\% \tag{4-30}$$

例 4-5 某航运公司有三条船舶，2009 年全年营运数据如表 4-4 所示，试求这三条船全年的平均营运率、平均航行率、平均航行速度。

2009 年某航运公司三条船舶全年营运数据 表 4-4

船舶	定额吨位（吨）	在册时间（天）	营运时间（天）	航行时间（天）	航行距离（海里）	航次数
A	15000	365	340	250	90000	10
B	10000	365	270	185	62160	7
C	5000	365	330	220	68640	8

解
$$平均营运率=\frac{15000\times340+10000\times270+5000\times330}{15000\times365+10000\times365+5000\times365}\times100\%=91.7\%$$

$$平均航行率=\frac{15000\times250+10000\times185+5000\times220}{15000\times340+10000\times270+5000\times330}\times100\%=70.9\%$$

$$平均航行速度=\frac{15000\times90000+10000\times62160+5000\times68640}{15000\times250+10000\times185+5000\times220}=345.5（海里/天）$$

$$平均航次时间=\frac{15000\times340+10000\times270+5000\times330}{15000\times10+10000\times7+5000\times8}=36（天/次）$$

5. 船舶生产率

（1）吨天产量。船舶生产率是船舶营运期内平均每吨位（客位、功率）在一昼夜内所完成的周转量，所以又称为营运期船舶吨位（客位、功率）天生产量。计算公式：

货船：
$$\mu=\frac{\sum_{i=1}^{m}\sum_{j=1}^{n}Q_{ij}l_{ij}}{\sum_{i=1}^{m}D_{定i}T_{营i}}［吨公里（海里）/吨天］ \tag{4-31}$$

客船：
$$\mu=\frac{\sum_{i=1}^{m}\sum_{j=1}^{n}P_{ij}l_{ij}}{\sum_{i=1}^{m}M_{i}T_{营i}}[人公里(海里)/客位天] \tag{4-32}$$

推(拖)船：
$$\mu=\frac{\sum_{i=1}^{m}\sum_{j=1}^{n}Q_{ij}l_{ij}}{\sum_{i=1}^{m}N_{i}T_{营i}}[吨公里(海里)/千瓦天] \tag{4-33}$$

在实际工作中，常把货船的生产率简称为"吨天产量"，把推(拖)船的生产率简称"千瓦天产量"。

生产率指标是船舶在营运期内，其航行时间所占比重大小、航行速度快慢以及负载能力利用程度的综合反映。

以货船为例，上述公式的分子和分母同乘以($\sum D_{定}L$)和($\sum D_{定}T_{航}$)，则得：

$$\mu=\frac{\sum_{i=1}^{m}\sum_{j=1}^{n}Q_{ij}l_{ij}}{\sum_{i=1}^{m}D_{定i}T_{营i}}\times\frac{\sum_{i=1}^{m}D_{定i}L_{i}}{\sum_{i=1}^{m}D_{定i}L_{i}}\times\frac{\sum_{i=1}^{m}D_{定i}T_{航i}}{\sum_{i=1}^{m}D_{定i}T_{航i}}=\alpha\times\overline{V}\times\varepsilon_{航} \tag{4-34}$$

同理可推出客船、推(拖)船生产率指标的相同结果。

因此常把运距装载率、平均航行速度和航行率指标称为单元指标，把生产率指标称为综合指标。生产率指标不仅反映出生产技术设备的利用程度，同时也反映出整个运输生产的组织管理水平。提高船舶生产率是增加运输能力、降低运输成本的重要途径。

(2)吨船产量。航运企业还使用另一个重要的船舶综合效率指标——平均每吨船生产量(Z)，简称吨船产量，这是报告期内平均每吨位(客位、功率)所完成的周转量。计算公式：

货船：
$$Z=\frac{\sum_{i=1}^{m}\sum_{j=1}^{n}Q_{ij}l_{ij}}{\overline{D}_{定}}[吨公里(海里)/吨] \tag{4-35}$$

客船：
$$Z=\frac{\sum_{i=1}^{m}\sum_{j=1}^{n}P_{ij}l_{ij}}{\overline{M}}[人公里(海里)/人] \tag{4-36}$$

推(拖)船：
$$Z=\frac{\sum_{i=1}^{m}\sum_{j=1}^{n}Q_{ij}l_{ij}}{\overline{N}}[吨公里(海里)/千瓦] \tag{4-37}$$

式中：$\overline{D}_{定}$——报告期内平均每天实有船舶吨位数，吨；

$\overline{M}$——报告期内平均每天实有船舶客位数，人；

$\overline{N}$——报告期内平均每天实有船舶千瓦数，千瓦。

$\overline{D}_{定}$、$\overline{M}$、$\overline{N}$的计算公式分别为：

$$\overline{D}_{定}=\frac{\sum_{i=1}^{m}D_{定i}T_{册i}}{T_{报}}(吨) \tag{4-38}$$

$$\overline{M}=\frac{\sum_{i=1}^{m}M_{i}T_{册i}}{T_{报}}(人) \tag{4-39}$$

$$\overline{N}=\frac{\sum_{i=1}^{m}N_{i}T_{册i}}{T_{报}}(千瓦) \tag{4-40}$$

吨船产量也是一个综合指标,因为它是运距装载率、平均航行速度、航行率、营运率4个单元指标与报告期天数的乘积。以货船为例,在吨船产量指标公式的分子和分母同乘以$\sum D_{定i}T_{营i}$,则得:

$$Z=\frac{\sum_{i=1}^{m}\sum_{j=1}^{n}Q_{ij}l_{ij}}{\overline{D}_{定}}=\sum_{i=1}^{m}\sum_{j=1}^{n}Q_{ij}l_{ij}\times\frac{T_{报}}{\sum_{i=1}^{m}D_{定i}T_{册i}}\times\frac{\sum_{i=1}^{m}D_{定i}T_{营i}}{\sum_{i=1}^{m}D_{定i}T_{营i}} \tag{4-41}$$

$$=\mu\times\varepsilon_{营}\times T_{报}=\partial\times\varepsilon_{航}\times\varepsilon_{营}\times T_{报}$$

从上式可看出,吨船产量比吨天产量指标多包括了一个营运率因素,因而它能更全面地说明整个航运企业的管理工作水平,具体反映投入每一吨(客位、功率)船所产生的客货周转量。所以它是国家对航运企业考核的主要指标之一。

二、公路运输工具运用情况统计

在公路运输生产过程中,影响运输工具运用情况的因素很多,也很复杂。为统计分析车辆的实际运用程度、反映运输效果、提高运输生产效率,必须建立一套车辆运用情况的统计指标体系,以反映运输车辆在时间、载重量、速度、行程等方面的利用情况。

公路运输车辆运用情况统计指标包括数量指标和质量指标两大类:数量指标包括车日、车吨(客)位日和行程等方面统计指标;质量指标包括车辆时间利用、车辆运行速度利用、车辆行程利用程度、车辆载重能力利用程度、车辆运输能力利用程度等方面统计指标。公路运输车辆运用情况的主要统计指标如表4-5所示。

公路运输车辆运用情况的主要统计指标 表4-5

车辆运用情况	数量指标	车日;车吨(客)位日;行程
	质量指标	车辆时间利用;车辆运行速度利用;车辆行程利用程度;车辆载重能力利用程度;车辆运输能力利用程度

(一)数量指标

1. 车日

车日是运输车辆运用情况统计的最基础指标,是从动态方面反映运输企业保有运输车辆情况的指标。1辆车在运输企业保有1日,即为1个车日。由于运输车辆在运输企业可能处于运输生产过程中的各个不同环节,如运行环节、待客货环节、修理和维护环节,或等待维护和修理环节等,因而可以有不同的车日指标以反映车辆的运用状态。反映车日的指标主要有:总车日、完好车日、非完好车日、工作车日、停驶车日等。

(1)总车日。指报告期内每天在用营运车辆的累计数。单位:车日。

计算方法:一辆营运车辆,不管其技术状况是否完好,每保有一天即计为一个车日。在报告期内,营运车辆无增减变化时,总车日为营运车数乘上报告期日历日数。营运车辆发生增减变化时,新增车辆,以落籍并取得有关证件之日起开始计算;报废车辆,自批准之日起不再计算。计算公式:

$$总车日 = \sum(每辆再用车辆 \times 相应在用车日) \tag{4-42}$$

例 4-6 某企业 10 月 1 日有营运车辆 600 辆，月内未发生车辆增减、调出、调入等变化。则总车日为：$30 \times 600 = 18000$（车日）。

(2) 完好车日。指报告期内总车日中，营运车辆技术状况完好，不需要进行修理或维护即可参加运输的车日。包括实际出车工作及由于各种非技术性原因而停驶的车日。计算单位：车日。计算公式：

$$完好车日 = 总车日 - 非完好车日 \tag{4-43}$$

(3) 非完好车日。指报告期内总车日中，因技术状况不好不能出车的车辆所占的车日，包括正在进行或等待进行的车辆及待报废车辆所占的车日。计算单位：车日。

(4) 工作车日。指报告期内完好车日中，实际出车工作的车日。单位：车日。

计算方法：一辆营运汽车，只要当天出过车，不管其出车时间长短，出车班次多少和完成运输量多少，也不管是否发生过维护、修理、停驶或中途抛锚等情况，均记为一个工作车日。

(5) 停驶车日。指报告期内完好车日中未出车工作的车日。计算单位：车日。

一般是因为无客、无货，燃料供应中断，缺驾驶员，缺轮胎，路线阻碍，以及风、雨、雪等气象因素及其他原因而未能出车工作的车辆所占车日。

$$工作车日 + 停驶车日 = 完好车日 \tag{4-44}$$

2. 车吨(客)位日

车日指标反映了车辆数和车辆在企业保有天数，但没有考虑吨（客）位的因素，为此必须设置车吨（客）位日指标综合反映车辆数、车辆在企业保有天数、车辆吨（客）位三个因素的关系。反映车吨（客）位日情况统计指标有：总车吨（客）位日、平均车数、平均总车吨（客）位等。

(1) 总车吨（客）位日。指报告期内每天实际在用营运载货（客）车辆标记吨（客）位的累计数。计算单位：车吨（客）位日。计算公式：

$$\left.\begin{aligned}总车吨位日 &= \sum(每辆车的总车日 \times 标记吨位)\\ 总车客位日 &= \sum(每辆车的总车日 \times 标记客位)\end{aligned}\right\} \tag{4-45}$$

例 4-7 某企业 9 月 1 日有标记吨位为 6 吨的东风货车 300 辆，若 9 份该企业未发生车辆及吨位的增减变化，则该企业 9 月份有 $300 \times 30 \times 6 = 54000$（车吨位日）。

(2) 平均车数。指报告期内平均每天所拥有的车辆数。计算单位：辆。计算公式：

$$平均车数 = \frac{总车日}{日历天数} \tag{4-46}$$

例 4-8 某企业 11 月 1 日有车 300 辆，11 月 11 日调入 20 辆车，并于 11 日办理了手续，11 月 21 日报废 4 辆车，当天即办理手续没有参加运输。以后至月末未发生车辆增减变化。则该企业 11 月份平均车辆数为：

$$总车日数 = 300 \times 30 + 20 \times 20 - 4 \times 10 = 9360（车日）$$

$$平均车数 = 9360/30 = 312（辆）$$

(3) 平均总吨位。指报告期内平均每天所拥有的载货车辆的总吨位。计算单位：吨位。计算公式：

$$平均总吨位 = \frac{总车吨位日}{日历天数} \tag{4-47}$$

(4)平均总客位。指报告期内平均每天所拥有的载客车辆的总客位。计算单位:客位。计算公式:

$$平均总客位=\frac{总车客位日}{日历天数} \tag{4-48}$$

例4-9 某企业11月1日有车200辆,其中50座的A型车160辆,40座的B型车40辆,11月11日购入40座的B型车40辆,同时报废50座的A型车20辆。直至月末再未发生车辆增减变化,则11月份的平均总客位和平均车数为:

$$总车日=160\times30+40\times30+40\times20-20\times20=6400(车日)$$

$$平均车数=6400/30=213(辆)$$

$$\begin{aligned}总车客位日&=50\times160\times30+40\times40\times30+40\times40\times20-50\times20\times20\\&=300000(车客位日)\end{aligned}$$

$$平均总客位=300000/30=10000(客位)$$

3. 行程

公路运输企业运用汽车实现货物(旅客)在空间上的位移,是车辆载有货物(旅客)行驶一定距离(按公里计算的里程)的结果。汽车运行里程的长短,是反映运输能力使用程度的一个重要方面。反映车辆行程统计的指标有:总行程、载运行程、空驶行程、总行程载货(客)量、载运行程载货(客)量等。

(1)总行程。指报告期内车辆在实际工作中所行驶的总里程数,不包括为进行维护、修理而进出保修厂及试车的里程。计算单位:车公里。

汽车的行驶里程应根据行车路单上的行程记录或实际行程统计。在运输生产过程中,因故绕道或进行循环运输,出车后未到达装、卸货地点,因故返回,其行程按实际行驶里程计算。

$$总行程=载运行程+空驶行程 \tag{4-49}$$

(2)载运行程。指报告期内总行程中车辆载有客、货(不论是否满载)的行驶里程。计算单位:车公里。

(3)空驶行程。指报告期内车辆总行程中空车行驶的里程,包括回空和调车等无载运行的里程。计算单位:车公里。

(4)总行程载货量。指报告期内在用载货车辆的总行程载运能力。计算单位:吨位公里。计算公式:

$$总行程载货量=\sum(单车总行程\times标记吨位) \tag{4-50}$$

(5)总行程载客量。指报告期内在用载客车辆的总行程载运能力。计算单位:客位公里。计算公式:

$$总行程载客量=\sum(单车总行程\times标记客位) \tag{4-51}$$

(6)载运行程载货量。指报告期内在用载货车辆的载运行程载运能力。计算单位:吨位公里。计算公式:

$$载运行程载货量=\sum(单车载运行程\times标记吨位) \tag{4-52}$$

(7)载运行程载客量。指报告期内在用载客车辆的载运行程载客能力。计算单位:客位公里。计算公式:

$$载运行程载客量=\sum(单车载运行程\times标记客位) \tag{4-53}$$

在计算总行程载重量和载运行程载重量时，在行程一定的条件下，与车辆的标记吨（客）位的大小有关。因此，在车辆标记吨（客）位相同的情况下，可用总车公里与标记吨（客）位相乘求出，但在由标记吨（客）位不同的车辆组成的单位，其总行程载重量、载运行程载重量，则应按不同标记吨（客）位分别乘以总行程和载运行程，然后再相加求和。

例4-10　某运输企业报告期有A型车60辆，标记吨位为5吨，完成总行程220000公里，其中200000公里为载运里程，另有B型车20辆，标记吨位为6吨，完成总行程80000公里，其中60000公里为载运公里。则该企业的总行程载重量及载运行程载重量为：

$$\text{总行程载重量} = 220000 \times 5 + 80000 \times 6 = 1580000(\text{吨位公里})$$

$$\text{载运行程载重量} = 200000 \times 5 + 60000 \times 6 = 1360000(\text{吨位公里})$$

（二）质量指标

1. 车辆时间利用

车辆时间利用指标主要有车辆完好率、车辆工作率、车辆非完好率、车辆停驶率等。

（1）车辆完好率。指报告期内完好车日在总车日中所占的比重。计算单位:%。计算公式:

$$\begin{aligned}\text{完好率} &= \frac{\text{完好车日}}{\text{总车日}} \times 100\% \\ &= \frac{\text{总车日} - \text{非完好车日}}{\text{总车日}} \times 100\% \qquad (4\text{-}54) \\ &= \frac{\text{工作车日} + \text{停驶车日}}{\text{总车日}} \times 100\%\end{aligned}$$

（2）车辆非完好率。指报告期内非完好车日在总车日中所占的比重。计算单位:%。计算公式:

$$\text{非完好率} = \frac{\text{非完好车日}}{\text{总车日}} \times 100\% = 1 - \text{完好率} \qquad (4\text{-}55)$$

（3）车辆工作率。指报告期内工作车日在完好车日中所占的比重，用以反映车辆的利用程度。计算单位:%。计算公式:

$$\text{车辆工作率} = \frac{\text{工作车日}}{\text{完好车日}} \times 100\% = \frac{\text{完好车日} - \text{停驶车日}}{\text{完好车日}} \times 100\% \qquad (4\text{-}56)$$

（4）车辆停驶率。指报告期内停驶车日在完好车日中所占的比重。计算单位:%。计算公式:

$$\text{车辆停驶率} = \frac{\text{停驶车日}}{\text{完好车日}} \times 100\% \qquad (4\text{-}57)$$

（5）平均每日出车时间。指运输车辆平均每一个工作车日的出车时间。计算单位:小时。计算公式:

$$\text{平均每日出车时间} = \frac{\text{总出车时数}}{\text{工作车日数}} \qquad (4\text{-}58)$$

由于车辆只要当天出过车参加营运性运输，不管出车时间长短，即计1个工作车日，所以设置平均每日出车时间这一指标，进一步说明车辆时间的利用程度。

2. 车辆速度利用

车辆速度利用指标有技术速度、营运速度及平均车日行程等。

(1)技术速度。指车辆在运行时间内平均每小时行驶的里程。计算单位:公里/小时。计算公式:

$$技术速度 = \frac{总行程}{运行时间} \tag{4-59}$$

技术速度实际上是车辆的行驶速度。

(2)营运速度。指车辆在出车时间内平均每小时行驶里程。计算单位:公里/小时。计算公式:

$$营运速度 = \frac{总行程}{出车时间} \tag{4-60}$$

(3)平均车日行程。指报告期内平均每一个工作车日车辆所行驶的里程。单位:车公里。计算公式:

$$平均车日行程(车公里) = \frac{总行程}{工作车日} \tag{4-61}$$

3. 车辆行程利用程度

车辆在一定时间内行驶的里程,称为行程。车辆行程由载重行程和空车行程构成。载重行程属生产行程。空车行程包括空载行程和调空行程,其中空载行程是指车辆由卸载地点空驶到下一个装卸地点的行程,也可以计为生产性行程。反映行程利用程度的指标主要有里程利用率和空驶率。

(1)里程利用率。指报告期内载运行程在总行程中所占的比重。计算单位:%。计算公式:

$$里程利用率 = \frac{载运行程}{总行程} \times 100\% \tag{4-62}$$

(2)空驶率。指报告期内空驶行程在总行程中所占的比重。计算单位:%。计算公式:

$$空驶率 = \frac{空驶行程}{总行程} \times 100\% \tag{4-63}$$

4. 车辆载重能力利用指标

反映车辆载重能力利用的指标包括吨(客)位利用率、实载率等。

(1)吨位利用率。指报告期内载货汽车自载换算周转量与其载运行程载货量的比值,用以反映载运行程载货量利用程度。计算单位:%。计算公式:

$$吨位利用率 = \frac{自载换算周转量}{载运行程载货量} \times 100\% \tag{4-64}$$

(2)客位利用率。指报告期内载客汽车自载换算周转量与其载运行程载客量的比值,用以反映载运行程载客量利用程度。计算单位:%。计算公式:

$$客位利用率 = \frac{自载换算周转量}{载运行程载客量} \times 100\% \tag{4-65}$$

例 4-11 某运输企业报告期有 10 辆货车,标记吨位为 4 吨,报告期共完成货物周转量9.2 万吨公里,并因带客完成旅客周转量 5 万人公里。总行程 4 万公里,其中 3 万公里为载运行程。旅客周转量按 10 人公里折 1 吨公里计算,则载运行程载重量利用率为:

$$载运行程载重量利用率 = \frac{9.2 + 5/10}{3 \times 4} \times 100\% = 80.8\%$$

(3)实载率。指报告期内车辆自载换算周转量占其总行程载货(客)量的比重,用以反映总行程载货(客)量利用程度。计算单位:%。计算公式:

$$实载率=\frac{自载换算周转量}{总行程载货(客)量}\times 100\%=里程利用率\times 吨(客)位利用率 \tag{4-66}$$

5. 车辆运输能力综合利用

车辆运输能力指营运车辆在运输生产活动中的效率,它是综合反映车辆在时间、速度、里程、载质(客)量和拖挂五个方面的能力利用情况的指标,通常有单车产量和车吨(客位)产量。

(1)自载换算周转量。指报告期内运输车辆自载完成的货物周转量和旅客周转量按规定比例折算的周转量。计算单位:吨(人)公里。

计算方法:将载货汽车或载客汽车自载完成的货物周转量和旅客周转量按10人公里=1吨公里的比例换算成同一计算单位后加总。

(2)单车产量。指报告期内平均每辆车所完成的换算周转量。计算单位:吨(人)公里。

按主、挂车分别进行计算,计算公式:

$$单车产量=\frac{汽车(挂车)自载换算周转量}{汽车(挂车)平均车数} \tag{4-67}$$

按主、挂车综合进行计算,计算公式:

$$单车产量=\frac{自载及托载换算周转量}{主车平均车数} \tag{4-68}$$

(3)车吨(客)位产量。指报告期内平均每个吨(客)位所完成的换算周转量,用以反映载货(客)汽车运用的综合效率。计算单位:吨公里。

按主、挂车分别进行计算,计算公式:

$$汽(挂)车车吨(客)位产量=\frac{汽车(挂车)自载换算周转量}{汽车(挂车)平均总吨(客)位} \tag{4-69}$$

按主、挂车综合进行计算,计算公式:

$$车吨(客)位产量=\frac{自载及托载换算周转量}{主车平均总吨(客)位} \tag{4-70}$$

三、铁路机车车辆运用情况统计

(一)机车车辆工作数量指标

1. 客车车辆公里

客车车辆公里是指各种席别、车型别客车在各列车运行区段内产生的车辆公里。计算单位:辆公里。计算公式:

$$客车车辆公里=\sum 列车(客车)运行区段公里\times 客车(席别、车型别)辆数 \tag{4-71}$$

2. 旅客列车公里

旅客列车公里是指各旅客列车在成本计算区间内的走行公里之和。计算单位:辆公里。计算公式:

$$旅客列车公里=\sum 各旅客列车在区间内走行公里 \tag{4-72}$$

3. 货车车辆公里

货车车辆公里为车辆运行的公里。计算单位:辆公里。计算公式:

$$\text{车辆公里} = \text{机车牵引车辆辆数} \times \text{走行公里} \tag{4-73}$$

4. 铁路装车数

铁路装车数指在铁路营业线或临时营业线上，车站、铁路分局、铁路局或全路在一定时期内运送货物发送时装车完毕的车数。为反映装车数的一般水平，可计算平均一日装车数。计算单位，辆/天。计算公式：

$$\text{平均一日装车数} = \frac{\text{报告期装车总数}}{\text{报告期日历日数}} \tag{4-74}$$

5. 载重吨公里

载重吨公里为机车牵引车列完成的货物运输量。计算单位：吨公里。计算公式：

$$\text{载重吨公里} = \text{机车牵引列车的载重} \times \text{走行公里} \tag{4-75}$$

(二)机车车辆工作效率指标

1. 列车技术速度

列车技术速度指列车在运行区段的各个区间内，每小时平均运行的公里数。计算单位：公里/小时。计算公式：

$$\text{技术速度} = \frac{\text{列车公里}}{\text{纯运行时间}} \tag{4-76}$$

2. 列车旅行速度

列车旅行速度指列车在运行区段内，每小时平均运行的公里数。计算单位：公里/小时。计算公式：

$$\text{旅行速度} = \frac{\text{列车公里}}{\text{旅行总时间}} \tag{4-77}$$

3. 客座平均利用率

客座平均利用率是反映客运工具平均载客能力利用程度的指标，是用百分率表示的某车次列车在报告期内平均每一客座公里所完成的人公里数。计算单位：%。计算公式：

$$\text{某车次客座平均利用率} = \frac{\text{报告期内该车次始发旅客周转量}}{\text{该车次定员} \times \text{全程运距} \times \text{报告期内开行趟数}} \times 100\% \tag{4-78}$$

4. 重车每辆平均动载重

重车每辆平均动载重为平均每辆运用重车在运行中所载的重量。计算单位：吨。计算公式：

$$\text{重车每辆平均动载重} = \frac{\text{载重吨公里}}{\text{运用重车车辆公里}} \tag{4-79}$$

5. 旅客(货物)列车出发(运行)正点率

旅客(货物)列车出发(运行)正点率指正点出发(运行)的旅客(货物)列车占出发(运行)总列数的比率。计算单位：%。计算公式：

$$\text{铁路旅客(货物)列车出发(运行)正点率} = \frac{\text{正点出发(运行)的旅客(货物)列车数}}{\text{旅客(货物)列车出发(运行)总列数}} \times 100\% \tag{4-80}$$

6. 铁路货运机车日产量

铁路货运机车日产量指在一定时期内，平均每台货运机车在一昼夜内所完成的总重吨公

里数,包括载运货物的重量和车辆本身的自重。该指标从时间和牵引能力两方面反映了机车运用效率。计算单位:吨公里。计算公式:

$$\text{货运机车平均日产量} = \frac{\text{货运总重吨公里}}{\text{货运机车台日数}} \tag{4-81}$$

7. 货车周转时间

货车周转时间指货车自第一次装车完了时起至再一次装车完了时止(即运用货车平均每周转一次)所消耗的时间。计算单位:天。计算公式:

$$\text{货车周转时间} = \frac{\text{运用车辆日}}{\text{工作量}} \tag{4-82}$$

$$\text{货车周转时间(天)} = \text{旅行时间} + \text{货物作业停留时间} + \text{中转停留时间} \tag{4-83}$$

8. 一次货物作业时间

货物作业停留时间为运用车在站线(包括区间)及专用线(包括路产专用线)内进行装卸、倒装作业所停留的时间。计算单位:小时。计算公式:

$$\text{一次货物作业平均停留时间} = \frac{\text{货物作业车辆小时}}{\text{货物作业次数}} \tag{4-84}$$

9. 旅客(货物)列车旅行速度

旅客(货物)列车旅行速度指为旅客(货物)列车在区段内平均每小时走行的公里数。计算单位:公里/小时。计算公式:

$$\text{旅客(货物)列车旅行速度} = \frac{\text{旅客(货物)列车公里}}{\text{旅行时间}} \tag{4-85}$$

10. 货运机车日车公里

货运机车日车公里指货运机车平均每天行驶的里程数。

11. 客运机车日车公里

客运机车日车公里指客运机车平均每天行驶的里程数。

第二节　装卸机械运用情况统计

装卸机械的运用情况按使用权统计。凡从事营业性搬运、装卸的搬运装卸机械,均应进行统计。包括正在使用、因故停工、待修、在修以及待报废的装卸机械。不包括正在恢复修理、经批准封存以及出租的装卸机械。

一、港口装卸机械运用情况统计

港口装卸机械运用的主要统计指标如表4-6所示。

港口装卸机械运用的主要统计指标　　表4-6

港口装卸机械运用	数量指标	台时;机械作业量
	质量指标	装卸机械完好率;装卸机械利用率;装卸机械作业率;装卸机械工作率;装卸机械平均台时产量

(一)数量指标

1. 台时

台时是装卸机械运用统计中的一个计量单位,是一个复合单位。计算单位:台小时。计算公式:

$$台时 = 装卸机械台数 \times 小时数 \tag{4-86}$$

(1)日历台时。指报告期内所有已安装的每台装卸机械在册天数乘以24小时的总和。它包括完好台时和非完好台时。它反映了装卸机械设备总能力。计算公式:

$$日历台时 = \sum(每台装卸机械 \times 在册天数 \times 24\ 小时) \tag{4-87}$$

(2)完好台时。指装卸机械技术状态良好可供使用的台时,包括工作台时和停工台时。

(3)工作台时。指装卸机械在完好台时中实际进行装卸作业和其他工作(包括辅助作业等)的台时。

(4)停工台时。指装卸机械技术状况虽然良好,但由于货种不适应、船车到港不平衡暂无装卸任务、缺燃料、停电、不满一小时的机械故障临时修理,以及风、雨、雪等原因而造成的一切未参加工作的时间。

(5)非完好台时。指报告期内装卸机械技术状况良好,不能从事装卸和其他作业的台时数。包括在修、待修、待报废及一小时以上的故障维修台时。

(6)作业台时。指装卸机械实际参加装卸作业的台时,即从装卸作业开始时,至最后一次货物操作完毕时的全部时间(不包括半小时以上的作业中断时间)。

2. 机械作业量

机械作业量指每台装卸机械在装卸作业过程中所有搬运的货物吨数的总和。计算单位:起运吨。

如在同一操作过程中,几台机械联合作业完成一吨货物,则每台机械分别计算一个起运吨。

(二)质量指标

1. 装卸机械完好率

装卸机械完好率指装卸机械完好台时占日历台时的比重,是装卸机械维护、修理和可用情况的综合反映。计算单位:%。计算公式:

$$装卸机械完好率 = \frac{完好台时}{日历台时} \times 100\% \tag{4-88}$$

2. 装卸机械利用率

装卸机械利用率指装卸机械工作台时占日历台时的比重,它反映了港口装卸机械的利用程度。计算单位:%。计算公式:

$$装卸机械利用率 = \frac{工作台时}{日历台时} \times 100\% \tag{4-89}$$

3. 装卸机械作业率

装卸机械作业率指装卸机械作业台时占工作台时的比重。计算单位:%。计算公式:

$$装卸机械作业率 = \frac{作业台时}{工作台时} \times 100\% \tag{4-90}$$

4. 装卸机械工作率

装卸机械工作率指装卸机械工作台时占完好台时的比重。计算单位:%。计算公式:

$$装卸机械工作率 = \frac{工作台时}{完好台时} \times 100\% \tag{4-91}$$

5. 装卸机械平均台时产量

装卸机械平均台时产量指平均每台装卸机械每作业一小时所完成的起运吨数。计算单位:起运吨/小时。计算公式:

$$平均台时产量 = \frac{机械作业量}{作业台时} \tag{4-92}$$

平均台时产量是反映装卸机械起运效率的一个综合性指标。

二、公路装卸搬运车辆与机械运用情况统计

公路装卸搬运车辆与机械运用的主要统计指标如表4-7所示。

公路装卸搬运车辆与机械运用的主要统计指标　　表4-7

公路装卸搬运车辆与机械运用情况	数量指标	日历台时;完好台时;非完好台时;工作台时;停工台时;装卸作业量
	质量指标	装卸机械完好率;装卸机械工作率;台时产量;工作台时产量

(一)数量指标

1. 日历台时

日历台时指报告期内公路装卸机械在用日历小时数。计算单位:台时。计算公式:

$$日历台时 = \sum 每台装卸机械在用日历小时数 \tag{4-93}$$

2. 完好台时

完好台时指报告期内公路装卸机械技术状况良好可供使用的台时数。计算单位:台时。

3. 非完好台时

非完好台时指报告期内公路装卸机械技术状况不良,不能从事装卸作业和其他工作(如移动工作场地、途中行驶)的台时数。计算单位:台时。

4. 工作台时

工作台时指报告期内在完好台时中,公路装卸机械实际装卸作业和其他工作的台时数。计算单位:台时。

5. 停工台时

停工台时指报告期内完好台时中,公路装卸机械未参加工作的台时数。计算单位:台时。

6. 装卸作业量

装卸作业量指报告期内公路装卸机械在装卸作业过程中所完成的货物装卸作业吨数。

计算方法:在装卸作业的一个完整操作过程中,几台机械联合作业完成一吨货物,则每台机械分别计算一个作业吨。装卸作业的一个完整操作过程,是指货物由一种运输工具搬到另一种运输工具或库场、站点;或由库场、站点搬运到运输工具;或由一个库场、站点搬运到另一个库场、站点的完成移动过程。

(二)质量指标

1. 装卸机械完好率

公路装卸机械完好率指报告期内公路装卸机械的完好台时占日历台时的比重。计算单位:%。计算公式:

$$完好率=\frac{完好台时}{日历台时}\times 100\% \tag{4-94}$$

2. 装卸机械工作率

公路装卸机械工作率指报告期内公路装卸机械的工作台时占完好台时的比重。计算单位:%。计算公式:

$$工作率=\frac{工作台时}{完好台时}\times 100\% \tag{4-95}$$

3. 台时产量

台时产量指报告期内公路装卸机械平均每台时完成的装卸作业量。计算单位:吨/台时。计算公式:

$$台时产量=\frac{作业量}{日历台时} \tag{4-96}$$

4. 工作台时产量

工作台时产量指报告期内公路装卸机械平均每工作台时完成的装卸作业量。计算单位:吨/台时。计算公式:

$$工作台时产量=\frac{作业量}{工作台时} \tag{4-97}$$

第三节　筑养路机械运用情况统计

筑养路机械运用情况的主要统计指标如表4-8所示。

筑养路机械运用情况的主要统计指标　　表4-8

筑养路机械	筑养路机械完好率;筑养路机械工作率

(一)筑养路机械完好率

筑养路机械完好率指报告期内筑养路机械的完好台日中占总台日中的比重。计算单位:%。计算公式:

$$完好率=\frac{完好台日}{总台日}\times 100\% \tag{4-98}$$

完好台日指报告期内技术性能良好,不进行维护修理即可参加作业的台日数。计算单位:台日。

(二)筑养路机械工作率

筑养路机械工作率是指报告期内筑养路机械的工作台日占完好台日的比重。计算单位:%。计算公式:

$$工作率=\frac{工作台日}{完好台日}\times 100\% \tag{4-99}$$

工作台日是指报告期内在完好台日中筑养机械实际进行工作的台日数。一台筑养路机械只要当天曾经工作,不管发生任何情况,都计算为一个工作台日。

复习思考题

1. 试比较船舶的统计范围和船舶运用情况的统计范围的异同点。

2. 试建立船舶运用情况统计指标体系,并区分哪些是船舶运用数量指标,哪些是船舶运用质量指标。

3. 找一条公交线路的车辆运行数据,分析公交车辆运行情况指标。

4. 比较通常情况下装卸机械完好率、装卸机械利用率、装卸机械作业率、装卸机械工作率的大小。

5. 某航运公司有三条船舶,去年全年营运数据如表 4-9 所示。试求这三条船全年的平均营运率、平均航行率以及平均航行速度。

表 4-9

船舶	定额吨位(吨)	在册时间(天)	营运时间(天)	航行时间(天)	航行距离(海里)	航次数
A	16000	365	340	250	80000	10
B	12000	365	300	180	65000	6
C	6000	365	320	240	68000	7

6. 某公司某年第一季度部分统计资料如表 4-10 所示,计算第一季度总车日、总车座位日、工作车日、总行程、旅客周转量、实载率。

表 4-10

日历天数(天)	平均车数(辆)	完好率(%)	工作率(%)	平均车日行程(公里)	里程利用率(%)	平均座位(座位)	客位利用率(%)
90	180	100	94	160	94	40	96

第五章 运输能源消耗与环保统计

从世界范围看,运输业是温室气体排放的主要领域之一,而且发达国家公路运输业排放的二氧化碳所占比重高于世界平均水平。根据2007 年欧洲运输部长会议《减少运输二氧化碳排放报告》,经济合作组织(OECD)国家因燃油消耗排放的二氧化碳中,运输(包括营业性运输及私人运输)占到34%,其中公路为23%、水路为2%、航空为6%、其他为3%。

汽柴油是运输业的主要燃料,运输行业是用能大户,也是节能减排的重点领域。统计、监督各种运输方式燃料的实际消耗量和单位消耗量,为相关部门、研究机构提供分析依据,能够促进运输业更加有效、平稳地推进节能减排工作;也有利于提高运输业效益和竞争力,有利于提高运输设备生产企业的技术进步;同时,对于推动运输行业向资源节约、环境友好型发展模式转变,具有重要意义。

第一节 运输能源消耗统计

一、运输能源消耗组成及统计指标

(一)运输能源消耗组成

运输能源消耗组成包括:第一,完成运输活动的各种运输工具或设施直接消耗的能源;第二,各运输组织或管理部门服务于运输生产活动所消耗的能源。通常所涉及的运输行业能源消耗等相关概念是指前者,而后者则可归于其他用能部门。

运输领域的能源消耗主要表现为各种运输工具或设施消耗能源以完成运输活动,从而实现人或物有经济目的的位移。

(二)运输能源消耗类型

不同运输方式的耗能类型不一,包括以下五种:

1. 公路机动车

包括通过各种能源驱动的公路机动交通工具,如各种类型的汽车、电车、拖拉机、摩托车、助力车等;能源类型包括:汽油、柴油、电力、压缩天然气、液化石油气、燃料电池、甲醇、乙醇等。

2. 铁路机车

目前包括蒸汽机车、内燃机车和电力机车三种类型,分别采用煤炭、燃油(主要是柴油)、电力作为驱动能源,磁悬浮列车也采用电力为驱动能源,可归于电力机车类型。中国目前三种耗能类型的铁路机车都存在,但主要是内燃机车和电力机车。

3. 民用航空

主要是各种民用飞行器，以航空煤油为燃料。

4. 水路运输

包括各种在内河、湖泊、远近洋运输的船舶以及港口装卸作业设施等以不同类型能源作动力源，这些能源主要有柴油、重油、汽油、电力等。

5. 管道运输

主要是管道输送动力设施消耗燃油、电力、原油、天然气等能源。

二、运输能源消耗主要统计指标

运输能源消耗的主要统计指标如表5-1所示。

运输能源消耗的主要统计指标　　表5-1

运输能源消耗	航运生产	船舶燃料消耗量；营运（航行）千瓦小时；平均实际消耗量；船舶节能量；船舶环比节能率
	港口生产	装卸生产能源消耗量；辅助生产能源消耗量；附属生活能源消耗量；生产综合能源消耗量；港口综合能源消耗总量；装卸生产能源单耗；生产综合能源单耗；港口综合能源单耗；节能量；节能率（环比）；港口能源消耗的吞吐量弹性系数
	公路运输	百车公里燃料消耗量；车年燃料消耗量；百吨（千人）公里燃料消耗量；燃料消耗总量

（一）航运生产能源消耗情况

1. 船舶燃料消耗量

船舶燃料消耗量指报告期内船舶实际消耗的燃料数量。实际消耗量是指船舶在营运时间实际消耗的燃料数量。包括航行、停泊、作业、其他四项所消耗燃料数量。

（1）航行消耗量是船舶在航行时间内所实际消耗的燃料数量。

（2）停泊消耗量是船舶在港非装卸停泊和途中停泊时间中所实际消耗的燃料数量。

（3）作业消耗量是船舶在装卸、编队、移泊等作业时间内所实际消耗的燃料数量。

（4）其他消耗量是船舶在营运期间的点火、留汽、压火、热机、洗机及旅客、船员生活用等所实际消耗的燃料数量。

凡运输机动船在营运期间的燃料消耗，均应纳入统计。但不包括船舶在营运期间为海滩、抗灾、防洪、港作等所消耗的燃料，也不包括非营运期间所消耗的燃料。计算单位：以煤为燃料的用“吨”；以油为燃料的用“千克”。

由于煤的产地、品种不同，其单位发热量也不同，因此，在计算实际消耗量时，应将天燃煤换算为标准煤统计。按国家规定：标准煤的发热量为7000大卡/千克。燃料煤换算成标准煤的系数，应根据煤炭化验资料或厂矿供给的发热量资料为依据来制订（各种能源折标准煤系数表如表5-2所示）。计算公式：

$$\text{换算标准煤系数}=\frac{\text{实际使用煤每千克的发热量（大卡）}}{7000\text{（大卡）}} \tag{5-1}$$

2. 营运（航行）千瓦小时

营运（航行）千瓦小时指运输船舶主机的定额千瓦数与其营运（航行）时间的乘积。计算单位：千瓦小时。计算公式：

$$营运(航行)千瓦小时 = \sum 每艘船舶的定额千瓦数 \times 营运(航行)小时数 \quad (5\text{-}2)$$

各种能源折标准煤系数(千克标准煤/单位) 表 5-2

能源名称	单位	折标准煤系数	当量值	备注
原煤	kg	0.7143		
焦炭	kg	0.9714		
汽油	kg	1.4714		
柴油	kg	1.4571		
煤油	kg	1.4714		
重油(燃料油)	kg	1.4286		
电力	kWh	0.4040	0.1229	
天然气	m^3	1.2360		
焦炉煤气	m^3	0.6143		
液化石油气(气态)	m^3	3.000 ~ 3.429		
液化石油气(液态)	kg	1.543 ~ 1.714		
蒸汽	kg	0.0943		0.4MPa 的饱和蒸汽

3. 平均实际消耗量

平均实际消耗量指运输船舶在一定时间或完成一定的运输量平均实际消耗的燃料数量。它是检查和编制燃料消耗定额的重要依据。平均实际消耗量可分为以下两种方式计算,计算单位:千克(吨)/千千瓦小时;千克(吨)/千换算吨公里。计算公式:

(1)按营运(航行)千瓦小时计算:

$$每千营运(航行)千瓦小时平均消耗量 = \frac{实际消耗量}{营运(航行)千瓦小时/1000} \quad (5\text{-}3)$$

(2)按换算周转量计算:

$$每千换算吨公里平均消耗量 = \frac{实际消耗量}{换算周转量/1000} \quad (5\text{-}4)$$

每千营运(航行)千瓦小时平均燃料消耗量是反映运输船舶在营运(航行)中船舶主机热工效率高低的技术指标。每千换算吨公里平均消耗量则是企业的产量(货物或旅客周转量)与燃料消耗量结合在一起,综合反映船舶燃料消耗的经济效益。影响每千换算周转量燃料消耗量大小的因素有船舶载重(客)量、载重(客)量利用率、航行速度、主机性能和航线选择等。

例 5-1 某水运企业 2010 年 6 月运输船舶柴油消耗资料如表 5-3 所示:

船舶燃油消耗 表 5-3

	实际消耗量(千克)		总千瓦小时(千千瓦小时)		换算周转量(吨公里)	平均消耗量(千克)			
						每千千瓦小时		每千吨公里	
	营运	其中:航行	营运	其中:航行		营运	其中:航行	营运	其中:航行
	(1)	(2)	(3)	(4)	(5)	(6) = (1)/(3)	(7) = (2)/(4)	(8) = (1)/(5)	(9) = (2)/(5)
内河	22800	22000	1400	500	1382000	16.29	44.00	16.50	15.92
沿海	78000	74400	2200	600	8543500	35.45	124.00	9.13	8.71
合计	99500	96280	3380	860	9860000	29.44	111.95	10.09	9.76

4.船舶节能量

船舶节能量指报告期的单位燃油消耗量与上年同期(基期)的单耗进行对比,再乘以航运企业的当年换算周转量,求得报告期对于前期的实际节约量。计算单位:吨。计算公式:

$$Q_j = (q_0 - q_1)Z_1/1000 \tag{5-5}$$

式中:Q_j——船舶运输企业燃油消耗量的节约量(正值为节约量,负值为超耗量),吨;

q_0——基期船舶运输企业单位燃油消耗量,千克/千吨海里(公里);

q_1——报告期船舶运输企业单位燃油消耗量,千克/千吨海里(公里);

Z_1——报告期船舶运输企业换算周转量,千吨海里(公里)。

5.船舶环比节能率

船舶环比节能率指报告期的单位燃油消耗量和基期的相比较的节能率。计算单位:%。计算公式:

$$\delta = \frac{q_0 - q_1}{q_0} \times 100\% \tag{5-6}$$

式中:δ——环比节能率,%。

(二)港口生产能源消耗情况

1.装卸生产能源消耗量

装卸生产能源消耗量指报告期内港口企业直接用于装卸生产的能源消耗量。包括装卸、水平运输、库场作业、现场照明、客运服务等能源消耗量。计算单位:吨标准煤。

2.装卸生产能源单耗

装卸生产能源单耗指报告期内完成每万吨本港吞吐量所消耗的装卸生产能源量。计算单位:吨标准煤/万吨吞吐量。

3.辅助生产能源消耗量

辅助生产能源消耗量指报告期内港口企业为装卸生产服务的其他的生产能源消耗量。包括:港务船舶、场区内铁路机车运输、后方货运汽车、机修、候工楼、办公楼、理货房、港口设施修建用能、集装箱冷藏箱制冷、油码头罐区及管道加热、港区污水处理、给排水等能源消耗量。计算单位:吨标准煤。

4.附属生活能源消耗量

附属生活能源消耗量指报告期内港口企业所属的生活设施的能源消耗量。包括:宿舍、文教、科研、医疗、公安、卫生及餐饮等部门的能源消耗量。计算单位:吨标准煤。

5.生产综合能源消耗量

生产综合能源消耗量指报告期内港口装卸生产能源消耗量与辅助生产能源消耗量之和。计算单位:吨标准煤。

6.生产综合能源单耗

生产综合能源单耗指报告期内完成每万吨本港吞吐量所消耗的生产综合能源量。计算单位:吨标准煤/万吨吞吐量。

7.港口综合能源消耗总量

港口综合能源消耗总量指报告期内港口生产综合能源消耗量与附属生活能源消耗量之和。计算单位:吨标准煤。

8. 港口综合能源单耗

港口综合能源单耗指报告期内完成每万吨本港吞吐量所消耗的港口综合能源消耗量。计算单位:吨标准煤/万吨吞吐量。

9. 港口节能量

港口节能量指与基期相比,港口生产综合能耗的节超量(正值为节约量,负值为超耗量)。计算公式:

$$E_j = (e_{s0} - e_{s1}) \times T_{b1} \tag{5-7}$$

式中:E_j——港口生产综合能源消耗的节约量,吨标准煤;

e_{s0}——基期港口生产综合能源单耗,吨标准煤/万吨吞吐量;

e_{s1}——报告期港口生产综合能源单耗,吨标准煤/万吨吞吐量;

T_{b1}——报告期完成的本港吞吐量,万吨吞吐量。

10. 港口环比节能率

港口环比节能率指报告期的港口生产综合能源单耗和基期的相比较的节能率。计算单位:%。计算公式:

$$\xi = \frac{e_{s0} - e_{s1}}{e_{s0}} \times 100\% \tag{5-8}$$

式中:ξ——环比节能率,%;

e_{s0}——基期港口生产综合能源单耗,吨标准煤/万吨吞吐量;

e_{s1}——报告期港口生产综合能源单耗,吨标准煤/万吨吞吐量。

11. 港口能源消耗的吞吐量弹性系数

港口能源消耗的吞吐量弹性系数指港口能源消耗变化比例与吞吐量变化比例之比。计算公式:

$$\varepsilon = \frac{\dfrac{\Delta E}{E_1}}{\dfrac{\Delta T}{T_1}} \tag{5-9}$$

式中:ε——港口能源消耗的吞吐量弹性系数;

ΔE——本年能源消耗量-上年能源消耗量,吨标准煤;

E_1——上年能源消耗量,吨标准煤;

ΔT——本年本港吞吐量-上年本港吞吐量,万吨吞吐量;

T_1——上年本港吞吐量,万吨吞吐量。

(三)公路运输能源消耗指标

1. 燃料消耗量

燃料消耗量指报告期内运输生产车辆消耗的燃料数量。计量单位:升。

2. 百车公里燃料(汽油、柴油等)消耗量

百车公里燃料(汽油、柴油等)消耗量指报告期内公路运输车辆每行驶百公里的平均燃料消耗数量。计算单位:升/百公里。计算公式:

$$\text{百车公里燃料消耗量} = \frac{\text{燃料消耗量}}{\text{行程}} \times 100 \tag{5-10}$$

3. 百吨公里燃料(汽油、柴油等)消耗量

百吨公里燃料(汽油、柴油等)消耗量指报告期内公路运输车辆每完成百吨公里换算周转量的平均燃料消耗数量。计算单位:升/百吨公里。计算公式:

$$百吨公里燃料消耗量=\frac{燃料总消耗量}{换算周转量}\times 100 \tag{5-11}$$

4. 汽车燃料消耗总量

计算公式:

$$E_{TC}=\sum_{j}E'_{TCj} \tag{5-12}$$

$$E_{TO}=E_{TC}/1.4286 \tag{5-13}$$

式中:E_{TC}——全国汽车燃料消耗折合标准煤总量,吨标准煤;

E_{TO}——全国汽车燃料消耗折合标准油总量,吨标准油;

E'_{TCj}——j省汽车燃料消耗折合标准煤总量,吨标准煤。

5. 分类别汽车每车年均燃料消耗量

计算公式:

$$H_{TGi}=\sum_{j}(H'_{TGij}\times N_{TGij})/\sum_{j}N_{TGij} \tag{5-14}$$

式中:H_{TGi}——全国第i类汽油/柴油汽车每车年均燃料消耗量,升;

H'_{TGij}——j省第i类汽油/柴油汽车每车年均燃料消耗量,升;

N_{TGij}——j省第i类营业性汽油/柴油汽车数量,辆。

6. 分类别汽车百车公里燃料消耗量

计算公式:

$$M_{TGi}=H_{TGi}/[\sum_{j}(L'_{ATGij}\times N_{TGij})/\sum_{j}N_{TGij}] \tag{5-15}$$

式中:M_{TGi}——全国第i类汽油/柴油载货汽车百车公里燃料消耗量,升/百公里;

H_{TGi}——全国i类汽油/柴油载货汽车每车年均燃料消耗量,升;

L'_{ATGij}——j省i类汽油/柴油载货汽车每车年平均行程,公里;

N_{TGij}——j省第i类营业性汽油载货汽车数量,辆。

7. 汽车综合百吨公里燃料消耗量

计算公式:

$$m_{TO}=E_{TO}/P_{T}/10 \tag{5-16}$$

式中:m_{TO}——载货汽车综合百吨公里燃料消耗量,千克标准油/百吨公里;或者载客汽车综合千人公里燃料消耗折合标准油量,千克标准油/千人公里;

E_{TO}——全国载货汽车燃料消耗折合标准油总量,吨标准油;或者全国载客汽车燃料消耗折合标准油总量,人标准油;

P_{T}——全国载货汽车完成货物周转量,万吨公里;或者全国载客汽车完成旅客周转量,万人公里。

8. 全国公路运输燃料消耗总量

计算公式:

$$E_C = E_G \times 0.742 + E_D \times 0.830 \tag{5-17}$$

$$E_O = E_C / 1.4286 \tag{5-18}$$

式中：E_C——全国公路运输燃料消耗折合标准煤量，吨标准煤；

E_O——全国公路运输燃料消耗折合标准油量，吨标准油；

E_G——全国公路运输汽油消耗量，公升；

E_D——全国公路运输柴油消耗量，公升。

第二节　运输环境保护统计

一、我国运输环境保护统计范围及方法

（一）统计范围

我国交通环保基本情况统计范围包括：①全国三级以上公路；②规模以上港口（年通过能力在100万吨以上的沿海港口和200万吨以上内河港口，及从事外贸、集装箱装卸的港口，具体范围由运输部划定）。

（二）统计方法

我国对重点调查单位污染物排放量主要采用监测数据法、物料衡算法、排放系数法进行统计。

1. 监测数据法

重点调查单位原则上都应采用监测数据法计算排污量。重点调查单位统计范围每年动态调整一次，剔除关停企业，纳入新增企业（不论试生产还是已通过验收，凡造成事实排污超过1个月以上的企业均应纳入统计范围）。对当年关停企业按其当年实际排污天数计算排污量。

2. 物料衡算法

物料衡算法主要适用于火电厂二氧化硫排放量的测算，测算公式：

燃料燃烧二氧化硫排放量＝燃料煤消费量×含硫率×0.8×2×（1－脱硫率）　(5-19)

3. 排放系数法

排放系数法主要适用于化学原料及化学品制造、造纸、金属冶炼、纺织等行业排污量的估算。

以上三种方法中优先使用监测数据法计算排放量。若无监测数据（或监测频次不足），可根据上述适用范围，火电厂选用物料衡算法，钢铁、化工、造纸、建材、有色金属、纺织等行业企业选用排放系数法。监测数据法计算所得的排放量数据必须与物料衡算法或排放系数法计算所得的排放量数据相互对照验证，对两种方法得出的排放量差距较大的，需分析原因。对无法解释的，按“取大数”的原则得到污染物的排放量数据。

二、主要统计指标

交通系统产生的环境污染主要包括大气污染、水污染、噪声污染等，此处主要讨论我国运输行业环境保护统计项目中的部分污染防治及监测统计指标，并对污染防治设施设备统计指标作简要介绍。运输污染防治及监测的主要统计指标如表5-4所示。

运输污染防治及监测的主要统计指标　　表5-4

污染防治及监测	环境保护基本情况	当年环境保护总投入;环境污染与破坏事故数量
	到港船舶污染物接收处理情况	港口船舶污染物接收处理设施数量;船舶污染物接收船数量;港口船舶污染物接收能力;港口船舶污染物处理能力;船舶污染物接收单位;无法接收船舶污染物的艘次;舶油类污染物量;船舶垃圾量;船舶危险化学品废水量;港口处理接收的船舶污染物(油污水、生活污水、垃圾、危险化学品废水)量
	污染物排放及处理利用情况	污水(废气、固体废物)产生总量;污水(废气、固体废物)处理(处置)总量;污水(废气)达标排放总量;污水(废气)主要污染物排放量;污水回用总量

(一)环境保护基本情况

1. 当年环境保护总投入

当年环境保护总投入指港口、公路部门当年用于污染防治、生态保护工作的全部资金投入。按当年公路或港口建设、生产、运营等涉及环境保护的所有投入进行统计。

2. 环境污染与破坏事故数量

环境污染与破坏事故数量指公路、港口在建设和营运过程中,由于违反环境保护法规的经济、社会活动与行为,以及意外因素的影响或不可抗拒的自然灾害等原因,致使环境受到污染,国家重点保护的野生动植物、自然保护区受到破坏,人体健康受到危害,社会经济和人民财产受到损失,造成不良社会影响的突发性事件。将造成直接经济损失在千元以上的事故汇总统计。

(二)到港船舶污染物接收处理情况

1. 港口船舶污染物接收处理设施数量

港口船舶污染物接收处理设施数量指到港船舶污染物、废弃物接收处理设施的总和,包括船舶污水处理场(船、站),油船洗舱站,船舶污水接收、处理船,垃圾接收处理场(船舶、车),集装箱洗箱水处理站等。

2. 船舶污染物接收船数量

船舶污染物接收船数量指专门接收到港船舶油类污染物、生活污水、船舶垃圾、危险化学品废水的船舶数量。若接收船同时接收几种污染物,只能按1艘船计算。

3. 港口船舶污染物接收能力

港口船舶污染物接收能力指港口船舶污染物接收设施接收船舶油类污染物、生活污水、船舶垃圾、危险化学品废水等污染物、废弃物的设计接收能力。按接收船的设计接收能力统计。

4. 港口船舶污染物处理能力

港口船舶污染物处理能力指港口船舶污染物处理设施处理船舶油类污染物、生活污水、船舶垃圾、危险化学品废水等污染物、废弃物的设计处理能力。按船舶污染物处理设施的设计处理能力统计。

5. 船舶污染物接收单位

船舶污染物接收单位指具有相应资质,在海事部门备案申请的、从事到港船舶污染物接收的单位。

6. 无法接收船舶污染物的艘次

无法接收船舶污染物的艘次指船舶到港后,因港口不具有足够的船舶污染物、废弃物的接收设施和接收能力,导致无法接收的艘次。

7. 船舶油类污染物量

船舶油类污染物量包括船舶机舱、油轮压舱和洗舱含油污水及残油等数量。

8. 船舶垃圾量

船舶垃圾量指生活垃圾和工业垃圾总量。

9. 船舶危险化学品废水量

船舶危险化学品废水量包括含有毒有害物质洗箱水、洗舱水等数量。

10. 港口处理接收的船舶污染物(油污水、生活污水、垃圾、危险化学品废水)量

港口处理接收的船舶污染物(油污水、生活污水、垃圾、危险化学品废水)量指已接收的到港船舶污染物在港口设置的污染物处理设施进行处理的,不包括运至其他处理设施处理的部分。

(三)污染物排放及处理利用情况

1. 污水(废气、固体废物)产生总量

污水(废气、固体废物)产生总量指在没有污染治理设施的情况下,企业正常生产、运行所排放的污染物的量,即在正常技术经济和管理等条件下所产生的原始污染物的量。

2. 污水(废气、固体废物)处理(处置)总量

污水(废气、固体废物)处理(处置)总量指经过各种污染物处理设施处理(处置)后的污染物排放量,包括未经处理的部分。

3. 污水(废气)达标排放总量

污水(废气)达标排放总量包括经过污染物处理设施处理后达到排放标准的污染物排放量与虽未经处理设施处理,但符合国家或地方排放标准所排放的污染物排放量两部分之和,即所有排污口污染物全部达标排放的总量。按污染物排放监测数据、排放标准和污水排放总量,计算获得达标排放量。

4. 污水(废气)主要污染物排放量

污水(废气)主要污染物排放量指排放的废水(废气)中主要污染物质本身的纯量。采用实测法(根据环境监测机构的日常监测结果)、物料恒算法和经验计算法(排污系数法)等计算。

5. 污水回用总量

污水回用总量指经各种水治理设施处理后回用的工业污水量。计算单位:吨。按实际回用量统计,或采用以下公式计算:

$$\text{污水回用总量} = \text{未采用循环用水等措施时所需的新鲜水量} - \text{采用循环用水等措施后所需的新鲜水量} \tag{5-20}$$

(四)污染防治设施设备情况

除了对污染的防治、监测外,对于污染防治设施设备也有独立的统计指标,包括:

1. 对于污染治理设施使用情况的统计指标

污水治理设施数;污水治理设施原值;污水治理设施总数;污水治理设施总设计处理能力;

污水治理设施正常运行数量；污水治理达标排放的设施数量；污水处理设施运行费用；锅炉废气处理与排放等。

2. 统计港口突发污染事故应急设备配备的指标

围油栏数量；收油机数量；油拖网数量；吸油材料数量；消油剂数量；消油剂喷洒装置数量；清污船舶数量；储油装置数量等。

3. 船舶防污设备安装统计指标

装有油水分离器或过滤系统船舶数量；装有油分浓度报警器船舶数量；装有排油监控装置的油轮船舶数量；装有专用压载舱的油轮船舶数量；装有生活污水处理装置船舶数量；装有污油柜船舶数量；装有焚烧炉船舶数量等。

复习思考题

1. 运输能源消耗的统计特征主要表现在哪些方面？
2. 比较不同运输方式的耗能类型。
3. 运输环保主要涉及哪些方面？主要统计指标有哪些？

第六章　运输质量与安全统计

运输向客户提供的不是有形的产品，而是一种服务。它创造了物品的空间效用，并以空间效用为主，辅以多种增值服务功能，满足客户的需求。所以，运输是服务性活动。如今，运输行业竞争日益激烈，谁的服务质量好，谁就能赢得顾客。与此同时，客户的需要也在不断变化，对运输业服务的要求也在不断提升。在这一动态的发展过程中，如何改进并提高服务质量，强化运输的质量、安全管理和控制，是必须关注的问题。运输质量与安全的主要统计指标如表 6-1 所示。

运输质量与安全的主要统计指标　　表 6-1

<table>
<tr><td rowspan="10">运输质量</td><td rowspan="4">水路</td><td>及时性指标</td><td>班轮准班率；运到期限超期率；准时交货率；运输延误率；准时备货率；配送延迟率</td></tr>
<tr><td>完整性指标</td><td>货损量；货损率；货差量；货差率；物品残损率；物品收发正确率；物品错发率；库存准确率；货运质量事故件数</td></tr>
<tr><td>经济性指标</td><td>运输单位成本；成本降低率；运输质量事故直接经济损失；货运质量事故赔偿率</td></tr>
<tr><td>服务性指标</td><td>客户满意率；旅客意见处理率；客户维持率；客户取消订单率；误差处理及时率</td></tr>
<tr><td rowspan="4">公路</td><td>及时性指标</td><td>客车正班率；发车正点率；脱班率；误点率；旅客正运率；行包正运率；货运及时率；货运合同履行率</td></tr>
<tr><td>完整性指标</td><td>货运质量事故次数；货运质量事故频率；货差率；货损率</td></tr>
<tr><td>经济性指标</td><td>责任经济损失率；行包赔偿率；货运质量事故经济损失；货运质量事故赔偿金额；货运质量事故赔偿率</td></tr>
<tr><td>服务性指标</td><td>脱班影响出行人次；误点影响出行人次；售票差错率；意见处理率；旅客满意率；货主满意率；重大运输服务质量事件数</td></tr>
<tr><td>铁路</td><td colspan="2">旅客列车出发正点率；旅客列车运行正点率；货物列车出发正点率；货物列车运行正点率；货物逾期运到率</td></tr>
<tr><td>航空</td><td colspan="2">航班飞行正常率；航班放行正常率</td></tr>
</table>

续上表

运输安全	水路	水上交通事故	事故件数；受伤人数；死亡人数；船舶沉没数量；船舶全损数；直接经济损失；每总吨直接经济损失；每千吨公里直接经济损失；船舶安全面
		港口安全生产	伤亡事故次数；重大安全责任事故次数；伤亡总人数；伤亡总人次数；千人因工死亡率；千人因工重伤率；千人伤亡率；歇工天数；伤亡事故经济损失
		船舶机损事故	事故件数；直接经济损失；受伤人数；死亡人数；机损事故发生率
		水上搜寻救助	遇险报警数；搜救活动数量；搜救总艘次(架次)；有效救助次数；遇险人员数；获救人员数；死亡及失踪人员数；搜救成功率；遇险船舶数；获救船舶数；翻沉船舶数
	公路	行车事故次数；安全行车间隔里程；行车事故受伤人数；行车事故死亡人数；行车事故经济损失；行车责任事故率；行车事故伤亡率；行车安全事故直接损失率；旅客安全运输率	
	铁路	每百万机车总走行公里责任行车重大、大事故件数；货损赔偿金额；货损赔款率	
	航空	发生航空器灾难性事故的次数；旅客死亡的人数；1 亿客公里死亡人数；10 万飞行小时或 10 万飞行次数灾难性事故的次数；1 亿飞行公里灾难性事故的次数	

第一节　运输质量统计

运输质量是指运输服务在满足用户运输及延伸服务需求等方面所达到的程度。运输的质量特征主要表现在安全性、及时性、完整性、经济性和服务性五个方面。

及时性是运输质量的时间特性。它包括三个方面：及时、准时和省时。及时，即在需要的时刻能迅速提供运输服务；准时，即按准确的时间为客户提供运输服务；省时，即在保证运输安全的前提下，提高运送速度，以缩短运输时间。

完整性是指从承运货物到运输终了，要确保所运货物的数量不少，物理形态和化学成分不变。其包括质与量两个方面。

经济性是运输质量的经济特征。对企业而言，运输企业必须追求自身的经济效益，降低运输成本和运输费用，努力提高劳动生产效率和设备利用率，从而提高资金的利润率。对用户而言，用户要求运输企业提供的运输服务，不但要安全、及时、完整，而且在费用方面也要合理并合算。

服务性是运输质量的综合特征。包括运输企业的服务条件和服务态度两个方面。由于一般无法使用量化指标来直接衡量服务性的程度，通常通过客户的投诉情况来反映。

下面就五种运输方式的产品质量特性及其相应指标作简要介绍。

一、水路

(一)及时性指标

1. 班轮准班率

班轮准班率指报告期内班轮运输按规定时间内抵达港口的航次数占总航次数的比重。计算单位：%。计算公式：

$$班轮准班率 = \frac{按时到达航次数}{总航次数} \times 100\% \tag{6-1}$$

2. 运到期限超期率

运到期限超期率指报告期内货物超过规定期限内运到的吨(票)数占同期应运到货物总吨(票)数的百分比。计算单位:%。计算公式:

$$运到期限超期率 = \frac{超期货吨(票)数}{总货吨(票)数} \times 100\% \tag{6-2}$$

3. 准时交货率

计算公式:

$$准时交货率 = \frac{准时交货次数}{交货总次数} \times 100\% \tag{6-3}$$

4. 运输延误率

计算公式:

$$运输延误率 = \frac{运输总次数 - 正点运输次数}{同期运输总次数} \times 100\% \tag{6-4}$$

5. 准时备货率

计算公式:

$$准时备货率 = \frac{库存物资供应总次数 - 缺货次数}{库存物资供应总次数} \times 100\% \tag{6-5}$$

6. 配送延迟率

计算公式:

$$配送延迟率 = \frac{配送延迟车次}{配送总车次} \times 100\% \tag{6-6}$$

此外,运到期限合格率、订单延迟率、正点运输率、库存周转时间、配送平均速度等,也是衡量水路运输及时性的指标。

例 6-1 某航运公司 2010 年 2 月共接到 20 份运货订单,按时运到目的地港的共有 19 次,1 次因为天气原因没有准时到达。其中有一批 3000 吨货,货主要求在 2 月 15 日之前运到,其中有 1500 吨货物因不可抗拒因素延迟 1 天运到。

则该航运公司 2010 年 2 月的水路运输的及时性指标为:

$$准时交货率 = 19/20 \times 100\% = 95\%$$

$$运输延误率 = 1/20 \times 100\% = 5\%$$

$$运到期限超期率 = 1500/3000 \times 100\% = 50\%$$

(二)完整性指标

1. 货损量

货损量指报告期内货物运输中出现运输货物损坏或丢失的实际数量。计算单位:吨。

统计范围:货损事故主要包括火灾、被盗、丢失、损坏、货物腐坏、货物被污染和货物湿损等。

计算方法:不论何种情况,货损数量均按发生货损事故的该批货物总吨数计算。

2. 货损率

计算公式:

$$货损率=\frac{货损量}{货运量}\times100\% \tag{6-7}$$

3. 货差量

货差量指报告期内货物运输中出现运输货物差错的实际数量。计算单位:吨。

统计范围:货差事故主要包括有货物无运送票据或有运送票据无货物、误运送(误装卸、漏装卸、错运和部分货件与全批货物分离)、误交付、件数不符、重量不符等。

计算方法:货差量按发生货差事故的货物总吨数计算。

4. 货差率

计算公式:

$$货差率=\frac{货差量}{货运量}\times100\% \tag{6-8}$$

例 6-2　2010 年 3 月 2 日,某航运公司与 A 公司签订一份运货合同,合同上约定航运公司应于 2010 年 4 月 2 日前将一批 800 吨大米运至目的港。4 月 1 日,航运公司将该批大米运到目的地港,开舱卸货后发现,约有 10 吨大米出现霉变,短重 80 吨。则:

$$货损率=10/800\times100\%=1.25\%$$

$$货差率=80/800\times100\%=10\%$$

5. 物品残损率

计算公式:

$$物品残损率=\frac{物品损坏量+物品丢失量}{库存总量}\times100\% \tag{6-9}$$

6. 物品收发正确率

计算公式:

$$物品收发正确率=\frac{期间仓库吞吐总量-出现差错量}{期间仓库吞吐总量}\times100\% \tag{6-10}$$

7. 物品错发率

计算公式:

$$物品错发率=\frac{出现差错数}{期间仓库吞吐总量}\times100\% \tag{6-11}$$

8. 库存准确率

计算公式:

$$库存准确率=\frac{期间准确存放货物数}{期间库存总量}\times100\% \tag{6-12}$$

9. 货运质量事故件数

货运质量事故件数指报告期内由于承运部门的责任造成的货损、货差等货运质量事故的实际件数。

计算原则:凡经水路运送的货物,货物自承运时起到交付货物完毕,在此期间所发生的货物质量事故均计算。

统计分组：

(1)按货物损失程度分为小事故件数、一般事故件数、大事故件数和重大事故件数。其分类标准如表6-2所示。

(2)按事故性质分为货损事故件数和货差事故件数。

(3)按事故发生的情况分为件数短少件数、重量短少件数、湿损件数、破损件数、污损件数和其他事故件数。

船舶货运质量事故的分类标准　　表6-2

事故等级	人员受伤人数	货物损失价值(元)	其　他
重大事故	人员有死亡	10001～100000	涉外物资、珍贵文物、尖端保密产品发生丢失、损坏
大事故	人员有重伤	5001～10000	
一般事故		501～5000	
小事故		201～500	

(三)经济性指标

1. 运输单位成本

运输单位成本指以单船(船队)在报告期内成本为基础，将总成本除以周转量。在航线和运量一定时也可除以货运吨，成为每吨货单位运输成本。水路运输工具载量大，运输单位成本较低。计算单位：元/吨公里，元/吨。计算公式：

$$运输单位成本=\frac{报告期内运输总成本}{同期运输周转量(或换算成货运吨)} \tag{6-13}$$

2. 成本降低率

计算公式：

$$成本降低率=1-\frac{报告期单位成本}{基期单位成本}\times 100\% \tag{6-14}$$

例6-3　某航运企业2万吨级散货船，航线航行天数15天，停靠天数20天，除去节假日，该航线一年可往返5次。2009年运输成本如下：船舶燃料费600万元、船舶修理费100万元、船舶保险费50万元、船舶物料费40万元、港口代理费50万元。假定每次往返满载。

则该企业2009年每吨货运输单位成本为：

$$运输单位成本=\frac{600+100+50+40+50}{2\times 10}=42(元/吨)$$

若已知2008年该企业的单位运输成本为70元/吨，则2009年其成本降低率为：

$$成本降低率=1-\frac{42}{70}\times 100\%=40\%$$

3. 运输质量事故直接经济损失

运输质量事故直接经济损失指报告期内由于船舶运输质量事故导致的直接经济损失金额。计算单位：元。

4. 货运质量事故赔偿率

货运质量事故赔偿率指报告期内货运事故实际赔偿费用与货运总收入的比值。计算单位：%。计算公式：

$$货运质量事故赔偿率 = \frac{货运质量事故赔偿金额}{货运收入总金额} \times 100\% \quad (6\text{-}15)$$

(四)服务性指标

1. 客户满意率

计算公式:

$$客户满意率 = \frac{订单数量 - 客户抱怨次数}{订单数量} \times 100\% \quad (6\text{-}16)$$

2. 旅客意见处理率

计算公式:

$$旅客意见处理率 = \frac{已处理旅客意见件数}{收到旅客意见总件数} \times 100\% \quad (6\text{-}17)$$

3. 客户维持率

计算公式:

$$客户维持率 = \frac{报告期客户数 - 报告期新增客户数}{基期客户数} \times 100\% \quad (6\text{-}18)$$

4. 客户取消订单率

计算公式:

$$客户取消订单率 = \frac{客户取消订单次数}{订单数量} \times 100\% \quad (6\text{-}19)$$

5. 误差处理及时率

计算公式:

$$误差处理及时率 = \frac{误差及时解决次数}{误差发生次数} \times 100\% \quad (6\text{-}20)$$

二、公路

(一)及时性指标

1. 客车正班率

客车正班率指报告期内客运班车正班班次占总班次的比率。正班班次是指能够按照线路计划当班的班次。计算单位:%。计算公式:

$$客车正班率 = \frac{正班班次}{总班次} \times 100\% \quad (6\text{-}21)$$

2. 发车正点率

发车正点率指报告期内客运班车正点发车班次占总班次的比率。计算单位:%。计算公式:

$$正点率 = \frac{正点班次}{总班次} \times 100\% \quad (6\text{-}22)$$

3. 脱班率

脱班率指报告期内客运班车脱班班次占总客运班次的比率。客运班车按运行计划发车、运行称为正班。不按计划发车称为误班,取消班次称为脱班。计算单位:%。计算公式:

$$脱班率 = \frac{脱班班次}{总班次} \times 100\% \tag{6-23}$$

4. 误点率

误点率指报告期内客运班车误点班次占总班次的比率。误点是指班车未按规定在允许时间误差范围内的时间发车、运行、中途停靠及到达。计算单位:%。计算公式:

$$误点率 = \frac{误点班次}{总班次} \times 100\% \tag{6-24}$$

5. 旅客正运率

旅客正运率指报告期内正点发送旅客人次数占发送旅客总人次数的比率。计算单位:%。计算公式:

$$旅客正运率 = \frac{正点发送旅客人数}{发送旅客总人数} \times 100\% \tag{6-25}$$

6. 行包正运率

行包正运率指报告期内完成的行包正点发运件数占行包总发运件数的比率。计算单位:%。计算公式:

$$行包正运率 = \frac{行包正点发运件数}{行包总发运件数} \times 100\% \tag{6-26}$$

7. 货运及时率

货运及时率指按运输合同规定期限,实际运达的货物吨(件)数,与应该运达的货物吨(件)数的比率。计算单位:%。计算公式:

$$货运及时率 = \frac{按规定期限运达的货物吨(件)数}{规定期限应运达的货物吨(件)数} \times 100\% \tag{6-27}$$

8. 货运合同履行率

货运合同履行率指报告期内履行合同票次数占全部合同票次数的比率。计算单位:%。计算公式:

$$货运合同履行率 = \frac{报告期履行合同票次数}{同期执行合同总数} \times 100\% \tag{6-28}$$

例 6-4 2008 年 1 月 27 日,某市客运中心因极端天气导致停发客运线路 35 条、客运班次 430 班;推迟发送客运班次 50 班;正点发送的 120 班次中有 50 班次客运车辆受阻在高速公路上。该市客运中心原计划当天发出客运班次 600 班。

则客运中心的运输及时性指标为:

$$客车正班率 = \frac{600 - 430 - 50 - 50}{600} \times 100\% = 11.67\%$$

$$发车正点率 = \frac{120}{600} \times 100\% = 20\%$$

$$脱班率 = \frac{430}{600} \times 100\% = 71.67\%$$

$$误点率 = \frac{50 + 50}{600} \times 100\% = 16.67\%$$

(二)完整性指标

1. 货运质量事故次数

货运质量事故次数指报告期内发生的货运质量事故次数。计算单位:次。

统计范围:凡货物损失金额在200元以上的货运质量事故,均纳入统计。

统计分组:

(1)按货运质量事故的等级分为小事故次数、一般事故次数、大事故次数和重大事故次数。

(2)按货运质量事故的肇事原因分为驾驶员责任次数、车辆机械原因次数、行人或道路原因次数和其他原因事故次数。

2. 货运质量事故频率

货运质量事故频率指报告期内完成百万吨公里货物周转量发生货运质量事故的次数。计算单位:次/百万吨公里。计算公式:

$$\text{货运质量事故频率} = \frac{\text{货运质量事故次数}}{\text{货物周转量}} \times 10^6 \tag{6-29}$$

(三)经济性指标

1. 责任经济损失率

责任经济损失率指运输中行车责任事故造成的损失金额与总行程之比。计算单位:元/百万车公里。计算公式:

$$\text{责任经济损失率} = \frac{\text{报告期责任事故损失金额}}{\text{报告期总行程}} \tag{6-30}$$

2. 行包赔偿率

行包赔偿率指报告期内所有从事旅客运输的客车所支付的行包赔偿金额占行包营业总收入的比率。计算单位:‰。计算公式:

$$\text{行包赔偿率} = \frac{\text{行包赔偿金额}}{\text{行包营业总收入}} \times 1000‰ \tag{6-31}$$

3. 货运质量事故经济损失

货运质量事故经济损失指报告期内发生的货运质量事故所造成的经济损失金额。计算单位:元。

统计范围:对每个具体的货运质量事故,其经济损失仅包括该事故造成的车辆、货物直接损失折款,不包括现场抢救(险)、人身伤亡善后处理的费用,也不包括停工、停产和停业等所造成的间接经济损失。

4. 货运质量事故赔偿金额

指报告期内由于发生货运质量事故承运人实际已支付的赔偿总金额。计算单位:元。

5. 货运质量事故赔偿率

货运质量事故赔偿率指报告期内货运质量事故赔偿金额与货运营业收入总金额的比率。计算单位:‱。计算公式:

$$\text{货运质量事故赔偿率} = \frac{\text{货运质量事故赔偿金额}}{\text{货运收入总金额}} \times 10000‱ \tag{6-32}$$

(四)服务性指标

1. 脱班影响出行人次

脱班影响出行人次指报告期内因客运班车脱班所影响的出行人次数。计算单位:人次。

2. 误点影响出行人次

误点影响出行人次指报告期内因客运班车误点所影响的出行人次数。计算单位:人次。

3. 售票差错率

售票差错率指报告期内发售的差错票数占发售总票数的比率。计算单位:%。计算公式:

$$\text{售票差错率} = \frac{\text{发售差错票数}}{\text{发售总票数}} \times 100\% \tag{6-33}$$

4. 意见处理率

意见处理率指报告期内已处理的意见件数占收到的意见总件数的比率。计算单位:%。计算公式:

$$\text{意见处理率} = \frac{\text{已处理意见件数}}{\text{收到意见件数}} \times 100\% \tag{6-34}$$

5. 旅客满意率

旅客满意率一般通过调查表和随机抽样调查取得,调查面的大小和旅客数的多少决定了其代表性。旅客的满意可能以自己的感觉为判断尺度,未必是以部颁标准进行衡量的,但是,它是服务对象自己的评判,因而具有最终评价意义。计算单位:%。计算公式:

$$\text{旅客满意率} = \frac{\text{调查中感到满意的人数}}{\text{调查的旅客人数}} \times 100\% \tag{6-35}$$

6. 货主满意率

货主满意率可按企业的服务设施设备,车站及车况,服务项目及服务时间,客货运输手续,运输线路与站点设置,其他便利条件,服务态度等,通过用户访问或抽样调查,或根据用户意见,进行统计。计算单位:%。计算公式:

$$\text{货主满意率} = \frac{\text{货主满意项(条)数}}{\text{总调查项(条)数}} \times 100\% \tag{6-36}$$

7. 重大运输服务质量事件数

重大运输服务质量事件数指报告期内凡在地级以上新闻媒体上曝光的服务质量问题,或由当事人投诉并经查情节确实十分恶劣的服务质量问题的数量。计算单位:件。

三、铁路

1. 旅客列车出发正点率

旅客列车出发正点率指旅客列车出发正点列数占列车出发总列数的百分比。计算单位:%。计算公式:

$$\text{旅客列车出发正点率} = \frac{\text{旅客列车出发正点列数}}{\text{旅客列车出发总列数}} \times 100\% \tag{6-37}$$

2. 旅客列车运行正点率

旅客列车运行正点率指旅客列车运行列数占列车出发总列数的百分比。计算单位:%。计算公式:

$$旅客列车运行正点率 = \frac{旅客列车运行正点列数}{旅客列车运行总列数} \times 100\% \quad (6\text{-}38)$$

3. 货物列车出发正点率

货物列车出发正点率指列车出发正点列数占列车出发总列数的百分比。计算单位:%。计算公式:

$$货物列车出发正点率 = \frac{列车出发正点列数}{列车出发总列数} \times 100\% \quad (6\text{-}39)$$

4. 货物列车运行正点率

货物列车运行正点率指列车运行正点列数占列车运行总列数的百分比。计算单位:%。计算公式:

$$货物列车运行正点率 = \frac{列车运行正点列数}{列车运行总列数} \times 100\% \quad (6\text{-}40)$$

5. 货物逾期运到率

货物逾期运到率指报告期内逾期运到的货物批数(吨数)与到达货物总批数(吨数)的百分比,考核货物运到期限的完成情况。货物运输期限是根据货物运送的里程和货物运输种类确定的,同时还规定起码的天数。计算单位:%。计算公式:

$$货物逾期运到率 = \frac{逾期运到货物批数}{到达货物总批数} \times 100\% \quad (6\text{-}41)$$

四、航空

1. 航班飞行正常率

航班飞行正常率指实际飞行班次与按班期时刻表规定的飞行班次之比。计算单位:%。计算公式:

$$航班飞行正常率 = \frac{报告期实际飞行班次}{同期按班期时刻表规定的飞行班次计划数} \times 100\% \quad (6\text{-}42)$$

航班飞行正常率提高率 = 报告期航班飞行正常率 - 基期航班飞行正常率

2. 航班放行正常率

航班放行正常率指实际正常放行架次与实际放行正常架次、不正常架次总和之比。计算单位:%。计算公式:

$$航班放行正常率 = \frac{报告期实际正常放行架次}{同期实际放行(正常架次 + 不正常架次)} \times 100\% \quad (6\text{-}43)$$

航班放行正常率提高率 = 报告期航站放行正常率 - 基期航站放行正常率　　(6-44)

在计算航班飞行、航站放行正常率和提高率时,对属于不可抗拒的原因(如天气、禁航、空军指示等)造成的航班飞行、航站放行不正常,应该除外。

第二节　运输安全统计

运输的产品形成要依靠运输工具的运动,即在运动状态下实现人或货物的位移。运输过程中出现不安全事故,不仅会产生不可挽回的人身伤亡,同时在经济上和政治方面也会给运输生产造成严重后果。因此,安全必须引起交通运输企业广大职工的高度重视。

一、水路

(一)水上交通事故

统计范围:凡船舶、排筏、水上飞机、潜水器种移动式平台在海上、内河、水库、港区等一切通航水域发生的碰撞、搁浅、触礁、触损、浪损、风灾、火灾、爆炸、自沉及其他造成人身伤亡或财产损失的交通事故,不论是否处理完毕,均纳入统计范围。但不包括船舶污染事故(非因交通事故引起)、船员工伤、船员或旅客失足落水以及船员、旅客自杀或他杀事故。

1.事故件数

事故件数指报告期内船舶发生水上交通事故的数量。

计算方法:

(1)船舶无论一次碰撞、浪损事故涉及几艘当事船舶,均按一件事故计算。

(2)船舶发生风灾事故,按一船一件事故计算。

(3)船舶沉没或推定全损,均作为沉船计算。

(4)船舶触损事故,船舶本身受损和造成岸壁、码头、航标、桥墩、钻井平台等水上、水下建筑物损失,均作为触损事故件数计算。

统计分组:

(1)按事故发生的情况分为碰撞事故件数、搁浅事故件数和触礁事故件数。

(2)按事故性质分为责任事故件数和非责任事故件数。

(3)按事故损失的程度分为小事故件数、一般事故件数、大事故件数和重大事故件数。其分类标准如表6-3所示。

水上交通事故分类标准 表6-3

	重大事故	大事故	一般事故	小事故
3000总吨以上或主机功率3000千瓦以上的船舶	(1)死亡3人以上;或 (2)直接经济损失500万元以上	(1)死亡1~2人;或 (2)直接经济损失500万元以下,300万元以上	(1)人员有重伤;或 (2)直接经济损失300万元以下,50万元以上	没有达到一般事故等级以上的事故
500总吨以上、3000总吨以下或主机功率1500千瓦以上、3000千瓦以下的船舶	(1)死亡3人以上;或 (2)直接经济损失300万元以上	(1)死亡1~2人;或 (2)直接经济损失300万元以下,50万元以上	(1)人员有重伤;或 (2)直接经济损失50万元以下,20万元以上	没有达到一般事故等级以上的事故
500总吨以下或主机功率1500千瓦以下的船舶	(1)死亡3人以上;或 (2)直接经济损失50万元以上	(1)死亡1~2人;或 (2)直接经济损失50万元以下,20万元以上	(1)人员有重伤;或 (2)直接经济损失20万元以下,10万元以上	没有达到一般事故等级以上的事故

注:①凡符合表内标准之一的即达到相应的事故等级。

②本表中的“以上”包含本数或本级,“以下”不包含本数或本级。

2.受伤人数

受伤人数指报告期内于船舶水上交通事故造成人员受伤的实际人数。

统计分组:一般分为轻伤人数和重伤人数。

3. 死亡人数

死亡人数指报告期内由于船舶水上交通事故造成人员死亡的实际人数。包括事故发生当时和 7 日内的死亡人数。

4. 船舶沉没数量

船舶沉没数量指报告期内由于船舶水上交通事故导致沉没的船舶数量。计算单位:艘(总吨、千瓦)。

5. 船舶全损数

船舶全损数指报告期内由于船舶水上交通事故导致全损的船舶数量。包括船舶实际全损和推算全损。计算单位:艘(总吨、千瓦)。

6. 直接经济损失

直接经济损失指报告期内由于水上交通事故导致船舶沉没、货物损失以及人员伤亡、救助费用以及营运等方面的直接经济损失数。计算单位:元。

计算原则:直接经济损失包括船舶修理费、货物赔偿费、人身伤亡抚恤赔偿费以及施救、处理、勘察费等。已保险的船舶发生的水上交通事故,计算直接经济损失时,应包括保险公司赔付的部分。

7. 每总吨直接经济损失

每总吨直接经济损失指报告期内船舶发生一般及以上的水上交通事故直接经济损失与其总吨位的比值。计算单位:元/吨位。计算公式:

$$每总吨直接经济损失=\frac{一艘及以上事故直接经济损失}{营运船舶总吨位} \tag{6-45}$$

8. 每千吨公里直接经济损失

每千吨公里直接经济损失指报告期内船舶发生的一般及以上的水上交通事故直接经济损失与换算周转量的比值。计算单位:元/千吨公里。计算公式:

$$每千吨公里直接经济损失=\frac{一艘及以上事故直接经济损失}{换算周转量} \tag{6-46}$$

9. 船舶安全面

船舶安全面指报告期内安全无事故(包括无事故及发生小事故)的船舶艘次数与平均每天拥有的船舶艘数的比重。计算单位:%。计算公式:

$$船舶安全面=1-\frac{发生事故船舶艘次数}{平均每天拥有的船舶艘数}\times 100\% \tag{6-47}$$

(二)港口安全生产统计

1. 伤亡事故次数

伤亡事故次数指报告期内所发生的职工伤亡事故次数。计算单位:次。

计算方法:

(1)职工伤亡事故只指因工伤亡者。非因工伤亡不包括在内,如与生产无关的民兵操练、体育比赛、游行等发生的人员伤亡。

(2)虽在工作时间内,但因做私活或擅离职守以及上下班乘车、骑车发生的事故,属非因工事故。

(3)虽在工作时间内,但因身体健康原因而致病、死亡的,不属于职工伤亡事故。

(4)多人事故(指一次事故伤亡三人及以上的),为一次伤亡事故。

统计分组:

(1)按职工伤亡事故类别分组。

(2)按事故严重程度分为轻伤事故次数、重伤事故次数、死亡事故次数、重大伤亡事故次数和特大伤亡事故次数。

2. 重大安全责任事故次数

重大安全责任事故次数指报告期内所发生的重大安全事故的总次数。

统计分组:一般分为重大人身伤亡事故次数、重大海损事故次数、重大火灾事故次数和重大机损事故次数。

3. 伤亡总人数

伤亡总人数指报告期内由于职工伤亡事故致伤死亡的总人数。

计算方法:某职工在报告期内,前后工伤负伤二次或以上,只按一人计算。

4. 伤亡总人次数

伤亡总人次数指报告期内各次伤亡事故中致伤和死亡的人次数总和。

5. 千人因工死亡率

千人因工死亡率指报告期内职工在本港生产区域中从事劳动或与生产有关的活动而发生的事故中死亡人数在每千名职工中所占的比重。计算单位:‰。计算公式:

$$千人因工死亡率 = \frac{因工死亡人数}{平均职工人数} \times 1000‰ \tag{6-48}$$

6. 千人因工重伤率

千人因工重伤率指报告期内职工在本港生产区域中从事劳动或与生产有关的活动而发生的事故中重伤人数在每千名职工中所占的比重。计算单位:‰。计算公式:

$$千人因工重伤率 = \frac{因工重伤人数}{平均职工人数} \times 1000‰ \tag{6-49}$$

7. 千人伤亡率

千人伤亡率指报告期内职工中,因工伤事故造成的轻伤、重伤以及死亡人数之和在每千名职工中所占的比重。计算单位:‰。计算公式:

$$千人伤亡率 = \frac{轻伤/(重伤人数 + 死亡人数)}{平均职工人数} \times 1000‰ \tag{6-50}$$

8. 歇工天数

歇工天数指报告期内职工负伤歇工的天数。

计算方法:从负伤人员工作中断时起到伤愈恢复工作或确定为残废之日止,其间的歇工天数(不包括每周休息日和法定节日)。

9. 伤亡事故经济损失

伤亡事故经济损失指报告期内职工在劳动生产过程中发生伤亡事故所引起的一切经济损失。包括直接经济损失和间接经济损失。计算单位:元。

(三)船舶机损事故统计

1. 事故件数

事故件数指报告期内机动船舶的机器设备(除通讯导航设备外)发生损坏并造成一定的经济损失或人员伤亡的事故数量。

统计范围:一般不包括非机动船的机电设备损坏事故,推进螺旋桨及舵系损坏事故,机电设备虽发生损坏、但其直接经济损失未达到事故标准的损坏事故。

一般按以下方式分组:

(1)按事故性质分为责任事故件数和非责任事故件数。其中:

①责任事故件数又分为船员责任事故件数和非船员责任事故件数;

②非责任事故件数又分为自然损坏件数和其他事故件数。

(2)按事故直接经济损失及人身伤亡情况分为一般事故件数、大事故件数和重大事故件数。

2. 直接经济损失

直接经济损失指报告期内由于船舶机损事故导致的直接经济损失数。计算单位:元。

统计范围:

(1)修复被损坏的机电设备所需修理费、备件费等;

(2)因机械事故而导致的船舶检验费、灌水检查费、打捞费、拖带费(施救费)、清舱除气费、洗炉费、事故处理费等;

(3)因机损导致海损引起的一切费用。

3. 受伤人数

受伤人数指报告期内由于船舶机损事故造成人员受伤的实际人数。

统计分组:受伤人数一般分为轻伤人数和重伤人数。

4. 死亡人数

死亡人数指报告期内由于船舶机损事故造成人员死亡的实际人数。包括事故发生当时或7日以内的死亡人数。

5. 机损事故发生率

机损事故发生率指报告期内船舶发生一般及以上机损事故的次数与船舶艘数的比值。计算单位:次/艘。计算单位:%。计算公式:

$$\text{机损事故发生率}=\frac{\text{发生一般及以上机损事故的次数}}{\text{机动船舶艘数}} \qquad (6\text{-}51)$$

例6-5　某航运企业报告期内有船舶500艘,全部投入营运,报告期内未发生船舶增减、调出、调入变化。据统计在报告期内,发生一般机损事故16件,发生大事故4件,无重大事故。

则该航运企业的机损事故发生率 $=(16+4)/500=0.04$(次/艘)。

(四)水上搜寻救助统计

水上搜寻救助是指船舶、设施、航空器及其人员在水上遇险,以及从事水上水下作业或者其他活动,造成或者可能造成人员伤亡、水域污染等突发事件时,水上搜救中心组织、协调搜救力量,搜寻救助遇险人员,控制、减轻水域污染等危害的活动。

1. 遇险报警数

遇险报警数指报告期内收到在海上、内河遇险或可能遇险的报警次数。

统计分组:分为真报警数和误报警数。

2. 搜救活动数量

搜救活动数量指报告期内组织对海上、内河遇险人员和船舶进行搜救活动的实际数量。

3. 搜救总艘次(架次)

搜救总艘次指报告期内搜救活动中出动船(艇)、航空器等实施救助的实际数量。计算单位:艘次(架次)。

统计分组:一般按搜救工具所属单位分组。

4. 有效救助次数

有效救助次数指接到命令后,船舶或航空器出动进行现场实际施救并获得成功的次数。

统计分组:

(1)按救助对象分为有效救船次数和有效救生次数。

(2)按救助对象的国籍分为有效救助国内事件次数和有效救助国外事件次数。

5. 遇险人员数

遇险人员数指报告期内搜救活动中所涉及的遇险人员的实际数量。

统计分组:一般按遇险人员的国籍分组。

6. 获救人员数

获救人员数指报告期内遇险人员数中,经救助后获救的实际人员数量。

统计分组:同遇险人员数的统计分组。

7. 死亡及失踪人员数

死亡及失踪人员数指报告期内遇险人员数中,经救助无效死亡或失踪的实际人数量。

统计分组:同遇险人员数的统计分组。

8. 搜救成功率

搜救成功率指报告期内获救遇险人员数占遇险人员数的比重。计算单位:%。计算公式:

$$\text{搜救成功率} = \frac{\text{获救人员数}}{\text{遇险人员数}} \times 100\% \tag{6-52}$$

9. 遇险船舶数

遇险船舶数指报告期内搜救活动中所涉及的遇险船舶的实际数量。计算单位:艘。

统计分组:一般按遇险船舶的船籍分组。

10. 获救船舶数

获救船舶数指报告期内遇险船舶数中,经救助后获救的实际船舶数量。计算单位:艘。

统计分组:同遇险船舶数的统计分组。

11. 翻沉船舶数

翻沉船舶数指报告期内遇险船舶数中,经救助后仍翻沉的实际船舶数量。计算单位:艘。

统计分组:同遇险船舶数的统计分组。

二、公路

公路运输安全统计指标是考核客、货车在运行或停放时,有无因发生碰撞、翻覆、碾轧、失

火、机件故障、意外灾害以及其他原因而导致人畜伤亡、车辆或装运货物损坏、房屋和建筑物遭受损毁等行车事故的指标。

1. 行车事故次数

行车事故次数指报告期内公路运输中发生的行车事故次数。

统计分组：

(1)按行车事故的等级分为轻微事故次数、一般事故次数、重大事故次数和特大事故次数。

(2)按责任大小分为责任事故次数和非责任事故次数。行车责任的划分，以交通警察部门的裁定为准。

(3)按行车事故的肇事原因分为驾驶员责任事故次数、车辆机械事故次数、行人或乘客过失事故次数、道路原因事故次数和其他原因事故次数。

(4)按发生行车事故的运输车辆种类分为客运行车事故次数和货运行车事故次数。

2. 安全行车间隔里程

安全行车间隔里程指报告期内两次一般及以上的行车责任事故之间的行驶里程。计算单位：公里。计算公式：

$$安全行车间隔里程 = \frac{报告期内总行程}{一般及以上行车责任事故次数} \tag{6-53}$$

3. 行车事故受伤人数

行车事故受伤人数指报告期内由于发生行车事故而造成受伤的实际人数。

统计分组：

(1)按人员的受伤程度分为重伤人数和轻伤人数。

(2)按发生行车事故的运输车辆种类分为客运行车事故受伤人数和货运行车事故受伤人数。

4. 行车事故死亡人数

行车事故死亡人数指报告期内由于发生行车事故而造成死亡的实际人数。

计算方法：对每个具体的行车事故，死亡人数按在事故发生后 7 日内死亡的人数计算。

统计分组：按发生行车事故的运输车辆种类分为客运行车事故死亡人数和货运行车事故死亡人数。

5. 行车事故经济损失

行车事故经济损失指报告期内发生的行车事故所造成经济损失的实际总金额。计算单位：元。

统计范围：对每个具体的行车事故，其经济损失仅包括该事故造成的车辆、财产直接损失折款，不包括现场抢救(险)人身伤亡事后处理的费用，也不包括停工、停产和停业等所造成的间接经济损失。

统计分组：按发生行车事故的运输车辆种类分为客运行车事故经济损失和货运行车事故经济损失。

6. 行车责任事故率

计算行车责任事故率的范围，是以一般及以上的责任事故次数为考核数。行车责任事故率是营运车辆在报告期内所发生的一般及以上行车责任事故次数与总行程的比率，是考核行车班组、车队、企业在报告期内行车责任事故发生的频繁程度的指标。计算单位：次/百万车公里。

$$\text{行车责任事故率}=\frac{\text{一般及以上行车责任事故次数}}{\text{报告期总行程}} \tag{6-54}$$

7. 行车事故伤亡率

行车事故伤亡率指报告期内行车事故伤亡的人数与总行程（总车公里）的比率。计算单位：人/百万车公里。计算公式：

$$\text{行车事故伤亡率}=\frac{\text{行车事故伤亡人数}}{\text{报告期总行程}} \tag{6-55}$$

8. 行车安全事故直接损失率

行车安全事故直接损失率指在报告期内发生的行车事故所造成经济损失的实际总金额和同期总行程的比率。计算单位：元/百万车公里。计算公式：

$$\text{行车安全事故直接损失率}=\frac{\text{行车事故经济损失}}{\text{报告期总行程}} \tag{6-56}$$

9. 旅客安全运输率

旅客安全运输率指一定时期（年、月）内未发生任何影响旅客安全的事故和误差以及误乘、漏乘等事故的客运人数与同期客运总人数的比率。计算公式：

$$\text{旅客安全运输率}=\frac{\text{安全运输客运人次数}}{\text{客运总人次}}\times 100\% \tag{6-57}$$

例 6-6 某市 2010 年 1 月份有关行车事故统计资料如表 6-4 所示。

行车事故统计资料 表 6-4

平均车辆（辆）	总行程（百万车公里）	轻微事故（次）		一般事故（次）		重大事故（次）		特大事故（次）		直接经济损失（元）
20 万	5000 万	25		24		1		0		200 万
		受伤人数	死亡人数	受伤人数	死亡人数	受伤人数	死亡人数	受伤人数	死亡人数	
		0	0	21	0	7	2	0	0	

则：

$$\text{行车责任事故率}=\frac{25}{50000000}=0.0000005\text{（次/百万车公里）}$$

$$\text{行车事故伤亡率}=\frac{21+7+2}{50000000}=0.0000006\text{（人/百万车公里）}$$

$$\text{行车安全事故直接损失率}=\frac{2000000}{50000000}=0.04\text{（元/百万车公里）}$$

$$\text{平均每辆车的安全行车间隔里程}=\frac{50000000/25}{200000}=10\text{（公里）}$$

三、铁路

铁路运输的基本要求是将旅客和货物安全、迅速、正确、舒适和便利地运送到目的地，因

此,铁路运输工作必须把运输安全放在首位。铁路运输安全取决于铁路的管理水平、设备质量、人员素质和社会环境。换言之,铁路运输安全状况是铁路运输工作质量的综合反映。

如铁路安全运输得不到保证,则会发生事故,从而将会造成旅客伤亡和货物损坏,以及铁路员工的伤亡和机车、车辆、线路等设备的损坏。

铁路运输事故按业务种类一般分为:

①行车事故;②货运事故;③旅客伤亡事故;④行李包裹事故。下面着重介绍行车事故和货运事故。

(一)行车事故

行车事故按其性质、损失及对行车造成的影响分为重大事故、大事故、危险性事故及一般事故。

(1)重大事故。指旅客列车、临时旅客列车、混合列车、货物列车、调车作业、机车车辆整备作业发生冲突或脱轨,由于机车、车辆、设备破损货物装载不良使铁路技术设备破损及列车发生火灾或爆炸,造成人员重大伤亡、机车车辆重大损坏和严重中断正线行车。

(2)大事故。指造成人员有大的伤亡、机车车辆有大的损坏和中断正线行车,其他内容与重大事故相同。

(3)危险性事故。指列车在运行中发生性质严重的事故,但未造成损害后果或损害后果不够重大、大事故的严重程度。

(4)一般事故。指事故性质及损害后果不够重大、大事故及危险性事故的严重程度。

为了考核铁路行车安全情况,规定铁路定时上报每百万机车总走行公里责任行车重大、大事故件数。计算单位:件/百万公里。计算公式:

$$\text{每百万机车总走行公里责任行车重大、大事故件数}=\frac{\text{报告期内发生的责任行车重大、大事故件数}}{\text{同期内完成的机车总走行公里}} \tag{6-58}$$

该指标是一个相对数,把事故件数和机车总走行公里联系起来,因此,较之事故件数指标这个绝对数来说更能确切的反映行车安全情况。

(二)货运事故

货运事故分为三等,即重大事故、大事故和一般事故。

(1)重大事故。指货物染毒或危险货物发生事故,造成人员死亡3人或死亡、重伤5人以上的;货物损失(包括设备及其他损失)款额在5万元及以上的。

(2)大事故。指货物染毒或危险货物发生事故,造成人员死亡或重伤,人数不够重大事故条件的;货物损失(包括设备及其他损失)款额在5千元以上未满5万元的。

(3)一般事故。指不属于以上各等事故的。

为了从经济方面考核由于铁路责任造成的货损,除了统计货运事故件数外,还要统计货损赔偿(或赔款)金额和货损赔款率。

1. 货损赔偿金额

货损赔偿金额指车站、分局、路局或全国铁路在一定时期内所支付的货损赔偿钱数。

2. 货损赔款率

货损赔款率指货损赔偿金额与货运收入之比。计算单位:%。计算公式:

$$每百万货运收入货损赔款率=\frac{报告期货损赔款金额}{同期货运收入}\times 100\% \tag{6-59}$$

四、航空

航空运输安全通常指航空运输系统(包括航空器以及设备、空勤人员、地面各种勤务保证、空中交通管制服务等)在完成航行任务的过程中,不发生威胁人(包括空勤人员、旅客与地面人员)的生命和健康的事故或事故征候。航空运输系统在营运中发生的灾难性事故的次数是航空运输安全水平高低的重要标志。

在国际上,航空运输安全水平的高低通常用以下几种指标来衡量:

(1)发生航空器灾难性事故的次数。

(2)旅客死亡的人数。

(3)1 亿客公里死亡人数。

(4)10 万飞行小时或 10 万飞行次数灾难性事故的次数。

(5)1 亿飞行公里灾难性事故的次数。

在上述指标中,最基本而常用的是 1 亿客公里死亡人数。因为死亡人数是遭受伤害严重程度的主要尺度,而客公里数是衡量运输量和运输效用的主要指标,10 万飞行小时或 10 万飞行次数发生灾难性事故次数则是衡量航空运输中技术上的成就的一种主要尺度。

复习思考题

1. 什么是运输质量?运输的质量特征主要表现哪些方面?

2. 衡量水路运输经济性主要有哪些指标?

3. 什么是公路货运质量事故?如何分类?

4. 水路运输安全可以从哪几个方面来统计?分别有哪些指标?请举例。

第七章　运输投入产出统计

第一节　运输产值统计

一、运输收入及其特殊性

收入指企业在销售商品或者提供劳务等经营业务中实现的营业收入。包括基本业务收入和其他业务收入。基本业务收入也叫主营业务收入，是指企业从事主要生产经营活动而取得的营业收入。在运输企业中，指沿海、内河、远洋和汽车、铁路运输企业经营旅客、货物运输业务中所取得的运输收入，海、河、港口企业和经营装卸业务的汽车运输企业的装卸收入，企业经营仓库、堆场业务取得的堆存收入等。其他业务收入也叫附营业务收入，指各类企业主营业务意外不独立核算的其他业务或附营业务中取得的收入。在工业企业中，指销售材料、技术转让、固定资产出租，包装物出租等业务所取得的收入。其他业务收入的金额一般不大，收入不十分稳定，服务对象不太固定，占营业收入的比重比较小。

运输收入的特殊性主要包括以下两点：

1. 收入核算的特殊性

运输企业通过提供各种运输服务而获得营运收入。出于公路、海域、水系、横行道的区域性货物流向要求运输的连续性，从而产生了各种运输方式，如直达运输、江海河联运、水陆联运等。此外，运输货物的种类较多，比较复杂，运量大小不等，运输距离有长、短途之分，而运输收入却通常一次性由发运地或目的地接受，由此在参与运输的各部门、各企业之间产生大量的结算和清算工作。

2. 计量单位的特殊性

运输生产的结果是劳动对象（所运货物与旅客）空间位置的移动，即为运输生产的唯一结果，这就决定了运输生产计量单位的特殊性。运输生产计量单位是货物与旅客的周转量。货物与旅客周转量的计量取决于两个因素；一是数量，即货物的重量和旅客的人次；二是距离，即位移的公里、海里等。因此，运输生产的计量单位为人公里、吨公里和换算吨公里等。

二、运输收入构成

运输企业收入构成如表7-1所示。

运输企业收入构成 表 7-1

水路	运输收入;装卸收入;堆存收入;代理业务收入;港务管理收入;其他业务收入
公路	运输收入;装卸收入;堆存收入;其他业务收入
铁路	货运收入;客运收入;装卸收入;其他业务收入
航运	运输收入;通用航空收入;机场服务收入;其他业务收入

(一)水路

水运企业收入指水运企业通过生产经营活动运输、装卸和其他劳务,并按一定标准向用户或服务对象收取运输、装卸等劳务收入。水运企业的收入可以划分为运输收入、装卸收入、堆存收入、代理业务收入、港务管理收入和其他业务收入六大类。

1. 运输收入

运输收入指内河、沿海、远洋运输企业经营旅客、货物运输业务所取得的各项收入。运输收入可以按不同的标准进行分类。

(1)按运输区域划分的运输收入有内河运输收入、沿海运输收入、远洋运输收入,各类运输收入还可以根据航线划分为各条航线的运输收入。

(2)按运输对象划分的运输收入有货运收入和客运收入。其中,货运收入还可以按大宗货物名称划分为集装箱运输收入、干散货运输收入和散货、液体货运输收入等。

(3)按船舶经营方式划分的运输收入有自营运输收入和船舶出租收入,其中船舶出租收入又可以分为期租收入和程租收入,但不包括光船出租收入。

2. 装卸收入

装卸收入指海河港口企业经营装卸业务所取得的各项收入。包括装卸,集装箱拆、装箱,散货灌包、绞包,联运货物换装,装卸杂作业,过驳,港区范围内火车和汽车的倒载收入以及速遣收入。

装卸收入可按计费标准和货物流向分为外贸装卸收入、内贸装卸收入和速遣收入三类,其中外贸装卸收入、内贸装卸收入又可以按照专业作业区或主要货种的装卸收入进行细分类。

3. 堆存收入

堆存收入指企业经营仓库、堆场的货物存储业务所取得的收入,港口企业仓库、堆场等堆存设备临时出库场租的收入也视同堆存收入。

(1)按库场性质进行分类,有专用库场、普通库场。

(2)按主要货种进行明细分类,主要是划分不同货物的堆存收入。

(3)按堆存期限和计费标准进行明细分类,是将堆存收入划分成累进堆存收入和一般堆存收入。

4. 代理业务收入

代理业务收入指企业经营各种代理业务所取得的收入。可按代理业务的性质分为船舶代理业务收入、货运代理收入和客运代理业务收入;还可以根据管理和经营的需要,按主要代理对象进行明细分类。

5. 港务管理收入

港务管理收入指海河港口企业经营港口管理业务所取得的收入。

港务管理收入可分为两大类：

(1)港务费收入，包括船舶港务费、货物港务费、停泊费、过闸费、铁路使用费等收入。

(2)港务监督收入，包括引水费、海事处理、违章罚金收入。

6. 其他业务收入

其他业务收入指水运企业从事旅客服务、固定资产出租等主营业务以外活动取得的收入，主要有以下几种：

(1)旅客服务收入。指客运船舶经营的餐务、商品销售、卧具出租以及港口客运站经营小卖部、行李寄存、搬运等业务收入。

(2)租赁收入。指企业出租船舶、装卸机械、库场及装卸、堆存工具等所取得的收入，运输企业船舶期租、程租和港口临时出租装卸机械、仓库、堆场及装卸工属具的收入不包括在内。

(3)理货收入。指企业从事国轮、外轮理货和上门理货业务所取得的收入。

(4)散装灌包收入。指企业经营散粮、散糖、散水泥、散化肥等散装货的灌包、绞包业务所取得的收入。

(5)供应服务收入。指企业经营对外供油、供水、供电等业务所取得的收入。

(6)通讯业务收入。指企业的通讯部门对外提供通讯服务所取得的收入。

(二)公路

公路运输企业的营运收入指企业对外提供汽车运输等营运服务而取得的营业收入。按其所经营的不同业务可分为运输收入、装卸收入、堆存收入和其他业务收入四大类。

公路运输企业的运输收入一般通过以下方式取得：汽车运输企业在其下设基层车站、车队、车间。基层车站往往下设若干分站。一般而言，车站、车队、车间都是独立核算的单位，其基层分站或分所一般情况下不是独立核算的单位。

(三)铁路

对铁路运输企业来讲，其主营业务是完成客、货运输任务，即实现旅客和货物空间的位移。因此，主营业务收入也就是运输企业完成客、货运输任务，按照国家规定的运价和收费标准取得的货币收入。

主营业务收入是全体铁路职工的劳动成果。管内运输的客、货运输收入，不能归收取费用的车站和车务段所有，应当在所有参加运输劳动的各部门之间进行分配。正是由于这一特点，铁路局收到的客货运输收入只能存入银行存款运输收入专户，逐级解缴，然后按照规定的清算办法和清算单价在各铁路局间进行分配，各铁路局取得运输清算收入是补偿运输支出和期间费用，缴纳税金以及计算运输利润的基础。

(四)航空

民航运输营业收入可以分为主营业务收入和其他业务收入。其中，主营业务收入又根据所从事的具体业务的不同，分为运输收入、通用航空收入和机场服务收入三类。

三、影响运输收入的因素

(一)运量

根据运输收入的构成，在货物种类、运输部门提供的运输服务产品结构及运输价格不变的情况下,运输收入主要与运量有关,可以近似地认为运输收入是运量与单位运量价格的乘积,两者成正比例关系。这里运输工作量以货物吨公里(吨海里)、旅客人公里计算。

对货物运输可言,运输收入的主要部分是发到作业费(含装卸费)和运费,其中装卸费和运量成正比,运费和运输工作量即运量与运输距离的乘积成正比。有的运输方式运费中还包括中转作业费,或运价存在递远递减规则,此时运输收入与运输工作量不是成正比增长,但仍存在正比例关系。

对旅客运输来说,没有装卸问题。客运收入与人次基本无关,完全取决于客运工作量(人公里数)。航空运输中收取的机场建设费,主要是基础设施使用费,也包含服务费。

(二)运价

运价是影响运输收入的另一个重要因素,在其他因素尤其是运量一定的条件下,运输收入随着运价的提高而成比例增加。但是运量也是运价的函数,两者成反比,运价的提高,一般会伴随着运量的下降;而运价的降低,一般会引起运量上升。所以运价与运输收入的关系,和运价与运量的关系是交织在一起的。

四、运输产值指标计算

运输产值的主要统计指标如表7-2所示。

运输产值的主要统计指标 表7-2

<table>
<tr><td rowspan="3">运输产值</td><td>运输产值</td><td>运输业总产值;运输业净产值;运输业增加值</td></tr>
<tr><td colspan="2">营运收入</td></tr>
<tr><td colspan="2">运输利润</td></tr>
</table>

(一)运输产值

1. 运输业总产值

运输业总产值指在一定时期内,运输企业在生产经营活动中消耗的物质资料的转移价值和追加的劳务价值的货币表现之和,即运输企业经营货运、客运、装卸和仓储等业务的总收入。计算单位:万元。计算公式:

$$运输业总产值 = 运输收入 + 装卸收入 + 其他业务收入 \quad (7\text{-}1)$$

$$运输收入 = 客运单价 \times 旅客周转量 + 货运单价 \times 货物周转量 \quad (7\text{-}2)$$

2. 运输业净产值

运输业净产值指运输企业的劳动者在一定时期内从事货物运输生产活动新创造的价值。计算单位:元。计算公式:

(1)生产法:

$$\begin{aligned}运输业净产值 = 运输业总产值 - (&货运燃料费用 + 货运材料费用 + \\ &货运固定资产折旧 + 货运大修理基金或修理费 + \\ &其他货运物资消耗价值)\end{aligned} \quad (7\text{-}3)$$

(2)分配法:

$$运输业净产值 = 应付工资 + 应纳税金 + 应得利润 + 应提职工福利基金 + 利息净额 + 其他 \quad (7\text{-}4)$$

3. 运输业增加值(又称运输业附加值)

运输业增加值指在一定时期内,运输企业通过生产经营活动和劳务活动而为社会提供的最终成果的货币表现,是运输企业创造的国民生产总值。计算单位:万元。计算公式:

(1)生产法:

$$运输业增加值 = 运输业总产值 - 运输业中间消耗 \tag{7-5}$$

其中:

$$运输业总产值 = 营运成本 + 营运税金 + 营运利润 + 工资额 + 销售费用 + 教育费附加 \tag{7-6}$$

运输业中间消耗指企业在本期生产中外购产品和外购劳务的中间消耗。

(2)收入法:

$$运输业增加值 = 固定资产折旧 + 劳动者报酬 + 生产税净额 + 营业盈余 + 其他 = 支付给个人 + 支付给国家 + 留给本单位 + 支付给其他单位 \tag{7-7}$$

(二)营运收入

营运收入指运输企业在经营业务中实现的营业收入。

(三)运输利润

企业利润总额包括营业利润、营业外收支净额两部分。计算单位:万元。计算公式:

$$利润总额 = 营业利润 + 营业外收支净额 \tag{7-8}$$

其中:

$$营业利润 = 营业收入 - 营业成本 - 营业税金及附加 - 销售费用 - 管理费用 - 财务费用 - 资产减值损失 \pm 公允价值变动净损益 \pm 投资净损益 \tag{7-9}$$

例 7-1 某运输企业 2009 年运输收入为 100000 万元,运输成本为 80000 万元,营业税金及附加 3240 万元,其他业务利润 2360 万元,管理费用 1000 万元,财务费用 20 万元,对外投资收益 2000 万元,营业外收入 300 万元,营业外支出 400 万元。试计算该运输企业的利润。

解 该运输企业 2009 年的利润计算如下:

$$营业利润 = 100000 - (80000 + 3240) + 2360 - 1000 - 20 = 18100(万元)$$

$$营业外收支净额 = 2000 + 300 - 400 = 1900(万元)$$

$$利润总额 = 18100 + 1900 = 20000(万元)$$

五、运输收入管理

运输企业加强运输收入管理,及时足额取得营运收入,对于企业的生存和发展,保证运输再生产的正常进行,及时补偿生产耗费,正确计算营业税、养路费和运输管理费,促进企业的发展具有十分重要的作用。通过一系列的确认、计量、记录和报告程序,能够为政府部门、投资者、债权人以及其他各个方面,提供有关运输企业财务状况、经营成果和现金流量的重要信息,是有关各方据以进行经济决策和宏观管理的重要依据,是考核企业领导人经济责任的履行状况、加强经营管理、提高经济效益的重要保证。在运输收入管理中,应遵循以下几项基本原则:

(一)足额补偿原则

企业在制定收入管理政策或策略时,必须确保相应耗费的足额补偿,也就是要保证商品价值的完整实现。运输企业是相对独立的商品生产者和经营者,实行独立核算自负盈亏,必须用本企业的运输收入补偿运输支出，即补偿资金的消耗，补偿后的差额为企业的盈利。如果收不抵支，则企业发生亏损。

（二）有效原则

运输企业的营运收入是通过发售客票、填写货票和结算运费取得的，在营运收入的计收过程中容易产生各种漏洞，如漏收、少收和计算错误，贪污挪用票款，运费长时期拖欠等，造成企业资金流失和资金周转不灵。有效原则是保证企业运输收入的有效性。凡是属于企业的收入，都必须及时加以控制和管理，使之真正成为企业有效的收入。同时还应及时组织有效收入的实现。为了使企业实现的营运收入能够如期回收，必须建立和完善营收管理的责任制度，形成一个责、权、利分明的循环系统，从而确保运输企业资金周转的正常进行。

（三）及时原则

运输企业的营运收入，尤其是货运收入，由于生产经营的特殊性，在确认收入时通常以应收账款的形式体现。而应收账款，实际上是应付方无偿占用本企业的资金。考虑到资金的时间价值因素，这部分应收账款应该想方设法地及时收回，减少企业的资金占用和潜在损失的产生。

第二节　运输成本统计

一、运输成本概述

运输企业其成本即营运费用，指为完成客、货物运输业务消耗的以货币形式表现的一切费用，包括支付的职工工资、材料、燃料、电力及固定资产折旧费、各种服务管理费等运输支出。一定期间的运输支出就是此期间的运输总成本；单位运输产品所分摊到运输指出即为单位运输产品成本，它是单位运输产品价值的主要组成部分。

运输成本是一个重要的综合性的质量指标，它能比较全面地反映运输企业生产技术和经营管理水平。运量的增减、劳动生产率的高低、技术设备的改善及利用程度的好坏，以及燃料、油料、电力的消耗水平等，最终都会在运输成本上反映出来。因此运输成本在运输企业生产和经营管理中具有以下重要作用：

(1)运输成本是运输企业维持简单再生产所需资金的主要保证。安排好各种维修、养护费用开支，对运输设备的运用与维修养护，完成运输任务和提高设备质量，保证运输安全等有重要作用。

(2)运输成本是反映运输过程消耗及补偿的重要尺度。运输成本表现着运输企业生产耗费的多少，只有当运输收入至少不低于运输成本的情况下，企业才能收回在生产中所消耗的资金，保证再生产得以顺利进行，并进而取得盈利，为扩大再生产创造条件。

(3)运输成本是制定和调节运价的重要依据。只有在运输成本的基础上加上适当的盈利，按照国家的运价政策，才能制定出大体上符合运输价值和价格整个的运价来。

(4)运输成本是进行技术经济分析、评价经济效果和进行决策的重要依据，也是进行各种运输方式运量分配和合理调整生产力布局的重要因素。

(5)运输成本是考核和改善企业经营管理水平的有利杠杆。

因此，加强运输成本管理，努力降低运输成本，是运输企业一项经常性的任务。降低运输

成本就可以用较少的支出完成同样多的任务,或用同样的支出完成更多的任务,从而增加运输企业盈利,增强企业自我改善和自我发展的能力,这对发展运输事业和整个国民经济都有重要意义。

运输费用具有特殊性,在运输企业营运成本的构成中,没有如工业产品成本那样具有构成产品实体并占有相当高的比重的原材料和主要材料,有的多是如燃料、修理、折旧等支出与运输工具使用相关的费用。

二、影响运输成本的因素

(一)规模

运输企业的规模会直接影响运输成本。通常,将大规模生产引起的节约称为"规模经济"。生产规模较小时,报酬增加的幅度要大于生产要素增加的幅度,但达到一定规模时,继续增加投入会产生相反的后果,因此,平均成本曲线常常呈现先降后升的U形规律。由于存在规模经济,大型运输企业往往因其较低的运输成本而在竞争中占有优势。例如,小航空公司在航空产业中生存依然十分艰难。1990年,美国国内没有与其他公司联合的小航空公司几乎都消失了。

在运输业中,规模经济问题还涉及运输工具,巨大的运输工具往往具有成本优势。例如,提高运输工具的载重量可降低运输成本,大型客机的人均每公里耗油量大大低于私人小汽车;即使管道运输也不例外,国外研究表明,管道运输能力每增加1倍,单位吨公里的运输成本可降低30%。

(二)运距

每一种运输方式都有自己经济合理的运输范围。一般,航空和海洋运输适合中长距离运输;公路在短途运输中占有优势。在经济合理的运距范围内,每种运输方式的平均吨公里、人公里的运输成本随距离的延长而递减。这是因为总成本中的发到与中转作业的费用与运距无关,随距离的延长,这部分成本分摊到每公里的货物和人身上也就越来越少。

同一运输方式中运输设备大、载运量大,则经济运距通常也长。如普通小型飞机的经济运距在600公里以上,而大型波音747客机的经济运距为2500公里以上。平均飞行距离增加1%,可减少0.418%的平均运输成本。

(三)运载率

运载率包括装载率和运输密度。

装载率也叫装载系数,即实际装载量与额定装载量的比率,对运输成本有极大的影响。无论船舶、汽车、火车还是飞机,从半载到满载的运输总成本增加非常有限:固定成本不会增加,运行中的人工费和维修费几乎不变,燃料费中设备自重通常占相当比重,实际增加比率也远远小于装载比例。在距离和运输密度已定的情况下,运输成本随运输设备的装载率的增加而减小。

运输密度的经济含义为:运输网内提高运输量能够导致单位运输成本的下降。密度经济来自于运输资源共享造成的节约,或者说是因运输网的交通量增加效益成倍提高时,相应运输服务所需的所有资源投入,如运输人员、运输工具、运输设施并非都要同比增加,由此便获得了额外的高效益。如铁路高峰时段的客流量超过平时1倍以上,但完成这一任务一般不需再投入1倍人力、物力,也不需要再建1倍的车站和铁路线,而只需略微增加就可以。当然,过高的运输量也可能导致运输的密度经济走向反方向。如高速公路拥挤时走其他的相关道路更有效率。

三、运输成本指标计算

运输成本的主要统计指标如表7-3所示。

运输成本的主要统计指标 表7-3

运输成本	运输总成本	
	单位运输成本	
	运输成本降低额	
	装卸成本	装卸总成本;装卸单位成本
	包装成本	
	配送成本	

(一)运输总成本

运输总成本指运输企业在报告期内完成客、货运输总量所支出的各项费用的总和。它是以客货综合运输业务为成本计算对象,凡是各类运输船舶所发生的费用均为直接费用,进行统一归集;管理费用是间接费用,要在运输业务和其他业务间进行分摊;然后将船舶的费用与运输业务应负担的管理费用加总即为运输总成本。

运输总成本按照作业过程分为航行费用和停泊费用(铁路运输上分为运行费用和始发、到达作业费用)。计算单位:元。计算方法:

$$运输总成本 = 航行费用 + 停泊费用 \tag{7-10}$$

其中:

$$航行费用 = 固定费用 \times 航行率 + 航行可变费用 \tag{7-11}$$

$$停泊费用 = 固定费用 \times (1 - 航行率) + 停泊时可变费用 \tag{7-12}$$

(二)单位运输成本

单位运输成本指运输企业在报告期内完成单位运输量的平均成本额。运输总成本除以同期的换算周转量,即得出单位运输成本。计算单位:元/千吨公里。计算公式:

$$单位运输成本 = \frac{总成本}{换算周转量/1000} \tag{7-13}$$

亦可

$$单位运输成本 = \frac{运输总成本}{货物周转量} = \frac{航行费用 + 停泊费用}{货物周转量} = \frac{航行费用}{货物周转量} + \frac{停泊费用}{货物周转量}$$

$$= 单位航行成本 + \frac{停泊费用}{货运量 \times 货物平均运输距离} \tag{7-14}$$

注意:计算客运成本和货运成本时,必须正确地区分直接费用与间接费用。

(1)凡是能够直接计入客运或货运成本的费用,分别直接计入,如客船费用全部由客运成

本负担；货船和油船的费用全部由货运成本负担。

（2）凡是不能直接计入客运或货运成本的费用，可以按照一定的分配方法，经过分摊后将其应负担的部分分别计入客运或货运成本。客货船的船舶费用需要在客、货运之间分摊。

当分别计算出客运和货运的直接费用与经分摊后应负担的间接费用之后，即可分别计算出客运和货运的总成本和单位成本。

从以上各式可以看出，航行费用与运输距离有关，当运输距离延长时，货物周转量增大，航行费用也相应增大，单位航行成本一般保持不变；而停泊费用与运输距离无关，当运输距离延长时，货物周转量增加，但是停泊费用并不随之增加，单位停泊费用却会减少，从而可使单位运输成本降低。

（三）运输成本降低额

运输成本降低额指运输企业在报告期内由于单位成本与基期单位成本相比发生变化所形成的节约额或上升额。计算单位：元。计算公式：

$$\text{单位运输成本降低额} = \text{基期（计划）单位运输成本} - \text{报告期（实际）单位运输成本} \tag{7-15}$$

运输成本降低率是反映运输企业在报告期内成本降低幅度的指标。计算单位：%。计算公式：

$$\text{单位运输成本降低率} = \frac{\text{报告期单位运输成本降低额}}{\text{基期单位运输成本}} \times 100\% \tag{7-16}$$

或

$$\text{单位运输成本降低率} = 1 - \frac{\text{报告期单位运输成本}}{\text{基期单位运输成本}} \times 100\% \tag{7-17}$$

$$\text{综合运输成本降低率} = \frac{\text{报告期综合运输成本降低额}}{\text{基期综合单位成本} \times \text{报告期周转量}} \times 100\% \tag{7-18}$$

例 7-2　如表 7-4 所示，试根据该表所提供的信息，计算相关指标。

（1）客车、货车的单位运输成本、成本降低额、成本降低率。

（2）客、货车综合单位运输成本、成本降低额、成本降低率。

某汽车运输公司 2009 年 2 月统计资料　　表 7-4

车别＼项目	报告期完成换算周转量	报告期运输总成本	基期单位成本
客车	24000 千人公里	432000 元	19 元/千人公里
货车	4800 千吨公里	672000 元	145 元/千吨公里

解　（1）计算报告期实际的单位运输成本：

$$2\text{ 月份客车单位运输成本} = 432000/24000 = 18\text{（元）}$$

$$2\text{ 月份货车单位运输成本} = 672000/4800 = 140\text{（元）}$$

$$2\text{ 月份客、货车单位运输成本} = \frac{432000 + 672000}{24000/10 + 4800} = 153.3\text{（元/千吨公里）}$$

（2）计算运输成本降低额：

$$2\text{ 月份客车单位运输成本降低额} = 19 - 18 = 1\text{（元）}$$

由于客车单位运输成本降低而降低的总成本降低额

=客车单位运输成本降低额×报告期周转量

=1×24000=24000(元)

2月份货车单位运输成本降低额=145-140=5(元)

由于货车单位运输成本降低而降低的总成本降低额

=货车单位运输成本降低额×报告期周转量

=5×4800=24000(元)

综合运输成本降低额=1152000-1104000=48000(元)

(3)计算运输成本降低率:

2月份客车单位运输成本降低率=(1/19)×100%=5.3%

2月份货车单位运输成本降低率=(5/145)×100%=3.5%

2月份客、货车综合运输换算总成本降低率=[48000/(24000×19+4800×145)]×100%
=4.17%

(四)装卸成本

1.装卸总成本

装卸总成本指企业在成本计算期内的装卸成本总和。

2.装卸单位成本

装卸单位成本指企业完成单位操作量的成本。计算单位:元/千操作吨。计算公式:

$$机械装卸单位成本=\frac{机械装卸总成本}{机械装卸操作吨/1000} \tag{7-19}$$

$$人工装卸单位成本=\frac{人工装卸总成本}{人工装卸操作吨/1000} \tag{7-20}$$

$$机械、人工装卸综合单位成本=\frac{机械、人工装卸总成本}{全部装卸操作吨/1000} \tag{7-21}$$

$$装卸成本降低额=基期实际单位成本×报告期实际装卸操作吨-报告期实际总成本 \tag{7-22}$$

$$装卸成本降低率=\frac{成本降低额}{基期实际单位成本×报告期实际装卸操作吨}×100\% \tag{7-23}$$

(五)包装成本

包装成本分为:包装材料费、包装人工费、包装机械费和包装技术费用。计算公式:

$$包装成本个体指数=\frac{报告期包装成本}{基期包装成本} \tag{7-24}$$

$$单位包装成本降低额=报告期包装成本-基期包装成本 \tag{7-25}$$

$$包装成本降低率=1-包装成本个体指数 \tag{7-26}$$

(六)配送成本

计算公式:

$$配送成本=配送运输成本+分拣成本+配装成本+流通加工成本 \tag{7-27}$$

$$配送成本降低额=报告期总成本-基期单位成本×报告期周转量 \tag{7-28}$$

$$配送成本降低率 = \frac{配送成本降低额}{基期单位成本 \times 报告期周转量} \tag{7-29}$$

四、运输成本管理

(一)成本预测

所谓成本预测,就是根据成本的特性及有关信息资金,运用科学的分析方法对未来的成本水平及变动趋势作出测算与推断的过程。进行成本预测,主要是为了掌握在计划期内运输市场变化趋势及各种成本影响因素,预测出计算期内成本降低率、成本影响因素变动对营运成本的影响以及目标成本等,以便编制成本计算与费用预算。成本预测如其他预测一样,有多种定向、定量预测方法可采用。

(二)成本计划

成本计算是企业生产经营活动计划的重要组成部分,是进行成本控制、考核及分析的依据。成本计划的内容一般包括如下几个方面:

1. 各成本项目的计划耗费额

各成本项目的计划耗费额是在计划期内各种设备费用和站队经费的耗费目标,它是进行其他各方面成本计划工作及分析成本变化情况的基础。

2. 计划单位成本和计划总成本

计划总成本是各成本项目计划耗费额之和,即计划期内营运成本应达到的水平。计划单位成本则是计划单位成本与计划期运输周转量之比。

3. 成本降低额与成本降低率计划

成本降低额是由于计划单位成本比基期实际单位成本节约而导致的运输总成本的节约额。成本降低率则是这种单位成本节约数额与基期实际单位成本相比的百分比。

(三)成本控制

成本控制指企业在运输生产经营活动中,用规定的标准对成本的形成进行预测、调整,保证企业达到成本目标的过程。成本控制一般有以下几种方式。

1. 反馈控制

反馈控制指以既定的成本目标为依据,与成本的实际结果进行分析对比,一方面肯定成绩,找出差距,严格奖惩;另一方面则从中总结经验供给下一次控制活动进行参考。反馈控制是一种事后控制。

2. 现场控制

现场控制指在运输生产经营过程中,即从营运班次的安排,到将旅客、货物送达目的地现场作业过程中,对各成本的形成及其差异纠正等进行的控制。主要包括:对燃料、轮胎、材料等消耗的控制;对营运设备、装卸机械、集装箱等劳动资料使用的控制;对驾乘人员、站务人员、班组和车站港库基层管理人员工资、津贴等人工费的控制;以及对各种期间费用开支的控制等。

3. 前馈控制

前馈控制指在运输生产经营活动开始之前,通过对成本进行计划、预测等所进行的控制,又叫事前控制。前馈控制就控制活动实施的具体情况而言,分为成本制定阶段和实施阶段这两个阶段的事前控制。制定阶段前馈控制的主要内容包括:预测成本趋势,确定目标成本,制定成本计划,编制费用预算,规定成本限额,制定各种成本控制制度,建立健全经济责任制,实行成本归口分级管理。实施阶段前馈控制的主要内容包括:预测运输成本的影响因素,如物价、燃料、轮胎供应单位的生产销售状况、企业内部生产组织等,可能发生的变化、变化趋势以及这些变化对运输生产成本的影响;根据上述预测结果,在运输生产活动开始之前寻求对策,采取措施,最大限度地清除或弱化各种因素变化对成本的不利影响。

第三节　运输经济效益评价统计

一、经济效益内涵

运输企业的经济效益,就是企业的投入产出比,指在一定时期内所提供的符合社会需要的运输产品同劳动消耗量或劳动占用量的对比关系。

与其他行业相比,运输企业的经济效益有所不同,一是运输业的性质决定了运输企业的经营受国家管制较多,不是完全由市场决定的。如运价不一定是由成本或供求关系确定的,而是由国家综合各种因素后制定的。即使是市场化程度高的国家,运价仍在一定程度上受管制。二是运输基础设施有不少是国家投资的,或是国家给予某些优惠政策的,因此在投资回收(折旧)上受国家政策限制,经济效益的计算又与回收策略有关。三是投资决策。运输投资决策参考社会效益较多,运输企业的经济效益受投资决策的影响。在运输产品符合社会需要的前提下,要努力促使单位运输产品劳动消耗量降低,这是提高运输生产经济效益的重要方面。但是,提高经济效益所要求的降低劳动消耗的总量,是节约或减少单位运输产品中的劳动消耗量。

运输企业经济效益分析,就是通过分析运输成本、运输价格、运输收入的相互关系,在制定合理价格的基础上,通过降低成本,增加运输收入来提高企业的经济效益。

二、经济效益评价指标

经济效益评价的主要统计指标如表 7-5 所示。

经济效益评价的主要统计指标　　表 7-5

经济效益评价	行业贡献率	运输业对国内生产总值的贡献率;运输业对国内生产总值增长率的直接贡献
	资产报酬率	总资产报酬率;净资产报酬率
	保值增值比率	资本保值增值率;资产增加值率
	行业占有率	运输方式占有率;利税占有率
	营业收入利税率	营业收入利税率
	全员劳动生产率	全员劳动生产率
	评价投入与产出的比率	资本金利润率;投入产出比率;成本费用利润率
	资产负债率	资产负债率
	营运资金比率	营运资金比率

(一)行业贡献率

1. 运输业对国内生产总值的贡献率

运输业对国内生产总值的贡献率指报告期内一定区域内运输业增加值占该区域国内生产总值的份额。计算单位:%。计算公式:

$$\text{运输业对国内生产总值的贡献率}=\frac{\text{运输业增加值}}{\text{国内生产总值}}\times 100\% \tag{7-30}$$

2. 运输业对国内生产总值增长率的直接贡献

运输业对国内生产总值增长率的直接贡献指报告期内运输业增加值的增量所引起的国内生产总值的增长率。计算单位:%。计算公式:

$$\text{运输业对生产总值增长率的直接贡献}=\frac{\text{报告期内运输业增加值}-\text{基期运输业增加值}}{\text{基期国内生产总值}}\times 100\% \tag{7-31}$$

(二)资产报酬率

1. 总资产报酬率

总资产报酬率指反映报告期内某运输行业全部资产的获利能力,从而反映总体管理水平和经营业绩的综合指标。计算单位:%。计算公式:

$$\text{总资产报酬率}=\frac{\text{利税总额}+\text{利息支出}}{\text{平均资产总额}}\times 100\% \tag{7-32}$$

其中:平均资产总额为期初资产总额和期末资产总额的算术平均值。

2. 净资产报酬率

净资产报酬率指反映报告期内某运输行业全部资本金的获利能力的综合指标。计算单位:%。计算公式:

$$\text{净资产报酬率}=\frac{\text{利润总额}}{\text{平均所有者权益}}\times 100\% \tag{7-33}$$

其中:平均所有者权益为期初所有者权益合计和期末所有者权益合计的算术平均值。

(三)保值增值比率

1. 资本保值增值率

资本保值增值率指反映报告期内某运输行业净资产的变动状况,从而反映发展后劲的综合指标。计算单位:%。计算公式:

$$\text{资本保值增值率}=\frac{\text{报告期末所有者权益总额}}{\text{报告期初所有者权益总额}}\times 100\% \tag{7-34}$$

2. 资产增加值率

资产增加值率指报告期内某运输行业,单位平均资产所创造的增加值,是反映未来发展能力的综合指标。计算单位:%。计算公式:

$$\text{资产增加值率}=\frac{\text{增加值}}{\text{平均资产总额}}\times 100\% \tag{7-35}$$

其中:平均资产总额为期初资产总额和期末资产总额的算术平均值。

例 7-3 表 7-6 为某运输企业财务资料,根据该表提供的信息,计算资本保值增值率、资本保值增值率、总资产报酬率。

某运输公司 2008 年、2009 年财务资料 表 7-6

项目 \ 年份	2008	2009
期初资产总额	7500	—
期初所有者权益	4000	—
净利润	800	680
所得税	375	320
财务费用	480	550
期末资产总额	8400	10000
期末所有者权益	4400	4700

解 (1) 2008 年资本保值增值率 $=4400/4000\times100\%=110\%$

2009 年资本保值增值率 $=4700/4400\times100\%=107\%$

(2) $$2008\text{ 年净资产报酬率}=\frac{800}{(4000+4400)/2}\times100\%=19.05\%$$

$$2009\text{ 年净资产报酬率}=\frac{680}{(4400+4700)/2}\times100\%=14.95\%$$

(3) $$2008\text{ 年总资产报酬率}=\frac{800+375+480}{(7500+8400)/2}\times100\%=20.82\%$$

$$2009\text{ 年总资产报酬率}=\frac{680+320+550}{(8400+10000)/2}\times100\%=16.85\%$$

(四)行业占有率

1. 运输方式占有率

运输方式占有率指报告期内某运输方式所实现的运输生产成果占整个运输业生产成果的比重。计算单位:%。计算公式:

$$\text{运输方式占有率}=\frac{\text{运输方式换算周转量}}{\text{全行业换算周转量}}\times100\% \tag{7-36}$$

注意:港口市场占有率的计算公式:

$$\text{市场占有率}=\frac{\text{某港口吞吐量}}{\text{全行业港口吞吐量}}\times100\% \tag{7-37}$$

2. 利税占有率

利税占有率指报告期内某运输经营业户经营规模、在行业中的位置和作用的综合指标。计算单位:%。计算公式:

$$\text{利税占有率}=\frac{\text{企业利税总额}}{\text{某运输全行业利税总额}}\times100\% \tag{7-38}$$

其中:利税总额 = 利润总额 + 营业(销售)税金及附加 + 应交增值税(销项税额 - 进项税额) (7-39)

(五)营运收入利税率

营运收入利税率指用来衡量运输企业营运收入的收益水平的综合指标。该指标大,说明运输企业获得的利润多,对货架贡献大,经营效益高。计算单位:%。计算公式:

$$营运收入利税率=\frac{利税总额}{营运收入}\times100\% \tag{7-40}$$

(六)全员劳动生产率

全员劳动生产率指反映报告期内某运输行业的生产效率和人均产出水平的综合指标。表明在一定时间每一职工完成的生产量,它与运输换算周转量的增长成正比,而与职工平均人数的增长成反比。劳动生产率的高低是运输企业经济效益好坏的重要标志。

1. 以增加值进行计算

计算单位:元/人。计算公式:

$$全员劳动生产率=\frac{某运输业增加值}{平均从业人数} \tag{7-41}$$

2. 以换算周转量进行计算

计算单位:吨公里/人。计算公式:

$$全员劳动生产率=\frac{完成换算周转量}{平均从业人数} \tag{7-42}$$

3. 以港口吞吐量进行计算

计算单位:吨/人。计算公式:

$$全员劳动生产率=\frac{港口吞吐量}{平均从业人数} \tag{7-43}$$

(七)评价投入与产出的比率

1. 资本金利润率

资本金利润率指企业利润总额与资本金总额的比率,用来衡量投资者投入企业资本金的获利能力。该指标大,说明资本金获得的利润多,企业的经营效果好。

提高资本金利润率,对于维护投资者的权益、提高企业获利能力、促进企业发展具有重要的意义。资本金总额包括国家资本金、法人资本金、个人资本金和外商资本金等总和。计算单位:%。计算公式:

$$资本金利润率=\frac{利润总额}{资本总额}\times100\% \tag{7-44}$$

例 7-4　某运输企业 2009 年利润总额为 2 亿元,资本金总额为 30 亿元,试计算该企业的资本金利润率。

解　该企业的资本金利润率为:

$$资本金利润率=\frac{2}{30}\times100\%=6.7\%$$

2. 投入产出比率

计算公式:

$$投入产出比率=\frac{投资项目收益现值}{项目投资}\times100\% \tag{7-45}$$

该指标可以是单个项目的投入产出比率,也可是全部项目的总的投入产出比率,反映资金的使用效果。

3. 成本费用利润率

成本费用利润率指反映报告期内某运输行业投入产出效率的综合指标。计算单位:%。

计算公式：

$$\text{成本费用利润率}=\frac{\text{利润总额}}{\text{成本费用总额}}\times 100\% \tag{7-46}$$

其中： 成本费用总额 = 营业(销售)成本 + 营业(销售)费用 + 管理费用 + 财务费用 (7-47)

该指标反映企业成本费用与利润的关系。其值越大，说明每百元获得的利润越大，企业以较低的耗费取得了较高的经济效益。

(八)资产负债率

资产负债率指反映报告期末某运输行业总体偿债能力和经营风险高低的综合指标。计算单位:%。计算公式：

$$\text{资产负债率}=\frac{\text{报告期末负债总额}}{\text{报告期末资产总额}}\times 100\% \tag{7-48}$$

该指标用来衡量运输企业利用债权人的资金进行经营活动的能力，以及反映债权人发放贷款的安全程度，负债率低有利于保护债权人利益，而投资者则希望负债率较高，以减少资金投入。当负债率大于1时说明资不抵债。

(九)营运资金比率

营运资金比率指反映报告期末某运输行业总体偿债能力和利用负债从事经营活动能力的综合指标。计算单位:%。计算公式：

$$\text{营运资金比率}=\frac{\text{报告期末流动资产总额}-\text{报告期末流动负债总额}}{\text{报告期末流动资产总额}}\times 100\% \tag{7-49}$$

三、运输企业经济效益评价方法

(一)经济效益评价方法

上述经济效益的各项评价指标，从不同方面反映了运输业的经济效益，而各个单项指标又不是孤立的，它们之间是相互联系、制约和补充。但是，各项指标对经济效益的影响程度又是不同的，为了分析各个因素对经济效益的影响程度以及指标内在因素之间的关系，从而发现薄弱环节，以便作出相应对策和措施，达到提高经济效益的目的，研究分析与评价经济效益的方法就有着十分重要的作用。分析与评价经济效益的方法，主要有以下几种：

1. 比较法

比较法是运用对比的方法进行纵向或横向比较来评价经济效益。通常是通过企业运输生产活动实际达到的经济效益同该企业经济效益的计划指标，同历年最高水平，同地区、行业的平均水平，同国内外同行业先进水平对比，来评价企业经济效益的提高程度及其变化情况。

除了整体效益外，运用这种方法来评价企业经济效益，还可以通过同一指标内两项或两项以上因素对比来评价。如资金利税率是通过利税总额同资金总额直接比较来评价资金占用的经济效益的。

2. 指数法

指数法是运用指数分析经济效益变动原因的一种定量分析方法，在实际工作中一般是采用指数体系进行的。例如，每个换算吨公里(吨海里)能源综合单耗的增加是由于能源消耗量指数和能源价格指数两个因素的变动引起的。采用指数法进行分析，就能得出能源消耗量指数和价格的变动分别对能源单耗增加的影响程度，其中影响最大的就是效益指标变动的主要原因。这样，通过能源利用效益的分析，就可寻找出影响能耗费用节约的原因，进而采取提高燃料的热效率等措施，以提高能源利用的经济效益。

3. 边际法

边际法是对以一个变量依存于另一个变量或多个变量的关系进行的一种定量分析与评价方法。这种变量关系就是函数关系，它用于经济效益的分析与评价，总的来说，就是在产量与费用两个指标之间，对它们在原有基础上的增量进行比较，又称为增量法。在运输生产活动中，对于计算生产增量的经济效益，衡量资源的节约和占用，全面提高运输业经济效益有着重要作用。

（二）评价指标

运用边际法分析与评价经济效益，通常采用以下两种指标进行分析与评价：

1. 边际生产率

边际生产率指在投入的其他生产资源不变的情况下，每增加一单位某种生产资源的投入量所产出的净产品。如果增加生产资源增量较小，那么，它所产生的边际收入产品增量则较大，其生产增量经济效益就高；反之，则低。计算单位：%。计算公式：

$$边际生产率 = \frac{净运输产品增量（边际收入运输产品增量）}{生产资源增量} \times 100\% \tag{7-50}$$

边际生产率应为大于1的数值。生产资源增量包括两项基本内容：一是劳动，即人力；二是资金，即固定资金和流动资金。因而，又可分为劳动边际生产率和资金边际生产率。劳动边际生产率是指每增加一单位劳动资源的投入量同产出的运输产品增量的比例；资金边际生产率是指每增加一单位资金同产出的运输产品增量的比较。计算单位：%。计算公式：

$$劳动边际生产率 = \frac{边际收入运输产品增量}{劳动增量} \times 100\% \tag{7-51}$$

$$资金边际生产率 = \frac{边际收入运输产品增量}{资金增量（包括固定资金和流动资金）} \times 100\% \tag{7-52}$$

其中：劳动边际生产率与资金边际生产率亦为大于1的数值。

2. 边际收益率

边际收益率指在生产初始条件下，每增加一个单位资金投入量所得到的增加收益同这部分资金增量的比较，即边际收益同边际费用的对比关系。计算公式：

$$边际收益率 = \frac{收益增长}{资金增长} \times 100\% \tag{7-53}$$

边际收益率应为大于1的数值。企业经营者在继续营运时，其边际收益增加一个单位资金时，该点的投入量是取得最佳收益的资金投入量。

四、降低运输成本、提高经济效益的主要途径

（一）提高劳动生产率

劳动生产率的提高意味着单位时间的运输产量提高，即单位产品耗费的活劳动减少。提高劳动生产率必须充分调动职工的积极性，不断提高职工的技术与业务水平；不断提高企业生

产经营管理水平，实行科学管理和现代化管理；大力开展技术革新和技术改造，采用新技术、新设备，提高技术装备水平，推进科技进步，精简机构，减少非生产人员，提高第一线直接生产人员的比例等。

(二)扩大运输和运输场站通过能力

提高运输效率以促进运输生产的发展，是运输企业提高经济效益的重要途径。运输业的各项工作都是以提高运输生产量(客运换算周转量)为目的，在不新增运力的情况下，提高运输效率，促进生产量的增长，对劳动生产率、燃料消耗、运输单位成本等经济效益指标的全面提高或改善起着决定性的作用。

(三)降低各种消耗、杜绝浪费，节约各种费用支出

运输企业中，燃料、润料、维修材料及其他物资的消耗，在运输成本和费用在占有很大的比重。因此，必须采取各种措施大力降低物资消耗，避免浪费，节约各种不必要的费用开支。

(四)提高设备利用率

加强生产管理，合理组织运输生产过程，增加运输产量，提高设备利用率。运输生产中，客货流的流向、流时、流量不均衡，对运输生产组织有很大的影响，积极组织客货源，合理组织运输生产，减少空载和缺载，增加运输产量，提高设备利用率，对于降低运输成本和费用有重要的作用。

(五)加强安全质量管理

采取各种措施，保障运输安全，可以减少和避免不安全事故造成的各种损失。在设备维修及零配件、备件生产中加强质量管理，提高合格率，减少废品率及返工率，提高修竣一次合格率等，在人力、物力、财力和工时方面都会有很大的节约，对降低成本和费用有一定意义。

复习思考题

1. 一般通过哪些指标来判断一个运输企业的经济效益？试举例解释这些指标的应用。

2. 运输企业的运输收入与成本相对其他行业来说有哪些特殊性？

3. 试说明影响一航运企业运输成本的因素有哪些。在运输需求减少时期，航运企业可以通过哪些措施减少成本支出？

4. 分析过去的一年中海集运的经济效益指标。

第八章　经济增长理论在运输业中的应用

第一节　经济增长模型与经济增长因素分析

一、经济增长概述

（一）经济增长的定义

美国经济学家库兹涅茨（Simo S. Kuznets）1971 年接受诺贝尔经济奖时曾给经济增长下了这样一个定义："一个国家的经济增长，可以定义为给居民提供种类日益繁多的经济产品的能力长期上升，这种不断增长的能力是建立在先进技术以及所需要的制度和思想意识之相应调整的基础上的。"

（二）经济增长的特征

从上述定义出发，库兹涅茨总结出了经济增长的六个基本特征：

（1）人均产量的高速增长。

（2）生产率的高速增长。

（3）经济结构的变革。

（4）社会结构与意识形态的变革。

（5）经济增长在世界范围内的迅速扩大。

（6）世界增长的不平衡。

（三）经济增长理论研究的主要问题

（1）存在性问题，即一个国家的经济是否存在着一种长期增长的可能性？

（2）稳定性问题，即一个国家的经济是否存在着一种稳定增长的可能性？

（3）恢复性问题，即一个国家的经济如果偏离正常的增长轨道，怎样才能使其恢复？

（4）影响因素问题，即影响一个国家的经济增长速度的因素有哪些？

二、经济增长模型

（一）哈罗德-多马经济增长模型

1. 哈罗德-多马经济增长模型的假定

（1）经济社会生产单一产品。

（2）只有劳动和资本两种生产要素。

(3)在一定时期内技术水平不变,故资本-产量比率不变,规模报酬也不变。

(4)在边际消费倾向不变的条件下,储蓄率不变。

在这些假定基础上,哈罗德-多马经济增长模型集中考察了社会再生产过程中的几个变量以及它们之间的相互关系,提出了一个国家在长期内实现经济稳定、均衡增长所需具备的条件。

2. 哈罗德经济增长模型

哈罗德模型是从国民收入、资本-产量比率和储蓄率三个经济变量及其相互关系的分析中来考察决定经济增长的因素。用 G 表示经济增长率,Y 表示国民收入,ΔY 表示国民收入的增量,则有:

$$G = \frac{\Delta Y}{Y} \tag{8-1}$$

用 v 表示资本-产量比率,则有:

$$v = \frac{K}{Y} = \frac{\Delta K}{\Delta Y} = \frac{I}{\Delta Y} \tag{8-2}$$

用 s 表示储蓄-收入比率(储蓄率),则有:

$$s = \frac{S}{Y} \tag{8-3}$$

把 $v = \frac{K}{Y} = \frac{\Delta K}{\Delta Y} = \frac{I}{\Delta Y}$ 式和 $s = \frac{S}{Y}$ 式作些变化,分别变成 $I = \Delta Y v$、$S = sY$ 的形式,使 $I = S$,经整理,并用 G 表示 $\Delta Y / Y$,于是得到 G、v、s 三者之间的关系:

$$G = \frac{s}{v} \tag{8-4}$$

$G = \frac{s}{v}$ 式就是哈罗德模型的基本公式,它说明:第一,经济增长率与储蓄率成正比,储蓄率越高,经济增长率也越高。第二,经济增长率与资本-产量比率成反比,即资本-产量比率越高,经济增长率越低。

哈罗德经济增长模型是以凯恩斯收入理论为基础的动态经济分析。

3. 多马经济增长模型

多马经济增长模型研究的是三个变量及其相互关系,这三个变量是:收入增长率(G);储蓄在收入中的比例(s);资本生产率又称投资效率,即每单位资本的产出或收入,由 σ 代表。前两个变量与哈罗德公式中的两个变量一致,后一个变量即资本生产率 σ 实际上就是哈罗德的资本-产量比率的倒数。

多马的基本公式是:

$$G = s\sigma \tag{8-5}$$

将 $G = \frac{\Delta Y}{Y}$、$s = \frac{S}{Y}$、$\sigma = \frac{\Delta Y}{I}$ 代入 $G = s\sigma$ 中,得:

即:

$$\frac{\Delta Y}{Y} = \frac{S}{Y} \cdot \frac{\Delta Y}{I} \tag{8-6}$$

$$S = I \tag{8-7}$$

由于多马模型的基本公式 $G = s\sigma$ 与哈罗德的基本公式 $G = \frac{s}{v}$ 是完全一致的，因此，西方经济学家一般把两个模型相提并论，称作“哈罗德-多马模型”。

从以上分析可以看到，哈罗德-多马经济增长模型是建立在凯恩斯储蓄-投资理论基础上的，是凯恩斯理论的发展。但是，哈罗德-多马经济增长模型与凯恩斯理论又有明显的区别。首先，凯恩斯理论是从短期的角度、静态的方法来说明投资和储蓄的均衡以及由此实现的国民收入均衡。哈罗德-多马经济增长理论则将凯恩斯的储蓄-投资的分析加以长期化、动态化。所谓长期化，就是将人口、资本和技术等关系经济增长的因素看做是随着时间的推移而变动的变量；所谓动态化，就是阐述长期内投资和储蓄的均衡及其对国民收入均衡变动的影响。其次，凯恩斯短期静态的投资-储蓄分析理论，只注意增加投资对刺激有效需求增长的作用，而哈罗德-多马经济增长理论则强调投资既增加需求又增加供给的双重作用。

4. 实际增长率、有保证的增长率和自然增长率

(1)实际增长率，即在事后统计所实际达到的增长率：

$$G_A = \frac{s_A}{V_A} \tag{8-8}$$

式中：G_A——实际增长率；

s_A——实际储蓄率；

V_A——实际资本产出率。

(2)有保证的增长率，又称合意的增长率，即经济在实现充分就业条件下均衡的、稳定的增长所需要的增长率：

$$G_W = \frac{s_d}{V_r} \tag{8-9}$$

式中：G_W——有保证的增长率；

s_d——合意的储蓄率；

V_r——合意的资本产出率。

(3)自然增长率，即长期人口增长和技术进步所允许达到的最大增长率：

$$G_N = \frac{s_O}{V_r} \tag{8-10}$$

式中：G_N——自然增长率；

s_O——最适宜的储蓄率；

V_r——合意的资本产出率。

长期实现经济稳定增长的条件：

$$G_A = G_W = G_N \tag{8-11}$$

如果这三种增长率不一致，则会引起经济中的波动：

(1)实际增长率与合意增长率不一致，会引起经济的短期波动。

若 $G_A > G_W$，引起累积性扩张，经济增长过快；

若 $G_A < G_W$，引起累积性紧缩，经济增长过慢。

(2)合意增长率与自然增长率不一致，会引起经济的长期波动。

若 $G_W > G_N$，经济将长期停滞(无能力)；

若 $G_W < G_N$，经济将长期繁荣(有能量)。

虽然哈罗德-多马模型被认为有缺陷,但后来的经济增长模型基本上都是在它的基础之上,经过发展改进而建立起来的。

(二)新古典经济增长模型

1. 新古典经济增长理论的假定

(1)社会储蓄函数为 $S = sY$,s 为储蓄率。

(2)劳动力按照一个不变的比率 n 增长。

(3)技术水平不变。

(4)生产的规模报酬不变。

(5)在完全竞争的市场条件下,劳动和资本是可以通过市场调节而充分地相互替代。

根据以上五个假定,生产函数可以表示为人均形式：

$$y = f(k) \tag{8-12}$$

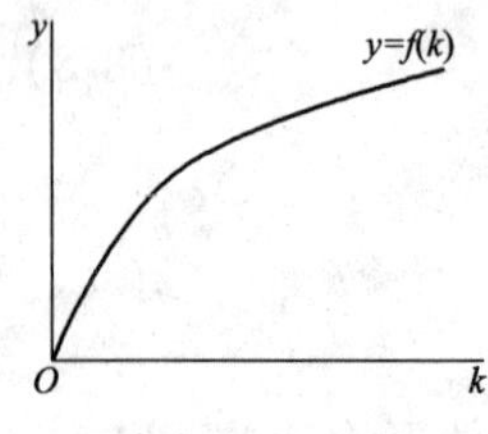

图 8-1　人均生产函数曲线图

式中,y 为人均产量,k 为人均资本量,$y = f(k)$ 表示人均产量取决于人均资本量,人均资本量的增加会使人均产量增加。但是,由于报酬递减规律,人均产量和人均资本量会以递减的速度增长。人均生产函数曲线如图 8-1 所示。

2. 新古典经济增长模型的基本方程

$$sy = \Delta k + (n + \delta)k \tag{8-13}$$

上式就是新古典增长模型的基本方程。式中,sy 为人均储蓄,Δk 为人均资本增量。$(n+\delta)k$ 由两部分组成,一部分是 nk,即人均储蓄中用于装备新增劳动力的花费,另一部分是 δk,即人均储蓄中用于替换旧资本的花费,即人均折旧量,$(n+\delta)k$ 被称为资本的广化。人均储蓄中超过资本的广化的部分会使得人均资本增多,即 $\Delta k > 0$,Δk 就是资本的深化。因此,新古典增长模型的基本方程可以表述为:人均储蓄是资本深化与资本广化之和,或者说,人均储蓄用于资本深化与资本广化两部分。

3. 稳态分析

稳态是指一种长期稳定、均衡的状态,是人均资本与人均产量达到均衡数值并维持在均衡水平不变。在稳态下,k 和 y 达到一个持久的水平。即要实现稳态,资本的深化为零,即人均储蓄全部用于资本的广化。因此,稳态条件是:$sy = (n+\delta)k$。稳态时,$\Delta k = 0$。

虽然在稳态时 y 和 k 的数值不变,但总产量 Y 与总资本存量 K 都在增长。由于 $y = \frac{Y}{N}$、$k = \frac{K}{N}$,所以,总产量 Y 与总资本存量 K 的增长率必须与劳动力数量 N 的增长率 n 相等。即在稳态时,总产量与总资本存量的增长率相等,且都与劳动力的增长率 n 相等,即：

$$\frac{\Delta Y}{Y} = \frac{\Delta K}{K} = \frac{\Delta N}{N} = n \tag{8-14}$$

也可以用图形来分析稳态,如图 8-2 所示。

由于 $0 < s < 1$,故储蓄曲线 sy 与人均生产函数曲线 y 的形状相同;又由于 $sy < y$,所以储蓄

曲线 sy 位于人均生产函数曲线 y 下方。资本广化直线 $(n+\delta)k$ 是通过原点、向右上方倾斜的直线。

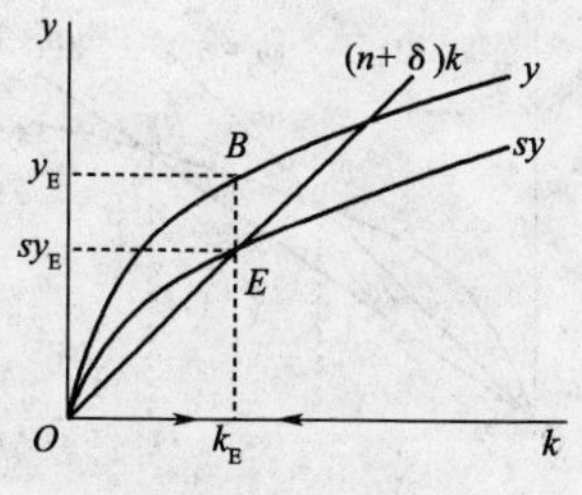

图 8-2　经济增长稳态分析图

由于 $sy=(n+\delta)k$ 是稳态条件，所以，稳态时，sy 曲线与 $(n+\delta)k$ 直线一定相交，交点是 E 点。稳态时的人均资本为 k_E，人均产量为 y_E，人均储蓄量为 sy_E，此时，$sy_E=(n+\delta)k_E$，即人均储蓄正好全部用来为增加的劳动力购买资本品（花费为 nk_E）和替换旧的资本品（花费为 δk_E），人均资本没有变化（即 $\Delta k=0$）。

从图 8-2 中可以看到，在 E 点之左，sy 曲线高于 $(n+\delta)k$ 直线，表明人均储蓄大于资本广化，存在着资本深化即 $\Delta k>0$。这时，人均资本 k 有增多的趋势，逐步地增加，逐渐接近于 k_E。当 k 的数量为 k_E，即 $k=k_E$ 时，经济实现稳定状态。反之，在 E 点之右，人均储蓄小于资本广化，即 $sy<(n+\delta)k$，此时有 $\Delta k<0$，人均资本 k 有下降趋势。人均资本 k 的下降会一直持续达到 k_E 的数量上，达到稳态。

以上论述表明，当经济偏离稳定状态时，无论是人均资本过多还是过少，经济都会在市场力量的作用下恢复到长期、稳定、均衡状态。

4. 稳态的变化

(1)储蓄率的提高对稳态的影响。

图 8-3 中，由于人均储蓄曲线 s_0y_0 与 $(n+\delta)k$ 直线相交，所以经济处于稳态均衡，E_0 点表示最初的经济稳态均衡，此时的人均储蓄为 E_0k_0、人均资本量为 k_0。当储蓄率由 s_0 提高到 s' 以后，人均储蓄曲线 s_0y_0 上升到 $s'y'$ 的位置。由于人均储蓄曲线 $s'y'$ 与 $(n+\delta)k$ 直线相交，所以经济仍然处于稳态均衡，新的稳态均衡状态由 E' 点表示。新的稳态下，人均储蓄为 $E'k'$，多于旧均衡的 E_0k_0；人均资本量为 k'，也多于原先均衡时的人均资本量为 k_0。显然，储蓄率的提高增加了稳态的人均资本量。新的稳态均衡时的人均收入大于旧稳态均衡时的人均收入。因此，储蓄率的提高还增加了人均收入。

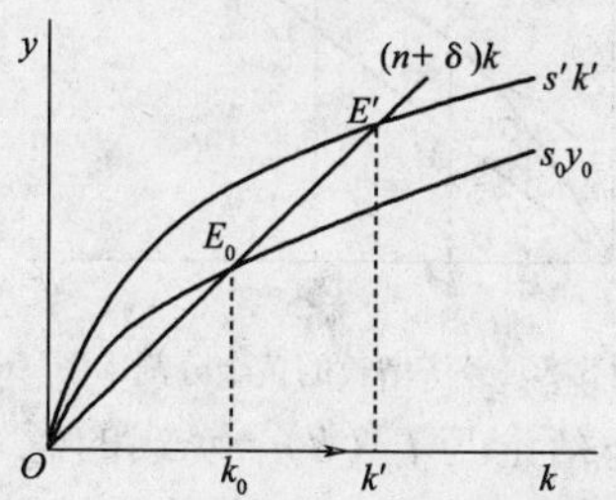

图 8-3　储蓄率提高对稳态的影响图

由于 E_0 点与 E' 点都表示稳态，所以，这里所提到的稳态变化不是指由稳态到非稳态，而是指旧的稳态变化到新的稳态，经济变化前后都是稳态。即储蓄率的提高不能影响稳态增长率 n，但能提高稳态的人均资本与人均收入水平。

(2)人口增长率提高对稳态的影响。

前面是经济按照不变的劳动力增长率 n 来增长，现在就来分析把 n 看做是参数时，人口增长率提高对稳态产生的影响。

图 8-4 中，最初的经济位于 N_1 点所表示的稳态均衡，此时的人口增长率为 n_1、人均资本量为 k_1。当劳动力的增长率由 n_1 提高到 n_2 以后，$(n_1+\delta)k$ 直线上升到 $(n_2+\delta)k$ 的位置，$(n_2+\delta)k$ 直线与 sy 曲线相交于 N_2 点，实现了新的稳态。由于 sy 曲线向右上方倾斜，$(n_1+\delta)k$ 直线上升后的新的均衡点 N_2 点一定低于 N_1 点。可以看到，人口增长率的增长降低了人均资本的稳态水平，人均资本由 k_1 降低到 k_2。又由于 sy 曲线的上方有一条人均收入曲线，所以，新稳态均衡时的人均收入显然低于旧稳态均衡时的人均收入。因此，人口增长率的提高又减少了人均收入，即降低了人均产量的稳态水平。这一结论揭示了发展中国家人均产量下降是由人

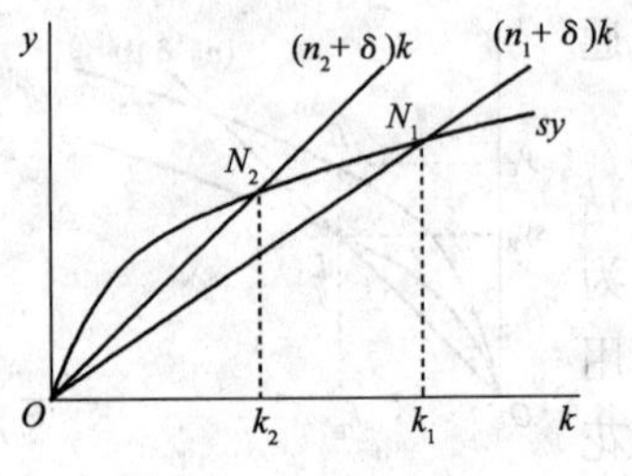

图 8-4　人口增长率对稳态的影响图

口增长率上升引起的现象，并且两个储蓄率相同的国家，人均收入会由于人口增长率不同而不同。

5. 黄金分割率

以上的稳态分析表明，储蓄率会影响稳态的人均资本水平，人均资本水平又影响人均产量。由于产量要用于积累与消费，所以需要分析经济长期增长过程中的人均消费。

假定不存在折旧，则$(n+\delta)k$就变为nk，稳态条件就变为：

$$sy = nk \tag{8-15}$$

稳态时，人均消费C_a就是人均收入与人均储蓄之差，即：

$$C_a = y - sy \tag{8-16}$$

又由于$sy = nk$，$y = f(k)$，故可得到：$C_a = f(k) - nk$

人均消费C_a最大化的一阶条件是：

$f'(k) - (nk)' = 0$，即：

$$f'(k) = n \tag{8-17}$$

上式就是黄金分割率表达式，其含义为：要想使得稳态人均消费最大化，稳态人均资本量的选择就应该使资本的边际产品等于劳动的增长率。

也可以用图 8-5 表示人均消费最大化。图中，稳态时的人均消费就是人均收入曲线y与直线nk之间的垂直距离。最大的人均消费量出现在人均资本等于k^*的时候。因为在人均资本等于k^*的时候，y曲线切线的斜率正好等于n，即这条切线与直线nk平行。这种情况下，人均收入曲线y与直线nk之间的垂直距离$M'M$最大即消费最大，$M'M$表示的消费量大于人均资本分别等于k_1、k_2时的消费$G'G$、$H'H$。$G'G$、$H'H$之所以小于$M'M$，是因为人均资本为k_1、k_2时所作的曲线y的切线都不与直线nk平行。这一结论与$f'(k) = n$式的意思完全相同。

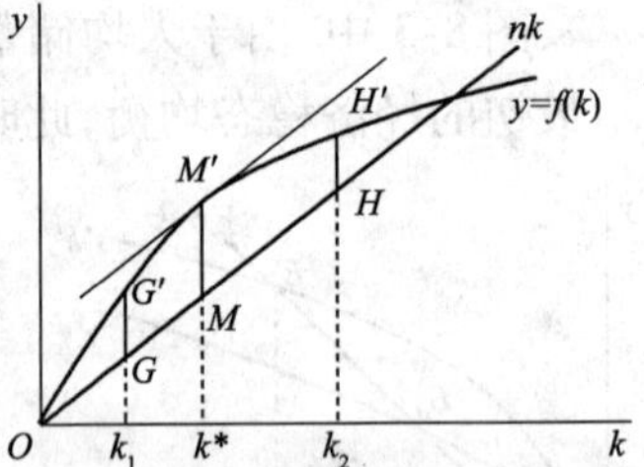

图 8-5　经济增长的黄金分割率图

从黄金分割率可知，稳态时，如果人均资本量多于黄金分割的水平，则需要通过消费掉一部分资本使人均资本减少到黄金分割的水平，这就能够提高人均消费水平。反之，人均资本量少于黄金分割的水平，则需要减少消费、增加储蓄，再通过储蓄转化为资本，使人均资本增加到黄金分割的水平。

三、经济增长因素分析

作为经济和社会现象的经济增长，会受很多因素的影响，正确认识这些影响因素，对于认识现实的经济增长和制定促进经济增长的政策具有重要意义。因此，历史上许多经济学家都对影响一国经济增长的因素进行了分析。

20 世纪 50 年代起，经济学家开始广泛探讨决定经济增长的因素，这里我们选取在经济史上占有重要地位的丹尼森、库兹涅茨以及新经济增长理论对此的贡献分别作介绍：

（一）经济增长源泉

如果宏观生产函数表示为：

$$Y_t = A_t f(L_t, K_t) \tag{8-18}$$

式中，Y_t、L_t、K_t 分别为 t 时期的总产出、投入的劳动量和投入的资本量，A_t 为 t 时期的技术状况。从上式中可以得到一个表达投入要素增长率、产出增长率与技术进步增长率之间关系的方程，即经济增长率的分解式：

$$G_Y = G_A + \alpha G_L + \beta G_K \tag{8-19}$$

式中，G_Y 为经济增长率，G_A 为技术进步增长率，G_L、G_K 分别为劳动和资本的增长率，α、β 为参数，分别是劳动和资本的产出弹性。

从上述增长函数经济增长率的分解式中可知，产出由劳动、资本和技术进步决定，或者说经济增长的源泉是劳动、资本和技术进步。

（二）丹尼森对经济增长因素的分析

美国经济学家丹尼森把经济增长因素分为两大类：一类是生产要素投入量，另一类是生产要素生产率。经济增长是作为生产要素的劳动、资本、土地投入的结果，其中劳动、资本是可变的，土地是不变的。要素生产率是产出量与投入量之比，即单位投入量的产出量。要素生产率取决于资源配置状况、规模经济与知识进展。具体讲，影响经济增长的因素包括六个：劳动、资本存量的规模、资源配置状况、规模经济、知识进展和其他因素。

丹尼森分析经济增长因素的目的在于确定各个影响因素对经济增长所作的贡献，以此来比较各个影响因素的相对重要性。

丹尼森根据美国1929～1982年的历史统计数据，对经济增长因素进行了考察与分析。经过计算与分析，劳动力增加对经济增长的贡献相当大，部分原因在于劳动的产出弹性相对较大，劳动增长率就占有较大的权重。资源配置状况对经济增长也作出了重要贡献，比如劳动者转换工作、农村劳动力的流动等，都导致了产量或收入的增加。在收入的年平均增长中超过10%的部分来自于规模经济，因为规模的扩大使得单位产量的投入更少，可以节约生产资源，从而带来规模经济效应。在所有因素中，知识进展对经济增长的贡献约占2/3。

据此，丹尼森的结论是：知识进展是发达资本主义国家最重要的增长因素。丹尼森所讲的知识进展的范围很广，包括技术知识、管理知识的进步和由于采用新知识而在结构与设备方面产生的更有效的设计，还包括从经验与观察中得到的知识。丹尼森认为，技术进步对经济增长的贡献是明显的，但也不能把生产率的增长主要归因于技术知识，因为管理知识也是非常重要的。管理知识更有可能降低生产资本、增加国民收入，它对国民收入增长的贡献比改善产品物理特性而产生的影响更大。因此，管理知识与技术知识都是很重要的，不能只重视技术知识而忽略管理知识。

（三）库兹涅茨对经济增长因素的分析

美国经济学家库兹涅茨认为经济增长因素主要是知识存量的增加、劳动生产率的提高和经济结构的优化。

第一，知识存量的增加。随着社会的发展与进步，人类社会迅速增加了技术知识和社会知识的存量，当这种存量被利用的时候，它就成为推动经济增长的重要源泉。当然，知识本身并不直接是生产力，它转化为现实生产力需要一系列的诸如劳动力的训练、对适用知识的判断、企业家克服困难的能力等中介因素。在这些中介因素的作用下，知识才会转变为现实的生产力。

第二,劳动生产率的提高。现代经济增长的重要特征是人均产值的高增长率,通过对劳动投入和资本投入对经济增长贡献的长期分析,库兹涅茨认为,人均产值的高增长率来自于劳动生产率的提高。

第三,经济结构的优化。发达资本主义国家的经济增长过程中,经济结构迅速转变。比如,农业活动转向工业活动,再由工业活动转向服务性行业。与此相对应,劳动力的部门分配和社会产值比重也发生变化,第三产业劳动力数量占社会劳动力数量的比例和第三产业产值占国民收入的比重不断上升,特别在20世纪里,这两个比例迅速变化,这都是经济结构迅速变化的结果。同时,生产规模由家庭企业、独资企业发展到全国性甚至跨国性的大公司。发达国家现在的总体增长率与经济结构的变化速度比其现代化之前的要高得多。库兹涅茨也认为,不发达国家传统的生产技术和组织方式、劳动力在农业部门占有太大的比重、制造业结构不能满足现代经济的要求、需求结构变化缓慢、消费水平低等因素或状况,不能形成对经济增长的强有力的刺激。

(四)新经济增长理论对经济增长因素分析

1. 新古典增长理论的缺陷

新古典增长理论也日益暴露出一些不足或缺陷。一是生产规模报酬不变的假定与事实越来越不相符合。大多数工业化国家由于资源配置合理化、部门协调效率较高、信息传递有效等,其经济资源的利用率高,产生了规模报酬递增的现象,而发展中国家则由于种种原因出现了规模报酬递减的状况。二是该模型无法对劳动力增长率和技术进步率作出解释,也未能对控制人口增长、提高技术进步速度提出相应的建议。在新古典增长模型中,稳态增长率即人口增长率是外生变量,但人口增长率与技术进步率对经济增长至关重要。所以,许多西方学者认为增长率的外生化是新古典增长模型在理论上的主要缺陷。三是新古典增长理论在解释现实方面显得无力。新古典增长理论的一个重要结论是,具有相同的技术和相同人口增长率的不同国家的增长率具有趋同性,但许多国家的增长率存在着较大或相当大的差异的现实却与新古典增长理论的趋同论相悖。

2. 新经济增长理论对经济增长因素分析

正是在这样的背景下,出现了"新经济增长理论"。新经济增长理论是用规模收益递增和内生技术进步来说明长期经济增长和各国增长率差异的理论总称。新增长理论的重要特征是将增长率内生化。在规模收益递增的原因上,新增长理论大多强调技术的溢出效应。企业采用了新技术而增加了技术知识,从而对整个社会产生了有利影响,技术的这种正的外部性就叫技术的溢出效应。新经济增长理论还特别论证了知识对经济增长的极端重要性。

新经济增长理论中,罗默的增长理论与实际情况较为符合。罗默在1983年写的题目为《外部因素、收益递增和无限增长条件下的动态竞争均衡》的论文标志着新增长理论的兴起。罗默对经济增长因素的分析有以下几个方面:

一是承认知识是一个生产要素,与获得资本一样,知识必须通过放弃当前的消费才能够得到。二是过去投入的资本可以使知识得到积累,并且知识又能刺激投资,投资的持续增长能够永久地提高一国的经济增长率。三是知识能够提高投资收益。四是资本、人力资本、非熟练劳动、专利等都属于生产要素,这些生产要素的组合使得规模报酬递增。五是国际贸易有利于将新技术、新知识及人力资本引入一个国家,促进一国的经济增长,使世界经济具有持续的增长

动力，各国经济增长的差别源于不同的知识、人力资本等。

（五）经济增长因素小结

纵观西方经济增长理论的轨迹，不难发现人们对经济增长的因素分析大致有增长要素分析法和增长结构分析法两种方法。增长要素分析法从要素投入物的积累与对投入物的生产性的利用效率来研究经济增长的源泉，考察对象主要是资本、劳动投入增长与全要素生产率增长对经济增长的相对贡献；增长结构分析法研究对象除了资本、劳动投入增长与全要素生产率增长外，还考察资源的转移再配置、规模经济、产业结构升级等对经济增长的作用。两种方法分析的结果都指向相同的归属，综合概括起来影响一国经济增长的因素主要有以下几个方面：

1. 自然资源

自然资源指自然界有用途和有价值的物质。自然资源因在不同区域的禀赋不同而影响本区域单位投入的产出，从而影响资本产出率及劳动生产率，进而影响或促进经济增长。

2. 资本

资本是能够带来剩余价值的价值。以机器、设备为主的物质资本是一种生产要素，它能生产出满足人们需要的服务或效用。物质资本是投资过程的结果，它代表着本期的生产能力，并同其他互补性生产要素结构代表未来时期的生产能力。资本是社会生产力的第一推动力和持续推动力。资本将分别属于不同所有者的劳动力、设备、技术、原料等在空间上结合在一起并保障原材料、在产品、产成品等在时间上的连续性从而使社会生产和扩大再生产得以顺利进行。资本通过替代或节约活劳动的投入、采用新技术、促进要素规模聚集、发挥要素规模效益、引起技术进步等从而降低产品的生产成本，使劳动生产率和经济活动的效率与效益得以提高，进而促进经济增长。

3. 劳动力

劳动力的供给与人口增长率、教育程度密切相关，还受资本投入、需求等因素的制约。生产力水平较低、经济增长主要依靠增加劳动投入来实现的社会发展时期，较高的人口增长率对增加劳动力供给是必要的，因而对经济增长产生十分积极影响。但当社会经济发展到一定阶段后，对劳动力的要求不仅仅是数量方面的增加，而且对质量要求也较高，因此，此时的劳动力供给不仅仅取决于人口的增长率而且也取决于教育的发达程度。劳动投入还受资本投入的制约，亚当·斯密在《国富论》中就谈了这个问题，他认为生产劳动的多少依存于资本。在劳动密集型产业、资本密集型产业、技术密集型产业分别为主导的时期，劳动投入对资本的依赖程度越来越大，即单位劳动力就业所需的资本投入越来越多。此外，劳动投入还要受到需求的影响。一般说来，需求越旺盛，则劳动投入越大，需求越不足，则劳动投入越少。现实的经济管理中，常常通过扩大需求来解决失业的问题，就是一个明显的例证。

4. 需求

需求是对产出有支付能力的需要。最先注意到需求不足可能影响经济增长的是马尔萨斯，而系统研究需求对经济增长影响的则是凯恩斯。凯恩斯认为，由于边际消费倾向的降低会引致消费需求不足，由于对投资预期收益的下降和具有流动偏好手持货币的增加而使投资需求不足，消费需求、投资需求的不足使经济增长减缓。第二次世界大战以后到20世纪五、六十年代，一些发达资本主义国家根据凯恩斯的理论，制订了相应的财政、货币政策以增加有效需求，收到了较好的效果，这一事实说明了需求对经济增长的影响。需求对经济增长的影响是通过影响劳动投入和资本投入从而影响经济增长,是一种间接影响。

5. 贸易

贸易是社会分工和生产发展的必然结果,也是经济全球化的重要组成部分。各种经济增长理论都非常注重贸易对经济增长的推动。对外贸易的增长不仅拉动了社会总需求,促进了经济增长,而且使一大批企业在参与国际竞争中学会遵守国际经济惯例,追求效率和盈利,反过来促使国内进一步改革经济体制,完善法制,转变政府职能,改变宏观经济管理办法,以适应对外开放的需要。但一国经济增长过度依赖对外贸易也会使得该国产业结构失衡,过剩的产能长期依靠对外出口来消化势必导致该国的经济增长受到产品出口对象国经济状况的牵连,这就造成了一国的经济震荡会因为两国之间的贸易关系而影响到另一国。

6. 技术进步

技术进步一般通过技术改进、技术引进以及技术创新三种方式来实现。技术进步对经济增长的贡献表现为劳动力、资本、自然资源等生产要素投入不变,产出增加;或生产要素投入减少,产出不变;或要素替代发展的作用。技术进步改变了劳动者的质量,提高了劳动工具的效能,使生产的机械化、自动化程度显著提高。社会化生产的物质技术基础发生了根本性变化,开发了新材料、新工艺、新能源;扩大了劳动对象的使用范围等。上述种种技术进步的结果必然引起全要素生产率的提高,单位成本和物耗降低,产品质量改善,最终促进综合经济效益和经济增长总量的提高。

7. 科学管理

科学管理是一种特殊的生产劳动因而也是一种特殊生产力,特别是管理所包含的分工和聚集所带来的效率提高,是促进经济增长的重要因素。管理水平高,劳动生产率就高,经济效益就好,因而能够有效推进经济增长。反之,管理水平低,劳动效率低,资源浪费,经济发展速度就会受到负面影响。为此,促进经济增长,既要不断提高技术平,又要不断提高管理水平。

8. 经济结构的总和

经济结构的总和是生产力结构与生产关系结构的统一。生产力结构主要包括产业结构、贸易结构、产品结构、地区结构、工业内部结构等;生产关系结构包括所有制结构、产权结构、分配结构、就业结构等。生产力结构决定生产关系结构,生产关系结构尤其是所有制结构对生产力结构有很强的影响作用。经济结构的调整和升级,既包括产业结构在内的生产力结构的优化,还包括所有制结构在内的生产关系结构的调整和完善,两者共同推进经济结构的合理化与高度化。生产关系结构属于制度的范畴,而以产业结构为主的生产力结构是要素配置的体现。可见,产业结构的状态通过影响生产要素的配置效率影响经济增长。经济增长在长期内依赖于产业结构向相对合理化和高度化的状态过渡,因此,经济增长的过程必然导致产业结构的转换和升级。

9. 制度创新

制度创新是在原有的运行机制中创新或改革,其目的是能提供更有效的运行机制。把制度内生化为经济增长的一个因素,是制度经济学的富有智慧的创新。制度创新是指对制度的改革能更有效率的刺激经济增长。一方面,它可降低市场中不确定性、抑制机会主义行为和节约交易成本;另一方面,在提供激励机制的同时,它还在社会专业化分工中,为竞争和合作提供一个基本框架和规则。制度是通过信息、创造动力、激励、约束、导向、建立社会交易基本规则、

克服市场失灵和市场不完善等功能对现有资源进行优化配置，降低经济运行成本，提高全要素生产率来促进经济增长的。张五常指出，中国改革开放以来经济增长所取得的巨大成就主要归功于中国特有的区县竞争制度。

10. 基础设施

基础设施是经济发展和现代化的基本条件。基础设施对经济增长的贡献在理论上首先体现在建设期投资流量的增加引起相关产业需求拉动，并通过“乘数效应”作用于总产出，引起经济增长；然后体现在通过建成后形成基础设施资本存量的增加从而对经济增长产生推动作用。从企业的角度来讲，基础设施一般不为某一企业所单独拥有，但企业的生产经营却又离不开基础设施，一个国家和地区基础设施的状况如何，是其经济效率高低的重要因素，进而决定其经济发展的水平和速度以及现代化的进程。基础设施先进将大大加快经济运行速度和降低运行成本，从而使经济运行效率提高，竞争力提升。基础设施在经济发展中的主要作用是降低生产要素聚散和运行成本，节约劳动时间，提高经济效益等。因此按社会生产环节来讲，基础设施的效率构成交易效率。基础设施是直接生产部门赖以建立和发展的前提条件，是生产成本的重要部分；在时间方面，完善的基础设施能缩短经济运行的时间，时间的缩短就是生产效率的提高；基础设施具有外部经济效益，现代工业是建立在专业化分工基础上的大规模生产，规模经济会导致生产部门和企业的平均成本的降低，而专业化分工的发展和规模经济的取得又都有赖于基础设施所创造的要素和产品空间转移以及市场交易的便利。只有基础设施发展了，企业的市场范围才能不断扩大，才能实行在专业化分工基础上的大规模生产，提高经济效益。同时，正是由于交通运输等基础设施的发展才引起了生产和人口向城市的集中，这种经济活动在地理上的集中，创造了另一种规模经济，形成聚集效率，进一步促进了生产部门和企业平均生产成本和交易成本的降低。同时，经济活动在地理上的集中，反过来又将会促进基础设施降低单位服务成本，提高利用效率，从而有助于基础设施本身的发展，最终导致形成一种良性循环。包括交通运输在内的基础设施建设，有利于推动经济结构和社会结构的变革，推动社会整体经济效益的提高，因而是经济增长的重要因素。

案例　交通运输与我国经济增长之间关系的实证研究

1991～2005 年我国货运量、客运量和国内生产总值如表 8-1 所示。1991～2005 年我国经济增长同货运总量和客运总量增长的关系如图 8-6 所示。

1991～2005 年我国货运量、客运量和国内生产总值　　表 8-1

年份	货运量总计(万吨)	客运量总计(万人)	国内生产总值(百万元人民币)
1991	985793	806048	362700
1992	1045899	860855	877800
1993	1115902	996634	2062900
1994	1180396	1092883	4662200
1995	1234937	1172596	5847800
1996	1298421	1245356	6788500

续上表

年份	货运量总计(万吨)	客运量总计(万人)	国内生产总值(百万元人民币)
1997	1278218	1326094	7446300
1998	1267427	1378717	7834500
1999	1293008	1394413	8205400
2000	1358682	1478573	9593300
2001	1401786	1534122	9481300
2002	1483446	1608150	10239800
2003	1561422	1587497	11725200
2004	1706412	1767453	13687600
2005	1862066	1847018	18308500

数据来源:国家统计局网站。

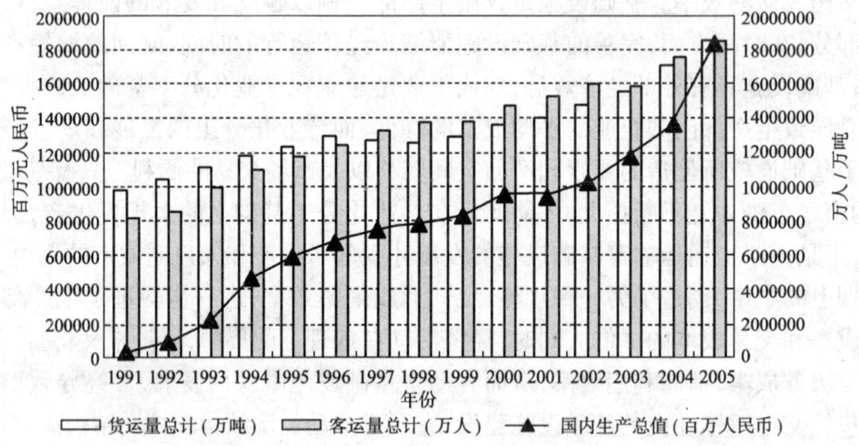

图 8-6　1991 ~ 2005 年我国经济增长同货运总量和客运总量增长的关系

从图 8-6 可以看出,1991 ~ 2005 年我国年国内生产总值从 3627 亿元人民币增长到 183085 亿元人民币,增长了 49%。此期间,客运量总计增长了 129%,货运量总计增长了 88%,可见,随着我国经济的发展,运输业的发展水平也在不断的提高,呈现出正向相关的发展趋势。

王峥(2007)在其硕士论文《交通运输对我国经济发展作用的实证研究》中,以国内生产总值、货运周转量、客运周转量、公路里程和民用汽车为指标变量,在定性分析的基础之上,运用协整理论与误差修正模型以及 Granger 因果分析等定量方法对交通运输业的发展与我国经济增长之间的关系进行了实证研究,结果可概括如下:

第一,在控制其他相关因素后,我国交通运输市场的发展与社会经济的发展之间存在着显著的协整关系,即它们之间存在着一个长期稳定的均衡关系,交通运输的发展会对经济的发展起到促进作用。第二,经过误差修正后的模型表明,来自交通运输市场的变动会对社会经济的发展会产生一定的短期动态影响,但是,长期影响作用要强于短期影响,这与交通运输投资建设周期相对较长和投资规模较大有关。第三,Granger 因果检验表明,经济的发展是引起交通运输某些方面的 Granger 成因,交通运输发展的某些方面也是经济发展的 Granger 成因;但是,

交通运输的某些方面没有能够成为经济发展的 Granger 成因，一方面这与我国目前用于交通运输设施建设的资金存在缺口有关，另一方面也与管理水平较低和管理体制不够健全有关。

这些实证结论表明，我国交通运输的发展在某些方面会对经济的发展起到促进作用，但由于我国交通运输的发展在数量规模和管理体制等方面仍然存在一定不足，因此从一定程度上削弱了交通运输对经济发展的促进作用。

第二节 我国运输业全要素生产率分析

一、全要素生产率概述

(一)全要素生产率概念及其起源

全要素生产率(Total Factor Productivity，TFP)，有时候又被翻译为"总要素生产率"或"总和要素生产率"。

第二次世界大战以前的生产率概念指劳动生产率，用单位劳动的产出量进行计算，其本质上是单要素生产率或局部生产率，是由产出量与单一投入量之比计算出的单要素生产率，不能全面反映生产效率。1942 年首届诺贝尔经济学奖获得者丁伯根提出全要素生产率概念，他提出的全要素生产率中，只包括劳动与资本的投入，而没有考虑诸如研究与发展，教育与训练等无形要素的投入。此后，美国经济学家肯德里克在 1951 年美国的收入与财富研究会议上指出只有把产出量与全部要素投入的数量及其构成联系起来考察，才能真正把握生产效率的全部变化，这两者的比率才是全要素生产率。由此可见，全要素生产率可以用实际产出量与实际有形要素的投入成本之间的关系来解释。几乎在同时，希朗·戴维斯一直致力于全要素生产率的探讨，1954 年发表了《生产率核算》一书，在该书中，他认为全要素生产率要包括所有的投入要素，即包括劳动力、资本、原材料和能源等。该书首次明确了全要素生产率的内涵，被经济学界推崇为"全要素生产率"的鼻祖。

一般来说，TFP 是指除了劳动力和资本这两大物质要素之外，其他所有生产要素所带来的产出的增长率。全要素生产率抛弃了生产率分析中的劳动力和资本两大要素。萨缪尔森、诺德豪斯等人认为全要素生产率考虑的要素资源包括教育、创新、规模效益、科学进步等。

(二)研究全要素生产率的意义

研究全要素生产率的经济意义在于：它在指数大小上由全部投入的产出要素所决定，在内涵上代表了技术进步、规模经济、管理水平、人员素质等因素对产出的作用，体现的是内涵式的扩大再生产。产出的增长中，一部分来源于实际投入要素的增加，另一部分来源于使用这些投入要素的效率，即生产率的增加。实质上，全要素生产率的好坏就是代表投入要素综合利用效率的高低。一般来说，在粗放型经济阶段，对经济增长贡献比较大的生产要素是劳动和资本，可以通过发展劳动密集型产业和大规模的增加资本投入来实现经济的快速增长。但随着经济的发展，技术进步在经济增长过程中的作用将越来越明显，尤其是在集约型经济阶段，劳动和资本投入对于经济增长的贡献已接近极限，这时候增加资本和劳动的投入对经济增长的作用并不明显，反而是技术进步对经济增长起着绝对性的作用。因此研究 TFP 能够发现经济增长的源泉，从而有效地促进经济的增长。

(三)全要素生产率的测度方法

前面所介绍的一些全要素生产率分析基本上都是从定性的角度来研究的,从定量的角度来看,TFP 的测度方法主要有两种:参数方法和非参数方法。参数方法一般都以生产函数为研究基础,配合相应的多元统计方法,综合得出全要素生产率。而非参数方法则规避了参数方法中的一些复杂操作,比如建立生产函数的具体形式和变量,以及对随机变量分布进行假设等问题。

在参数方法方面,全要素生产率定量研究的先驱当属荣获 1987 年诺贝尔经济学奖的美国著名经济学家罗伯特·索洛(R. Solow),他于 1957 年发表了《技术进步与总量生产函数》。该文统一了生产的经济理论,拟合了生产函数的计量经济方法;并首次将技术进步因素纳入经济增长模型,进而建立了全要素生产率增长率的可操作模型,从数量上确定了产出增长率、全要素生产率增长率和各投入要素增长率的产出效益之间的联系,建立了著名的索洛模型。索洛的"余值法"对生产函数的具体形式没有要求,这是一大进步。他在生产系统的技术进步属于希克斯中性形式(即当资金装备率 K/L 不变时,要素 K 和 L 的边际产出比也不变)的假设前提下,推导出了一般形式生产函数的增长速度方程:

$$Y = a + \alpha k + \beta l \tag{8-20}$$

其中,a 即为全要素生产率的相对变化率,并把它作为科技进步率来考虑。

应用索洛"余值法"的假设前提除科技进步的形式是希克斯中性形式以外,还假定要素的产出弹性 α、β 不随时间而变化。

全要素生产率研究的另一主要方法则是非参数方法。目前,生产率研究问题中所采用的非参数方法主要是数据包络法(Data Envelopment Analysis, DEA),它是由著名的运筹学家 A. Charnes和 W. W. Cooper 等在相对效率概念的基础上发展起来的一种新的效率评价方法。自 1978 年第一个 DEA 模型-CCR 模型发表以来,有关的理论研究不断深入,应用领域日益广泛。事实证明,DEA 方法现已成为管理科学、系统工程、决策分析和评价技术等领域一种重要的分析工具和手段。

20 世纪 80 年代中期以后美国学者 Rolf Fare 等人逐步发展了 Charnes 的 DEA 方法,以生产理论的集合论描述为依据,形成了以数据包络分析方法为基础的描述生产过程中多种经济意义下的基于非参数模型的理论体系。依据 Rolf Fare 的理论思想,生产效率的改进有两种途径,一种是在既定投入水平下的产出可扩张性,即基于产出的生产效率;另一种是在既定产出下的投入可节约性,即基于投入的生产效率。根据生产资源配置效率损失的各种经济意义,基于投入和基于产出的生产资源配置效率可以分别分解为相应的规模效率、资源可处置度、组合效率和纯技术效率。

在多时期的动态条件下,不仅生产资源配置效率水平要发生变化,技术水平也要发生变化,即有技术进步发生。生产资源配置效率与技术水平的综合变化就是我们所熟知的全要素生产率(TFP)的变化。一般用曼奎斯特生产率指数(Malmquist Productivity Index)来表示全要素生产率的变化,它是一个与价格无关的指数。曼奎斯特指数的求解需要借助另一种效率描述工具——距离函数。通过距离函数,我们可以实现曼奎斯特生产率指数的非参数描述,同时将其分解为生产资源配置效率变化率和技术进步率的变化。与静态意义下的分解相对应,动态条件下生产资源配置效率变化率可以进一步分解为规模效率变化率、资源可处置性变化率和纯技术效率变化率。

由于生产前沿面的非参数方法无需构造具体的生产函数，避免了参数方法中由于参数估计到来的一系列问题。所以，以下部分我们将结合交通运输业具体情况，针对 DEA 模型对数据量的要求，对其作简要修正，以扩展过的 DEA 模型构造前沿生产函数，并以此为基础运用 Malmquist 指数来测算交通运输业中全要素生产率的变动情况并对所得结果进行分析。

二、运输业生产率测算模型

我国自 20 世纪 80 年代以来对全要素生产率的研究已经有很大的进展，利用生产函数对全要素生产率的变化率进行实证分析就是其中一项重要的内容。全要素生产率的变化率是由多方面的因素相互作用而成的，例如机器设备的改良、工艺方法的革新、劳动者的劳动技能和知识水平的提高、生产组织和管理以及计划的改进等，这些因素相互联系、盘根错节，把这些因素分离出来，以便更加深入地研究经济增长的根源是经济学界的热点。目前运输领域在这方面的研究仍处于薄弱阶段。

国内运输领域在实际研究中，一般采用 C-D 生产函数来测定经济增长中全要素生产率的贡献，该方法经济意义明确、方法简单。但是函数要求在其他要素投入不变的情况下，连续追加某一要素的投入，产出递增的速度减慢，这种现象在技术条件不变的情况下是存在的。函数的这一特性对于考察一段时期内企业投入产出的关系有明显的经济意义，但不大适合长期现象的评估。另外该生产函数假定资本和劳动投入之间具有恒定的替代关系，且市场完全竞争及追求最大利润，因此不太符合中国交通运输业的实际情况，同时该方法只能反映运输业生产率的静态变化，因此，在运用过程中存在一定的局限性。

鉴于运输业的特殊情况：交通运输业的生产的目的是实现人和物的位移，在运价严重偏离价值的情况下，实物量指标（如客运周转量和货运周转量）能较好地体现运输业生产的目的，且不受价格因素的影响，但其产出难以统一运用单一的产出来表示。谢泼德（R. W. Shephard）提出的投入产出距离函数是以基于生产前沿面思想的生产技术集合论描述为基础的，它可以用来建立多产出多投入的技术描述形式，并可以转化成比较方便的参数模型和非参数模型，这对交通运输业的全要素生产率研究较为适用。

以下主要运用建立在距离函数基础上的非参数 Malmquist 指数来反映我国交通运输业全要素生产率的变化状况，并通过分解该指数讨论我国全要素生产率变化的原因。

Malmquist 指数法是 Cavers、Christensen 以及 Diewerd 等人于 1982 年提出，并由 Fare 等人于 1989 年得到了进一步的发展。从 20 世纪 90 年代开始，经济学家已将基于 Malmquist 指数及前沿面方法，如数据包络分析（Data Envelopment Analysis，DEA）方法及随机前沿分析（Stochastic Frontier Analysis，SFA）方法用于实证研究。Malmquist 指数是在距离函数的基础发展起来的，为了简要描述 Malmquist 指数，首先讨论距离函数。

（一）距离函数

若考虑在投入确定条件下，描述产出可扩展性的产出距离函数，假设向量 N 表示投入量 $X=(X_1,X_2\cdots X_N)$，向量 M 表示产出向量 $Y=(Y_1,Y_2\cdots Y_M)$，技术集：

$$GR=\{(X,Y):X\in R_+^N,Y\in R_+^M\} \tag{8-21}$$

对于所有投入向量，用 $P(X)$ 表示可行产出集：

$$P(X)=\{Y:(X,Y)\in GR\} \tag{8-22}$$

产出集与技术集之间的关系可以表示为：

$$GR = \{(X,Y): X \in R_+^N, Y \in P(x)\} \tag{8-23}$$

产出距离函数在多产出情形最小值可能无法得到，比较严格的定义需要使用"下确界(infimum)"来代替最小值，即产出距离函数应该表示为：

$$D_0(x,\mu) = \underset{\theta}{i\,nf}\left\{\theta > 0: \left(\frac{Y}{\theta}\right) \in P(X)\right\} \tag{8-24}$$

或

$$D_0(x,\mu) = \underset{\theta}{i\,nf}\left\{\theta > 0: \left(X, \frac{Y}{\theta}\right) \in GR\right\} \tag{8-25}$$

其中，$P(X)$ 表示可行产出集：$P(X) = \{(X,Y): X$ 能够生产出 $Y\}$，θ 可作为产出效率的度量。$\theta = 1$ 时说明资源配置有效，$\theta < 1$ 说明资源配置的非有效性。可以看出，产出距离函数在规模效率不变的情况下可以用单投入单产出情况下的图 8-7 或两产出的图 8-8 来解释。

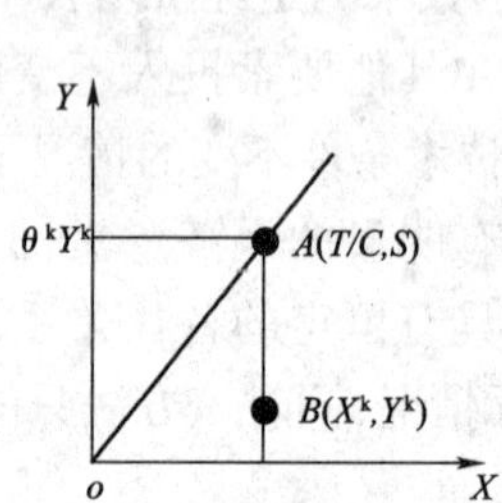

图 8-7 单投入单产出距离函数

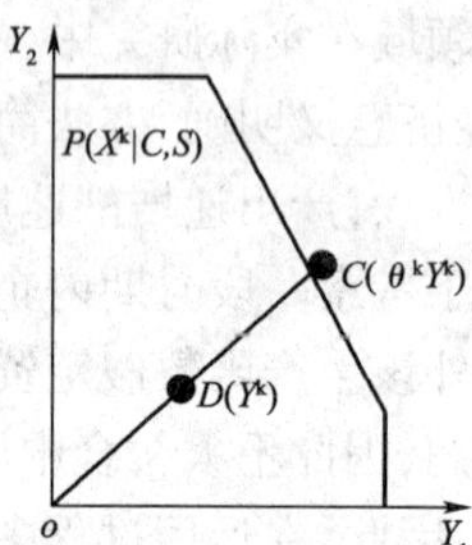

图 8-8 两产出距离函数

在没有效率损失的情况下，产出应达到 A 点或 C 点即生产前沿面，效率损失使得实际产出为 B 点或 D 点。由于产出距离函数把投入作为保持不变的外生变量，从而最大产出可以扩张到 $Y/D_0(X,Y)$。因此，产出距离函数表示的是产出向生产前沿面的最大限度扩张或逼近。

(二)Malmquist 指数

为导出 Malmquist 指数，首先考虑单投入单产出的基本情形，同时假定已有 t 和 $t+1$ 两个时期的投入产出数据，用 (X_t, Y_t) 和 (X_{t+1}, Y_{t+1}) 分别表示时期 t 和时期 $t+1$ 的投入产出量。结合图 8-9 可知，t 时期技术 T^t 为参照的 Malmquist 数量指数定义为：

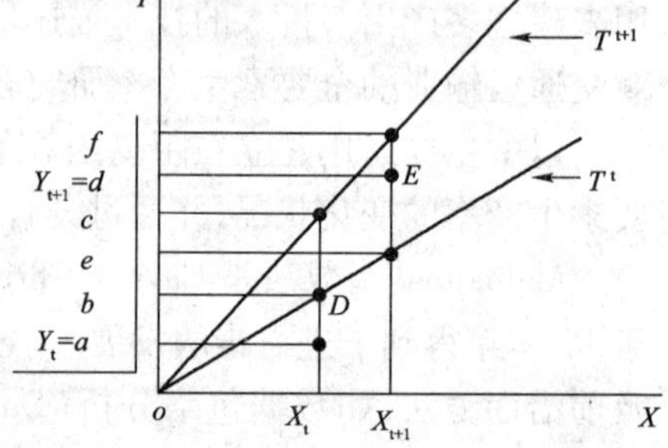

图 8-9 产出角度的 Malmquist 生产率指数

$$M^t(X_t, Y_t, X_{t+1}, Y_{t+1}) = \frac{D^t(X_{t+1}, Y_{t+1})}{D^t(X_t, Y_t)} = \frac{od/oe}{oa/ob} \tag{8-26}$$

类似的 $t+1$ 时期技术 T^{t+1} 为参照构造的 Malmquist 数量指数为：

$$M^{t+1}(X_t, Y_t, X_{t+1}, Y_{t+1}) = \frac{D^{t+1}(X_{t+1}, Y_{t+1})}{D^{t+1}(X_t, Y_t)} = \frac{od/of}{oa/oc} \tag{8-27}$$

仿造 Fisher 理想指数的构造方法，可运用以上两式的几何平均值，作为度量 t 时期到 $t+1$ 时期生产率变化的 Malmquist 生产率指数 $M(t+1)$，即：

$$M(t+1) = \left[\frac{D^{t}(X_{t+1},Y_{t+1})}{D^{t}(X_{t},Y_{t})} \times \frac{D^{t+1}(X_{t+1},Y_{t+1})}{D^{t+1}(X_{t},Y_{t})}\right]^{1/2} = \left[\frac{od}{oe} \times \frac{ob}{oa} \times \frac{od}{of} \times \frac{oc}{oa}\right]^{\frac{1}{2}} \quad (8\text{-}28)$$

（三）Malmquist 生产率指数的分解

1982 年 Nishimizu 和 Page 用生产函数法将全要素生产率的变化分解为技术进步和资源配置效率的提高两个不同的组成部分。那么全要素生产率指数可以分解为技术变化指数 $TC^{t+1}(Y^{t+1},X^{t+1},Y^{t},X^{t})$ 和资源配置变化指数 $AC(Y^{t+1},X^{t+1},Y^{t},X^{t})$：

$$TC^{t+1}(Y^{t+1},X^{t+1},Y^{t},X^{t}) = \left[\frac{D^{t}(X_{t+1},Y_{t+1})}{D^{t+1}(X_{t+1},Y_{t+1})} \times \frac{D^{t}(X_{t},Y_{t})}{D^{t+1}(X_{t},Y_{t})}\right]^{1/2} = \left[\frac{of}{oe} \times \frac{oc}{ob}\right]^{\frac{1}{2}} \quad (8\text{-}29)$$

$$AC(Y^{t+1},X^{t+1},Y^{t},X^{t}) = \frac{D^{t+1}(X_{t+1},Y_{t+1})}{D^{t}(X_{t},Y_{t})} = \frac{od/of}{oa/ob} \quad (8\text{-}30)$$

由于谢泼德定义的距离函数是所对应的法雷尔技术效率函数的倒数，所以可以将 Malmquist 全要素生产率指数的距离函数描述转化为效率函数描述，据此而转化的效率函数描述的技术变化指数 $TC^{t+1}(Y^{t+1},X^{t+1},Y^{t},X^{t})$ 和资源配置变化指数 $AC(Y^{t+1},X^{t+1},Y^{t},X^{t})$ 分别为：

$$TC^{t+1}(Y^{t+1},X^{t+1},Y^{t},X^{t}) = \left[\frac{F^{t+1}(X_{t+1},Y_{t+1})}{F^{t}(X_{t+1},Y_{t+1})} \times \frac{F^{t+1}(X_{t},Y_{t})}{F^{t}(X_{t},Y_{t})}\right]^{1/2} = \left[\frac{of}{oe} \times \frac{oc}{ob}\right]^{\frac{1}{2}} \quad (8\text{-}31)$$

$$AC(Y^{t+1},X^{t+1},Y^{t},X^{t}) = \frac{F^{t}(X_{t},Y_{t})}{F^{t+1}(X_{t+1},Y_{t+1})} = \frac{od/of}{oa/ob} \quad (8\text{-}32)$$

当规模效率发生变化，产出距离函数可用单投入单产出的情况下的图 8-10 来解释。

在生产点 (X^{j},Y^{j}) 规模和技术同时保证了有效性，生产点 (X^{k},Y^{k}) 和 (X^{l},Y^{l}) 都没有保证产出的规模有效性，生产点 (X^{k},Y^{k}) 因产出太小达不到规模有效性，生产点 (X^{l},Y^{l}) 因产出太大也不能实现规模有效性。为此资源配置效率指数可进一步分解为纯技术效率指数和规模效率指数：

$$AC(Y^{t+1},X^{t+!},Y^{t},X^{t}) = PC(Y^{t+!},X^{t+!},Y^{t},X^{t}) \times SC(Y^{t+1},X^{t+1},Y^{t},X^{t}) \quad (8\text{-}33)$$

其中：

$$SC(Y^{t+1},X^{t+1},Y^{t},X^{t}) = \frac{S^{t}(X_{t},Y_{t})}{S^{t+1}(X_{t+!},Y_{t+1})} \quad (8\text{-}34)$$

当实际生产点为 (X^{k},Y^{k}) 时：

$$S(Y,X) = F(X^{k},Y^{k}\mid C,S)/F(X^{k},Y^{k}\mid V,S) \quad (8\text{-}35)$$

上述理论分析表明，资源配置效率的改善和技术水平的提高是全要素生产率增长的源泉，而资源配置效率水平又由技术效率水平和规模效率水平决定。当 Malmquist 生产率指数 $M^{t+1}(X_{t},Y_{t},X_{t+1},Y_{t+1}) > 1$ 时，全要素生产率水平提高，构成 Malmquist 生产率指数的三个变化率具有类似的特性，即当某一变化率大于 1 时，表明其是全要素生产率增长的源泉，反之，则是导致全要素生产率降低的根源。

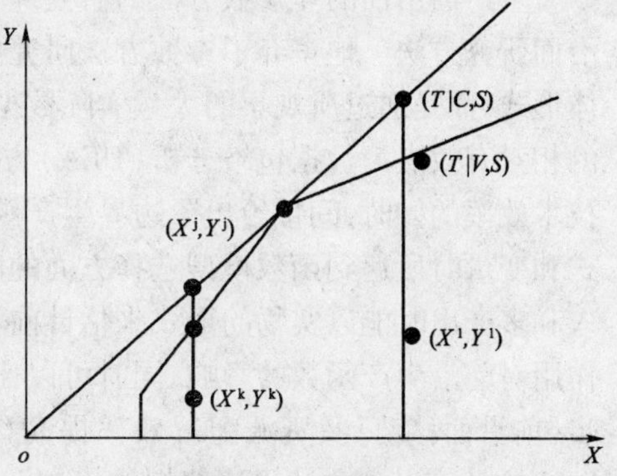

图 8-10　产出规模效率

（四）距离函数的求法

从以上分析可以看出，计算 Malmquist 指数的关键是求出距离函数或效率函数。计算效率函数的方法分为两类即参数方法及非参数方法。产出效率的参数测度方法是在预先确定投入产出函数具体形式的前提下,对既定函数的生产曲面向由样本总体决定的最大可能生产曲面的延伸程度的度量。产出效率的非参数测度方法是在假定投入不变条件下对所观测样本构成的实际生产曲面向相对生产前沿面的最大扩展程度的测度,是现有样本产出向相对有效凸多面体的包络面多维扩展程度的度量。非参数方法和参数方法的差别在于生产前沿面形式的差别。具体来讲就是无具体函数形式的凸多面体前沿面和由具体函数形式决定的生产前沿曲面的差别。因此,两种基于不同测度理论与方法的效率测度结果是有差别的,但总体上来讲两种测算结果应该具有结论的一致性:即都表现为产出面的可扩展程度的度量,可扩展程度越大,现实产出效率越低,可扩展程度越小,现实产出效率越高。

前沿生产函数的参数方法沿袭了传统的生产函数估计思想,首先根据需要确定或构造一种具体的生产函数形式,然后通过适当的方法估计位于生产前沿上的函数参数的构造。Aigner-Chu 于 1968 年提出了用线性规划或二次规划方法估计确定性前沿生产函数(The Aigner-Chu deterministic frontier function)的参数方法。确定性前沿生产函数把影响产出量的各种可控因素和不可控因素不加区分地统统归入一个单侧的误差项中,作为对生产非有效性的反映,其模型可写作:

$$\ln\mu = \ln f(X) - \varepsilon \tag{8-36}$$

其中,$f(X)$ 为确定性生产前沿面,$X = (x_1, x_2, \cdots x_n)$ 为 n 个投入要素,$e^{-\varepsilon}$ 反映生产的非有效性,μ 为实际产出量。显然,实际产出 μ 总是小于前沿产出 $f(x)$,两者之间存在一个非负偏差 $e^{-\varepsilon}$。Aigner-Chu 方法是存在非负偏差条件下使偏差之和或平方和达到最小以求得函数的参数估计值。

Aigner-Chu 前沿生产函数依据所选择函数模型不同,可以形成多种形式、多种态性的前沿函数(一般采用 Translog 函数)。参数的估计方法则很多,如经验确定法,投入量比例法,最小平方法等。其参数求解的数学规划问题意义明确,简单易算。但这类方法有三种缺陷:一是函数形式须事先假定,这就是研究过程中带有较多的假设条件,研究的意义就受到较大的限制;二是参数估计的有效性和合理性需要检验,参数的估计方法很多,但无论哪一种方法都不能保证生产函数具有最大产出的特性,参数估计的非最优性已经是制约估计全要素生产函数的一大障碍;三是对于列于规划中的观测值数目有所限制,要由待估参数的个数限定,通常要舍弃一些样本值,造成估计结果的不稳定性。

生产前沿面的非参数方法的研究源于 1957 年经济学家法雷尔在经济效益相对的生产前沿面研究方法。他摈弃了参数方法研究中的弱点,对前沿生产函数不去寻求生产前沿面的具体形式,而是通过所观察的大量实际数据基于一定的生产有效性标准找出位于生产前沿面上的相对有效点。数据包络分析(DEA)方法则非常好地表现了非参数方法的内涵。它在评价技术效率的同时,间接给出了边界生产函数的表达形式,避开了在选择边界生产函数的具体形式和变量时所遇到函数模型选择方面的问题及对随机变量分布假设选择的问题,并且在多投入和多产出时能以实物的形式来估计前沿生产函数,从而避开价格体系不合理等非技术因素作用对前沿生产函数的影响,同时可以比较容易地把全要素生产率增长分成两部分即技术进步(前沿面移动)及资源配置效率提高(它同时可以分解为纯技术效率和规模效率)。由于 DEA 方法有其他方法无法比拟的优越性,在实际运用中也较为常见。下面就简要介绍数据包络分析 (DEA) 方法。

(五)数据包络分析(DEA)方法

数据包络分析(DEA)方法是1978年美国著名运筹学家查恩斯(A. Charnes)、库珀(W. W. Cooper)和罗兹(E. Rhodes)等人以效率概念为基础发展起来一种效率评价方法,是运筹学的新的研究领域,它非常好地表现了非参数方法的内涵。DEA方法在理论上是一种线性规划的优化方法,按照多种投入和多种产出的观察值,对同类型单位(如企业、部门等)进行相对有效性评价的一种新方法。它也是处理一类目标决策问题的、理论上完备的方法。它能直接估算多个决策间相对关系,即相对效率,并把其中效率最高的单元,即相对效率为1的单元,称之为相对有效的决策单元。DEA方法建立在严格的数学规划理论基础上,且有重要的经济意义。从生产函数的角度看,它是评价生产效率、特别是具有多个输出的生产部门综合效率的十分理想且卓有成效的方法。利用该方法来估计前沿生产函数,不仅可以处理单产出的问题,而且可以处理多投入多产出的问题,可以确定每个决策单元对应的点是否位于有效生产前沿面上,从而隐含地给出前沿生产函数,并可获得许多有用的经济信息。

目前DEA方法的经典评价模型主要有 C^2R , C^2GS^2 , C^2W , C^2WH 和 C^2WY 共五个,可以用来评价单元的技术有效性和规模有效性。其中 C^2R 作为DEA的基本模型,从理论和实证角度都是最为成熟和有效的模型,也适于评价决策单元的相对效益。

假设有 n 个决策单元,每个决策单元 DMU_j(1,2,…,n)都有 m 种输入和 s 种输出,输入、输出向量分别为:

$$x_j = (x_{1j}, x_{2j}, \cdots, x_{mj})^T > 0 \ , \ y_j = (y_{1j}, y_{2j}, \cdots, y_{sj})^T > 0 \tag{8-37}$$

式中,$j=1,2,\cdots,n$。由于在生产过程中各种输入和输出的地位和作用不同,因此需要赋予每个输入输出恰当的权重

$$v = (v_1, v_2, \cdots, v_m)^T \ , \ u = (u_1, u_2, \cdots, u_s)^T \tag{8-38}$$

其中,v,u 分别表示 x_j 和 y_j 的加权向量。x_j,y_j 为已知数据,v,u 为未知的权系数。令

$$h_j = \frac{u^T y_j}{v^T x_j} = \frac{\sum_{k=1}^{s} u_k y_{kj}}{\sum_{i=1}^{m} v_i x_{ij}} \text{,且 } j = 1,2,\cdots,n \tag{8-39}$$

作为第 j 个决策单元 DMU_j 的效率评价指数。在这里可以适当地选取权系数 u 和 v 的值,使 h 远小于1,则 h 越大,表明决策单元能够用相对较少的输入而得到相对较多的输出。因此,要考察 DMU_j 在这 n 个 DMU 中相对来说是否“最优”,就可以利用 C^2R 模型:

$$(P)\begin{cases} \dfrac{\sum_{k=1}^{s} u_k y_{kj_0}}{\sum_{i=1}^{m} v_i x_{ij_0}} = V_p \\ s.t.\ \dfrac{\sum_{k=1}^{s} u_k y_{kj}}{\sum_{i=1}^{m} v_i x_{ij}} \leqslant 1, j = 1,\cdots,n \\ u_k \geqslant 0, v \geqslant 0 \\ k = 1,\cdots,s \\ i = 1,\cdots,m \end{cases} \tag{8-40}$$

运用 charnes-cooper 变化，以及对偶规划理论，将模型(P)转化为(D)的 C^2R 模型：

$$(D)\begin{cases} \mathrm{Min}_{\theta\lambda}\theta \\ s.t.\ \sum_{j=1}^{n}\lambda_j x_j - s^- = \theta x_0 \\ \sum_{j=1}^{n}\lambda_j y_j - s^+ = y_0 \\ \lambda_j \geqslant 0, \theta \text{无符号限制} \\ s^+ \geqslant 0, s^- \geqslant 0 \end{cases} \tag{8-41}$$

进一步，可假设在 J 个生产系统中第 j 个生产系统在 t 时期的产出向量为 $Y_{j,t} = (Y_{1,jt}, Y_{2,jt}, \cdots, Y_{M,jt})$，投入向量为 $X_{j,t} = (X_{1,jt}, X_{2,jt}, \cdots, X_{N,jt})$，又根据 Farrell 的测度法可知，在规模效率不变的情况下，生产系统 j 的相对效率可由下述线性规划求出：

①
$$[D^{t+1}(X_{j,t+1}, Y_{j,t+1})]^{-1} = F^{t+1}(X_{j,t+!}, Y_{j,t+1}) = \mathrm{Max}\theta$$

$$s.t.\begin{cases} \sum_{j=1}^{J}\lambda_{jt+1}X_{jt+1} \leqslant X_{j,t+1} \\ \sum_{j=1}^{J}\lambda_{jt+1}Y_{jt+1} \geqslant \theta Y_{j,t+1} \\ \lambda_{jt} \geqslant 0, j=1,\cdots,J \end{cases} \tag{8-42}$$

②
$$[D^{t}(X_{j,t+1}, Y_{j,t+1})]^{-1} = F^{t}(X_{j,t+!}, Y_{j,t+1}) = \mathrm{Max}\theta$$

$$s.t.\begin{cases} \sum_{j=1}^{J}\lambda_{jt}X_{jt} \leqslant X_{j,t+1} \\ \sum_{j=1}^{J}\lambda_{jt}Y_{jt} \geqslant \theta Y_{j,t+1} \\ \lambda_{jt} \geqslant 0, j=1,\cdots,J \end{cases} \tag{8-43}$$

③
$$[D^{t}(X_{j,t}, Y_{j,t})]^{-1} = F^{t}(X_{j,t}, Y_{j,t}) = \mathrm{Max}\theta$$

$$s.t.\begin{cases} \sum_{j=1}^{J}\lambda_{jt}X_{jt} \leqslant X_{j,t} \\ \sum_{j=1}^{J}\lambda_{jt}Y_{jt} \geqslant \theta Y_{j,t} \\ \lambda_{jt} \geqslant 0, j=1,\cdots,J \end{cases} \tag{8-44}$$

④
$$[D^{t+1}(X_{j,t}, Y_{j,t})]^{-1} = F^{t+1}(X_{j,t}, Y_{j,t}) = \mathrm{Max}\theta$$

$$s.t.\begin{cases} \sum_{j=1}^{J}\lambda_{jt+1}X_{jt+1} \leqslant X_{j,t} \\ \sum_{j=1}^{J}\lambda_{jt+1}Y_{jt+1} \geqslant \theta Y_{j,t} \\ \lambda_{jt} \geqslant 0, j=1,\cdots,J \end{cases} \tag{8-45}$$

为了进一步测度运输业的规模效率,需要测度规模收益可变的情况下的距离函数。若在式①中和式③中加入约束条件:

$$\sum_{j=1}^{J}\lambda_{j,T}=1 \tag{8-46}$$

即可得到 $D(x_t,y_t|V)$ 。结合式 $S(Y,X)$ 可求得交通运输业的规模效率为:

$$S_t(x_t,y_t)=\frac{F(x_t,y_t|C)}{F(x_t,y_t|V)}=\frac{D(x_t,y_t|V)}{D(x_t,y_t|C)} \tag{8-47}$$

需要注意的是,在运用DEA方法进行生产率研究中,不能忽略一个问题,即如果样本的容量较小,那么运用Malmquist-DEA方法计算的前沿面将会极不稳定,在一般的研究过程中决策单元的个数不少于指标总数的2倍,否则,全要素生产率的测算结果会不尽如人意。由于本书中将采用的指标总数为5个(固定资产投资净值、能耗投入、劳动投入,旅客周转量产出、货运周转量产出),而决策单元只有四种(即公路、水路、铁路、民航四种运输方式),运用标准的Malmquist-DEA方法计算的结果出现极不稳定的全要素生产率指数。因为少数的数据难以构建各时期光滑的生产前沿面,为了避免以上情况的发生,国外生产率研究专家采用拓宽样本量的方法来规避该问题。以下就运用TYW(three-year-window)-DEA方法来解决横截面数据量不足带来的问题。具体运算方法如下:

将 t 个时期的横截面数据划分为一系列相互重叠的子截面数据,每个截面数据由 s 个时期组成,因此第一个截面数据包括以下时间跨度 $\{1,2,\cdots,s\}$,第二个截面包括以下时间跨度 $\{2,3,\cdots,s,s+1\}$,各时期依此类推直至最后一个截面(即 $\{t-s+1,t-s+2,\cdots,t\}$)。运用以上方法主要是构建子截面的一系列前沿面,并运用该前沿面计算距离函数。

三、指标的确定与数据处理

要测算交通运输业的全要素生产率变动,首先要根据交通运输业的生产特点确定该产业的资本投入、劳动投入、产出等所应采用的指标。其次要考虑的是交通运输业的数据问题。由于现有的统计数据未能满足生产率研究的需要,需对某些价值量指标进行简单处理。

(一)资本投入指标的确定

现实中起作用的是资本的即时生产能力即资本的服务流量。就度量资本投入而言,最理想的状态是能直接度量并获得资本对经济增长实际提供的服务流量。但是,由于在现实中资本的服务流量难以直接度量,本书通过假定资本服务流量与资本存量成正比的下,转向度量资本存量;并选择了固定资产净值加流动资金的定义,作为资本存量的内涵。

1. 固定资产净值的确定

考虑到交通运输统计资料只有交通运输业固定资产原值而没有固定资产净值。首先,通过《中国交通年鉴》获得各种运输方式的投资额作为各年的投资增量;其次,将其进行价格变换,换算为1985年不变价数据;最后,根据国务院1985年下发的《国营企业固定资产折旧试行条例》规定的设备与建筑物分类折旧年限表和各种分类的折旧率,测算出固定资产原值的几何折旧率,并对原值增量进行折旧,用以调整净值增量数,加在上年固定资产净值上,得到各年固定资产净值。

2.流动资产的度量

流动资产的消耗主要是各种交通运输方式历年的能源消耗实物量。把各种运输方式消耗的能源换算成标准能源消耗,可以近似地作为各种运输方式的流动资产数据。

(二)劳动投入的度量

劳动投入量包括就业人数、劳动时间、劳动强度和劳动质量等方面的内容。在市场经济条件下,劳动者的工资报酬能够比较合理的反映劳动投入的变化。在我国,由于分配体制不合理和缺乏市场机制的调节,劳动收入难以准确地反映劳动投入的变化。从较长的时间看,由于社会的发展、科技水平进步、劳动者教育水平的提高,劳动质量有所提高;由于社会文明的进步,劳动时间和劳动强度一般又会减少,两者相抵,用劳动者人数代替劳动投入量的变动,误差估计不会很大。因此,采用各种运输方式年末劳动者人数来代替劳动投入量。

(三)产出指标的确定

运输的产出指标从价值形态看是运输收入,从实用价值形态看则是客运周转量和货运周转量。由于我国采用非市场化的运价政策,使得价值量指标来衡量产出不尽合理。运输周转量以 t · km 为计量单位表示运量与运距的乘积,能够较正确地反映各种运输方式的实际数量。因此,下面分别以客运周转量和货运周转量等实物量指标作为交通运输业的产出指标。

根据上面确定的各项指标和数据处理过程,得到交通运输业的投入产出数据。

四、模型结果及其分析

运用表 8-2 数据及本章第二节所介绍的模型,可以求出 1985 ~ 2000 年的各种运输方式 Malmquist 指数及分解指数(见表 8-3)。

假设由四种运输方式构成的总体记为 P,则从时期 t 到 $t+1$,总体 P 的全要素生产率变化指数为 $M_p(t+1) = \prod_{i=1}^{N} [M_t(t+1)]^{(\omega_{it}+\omega_{i(t+1)})/2}$,其中 $(\omega_{it}, \omega_{i(t+1)})$ 分别为第 i 种运输方式在时期 t 和 $t+1$ 的产出占总体产出的份额。产出用旅客周转量和货物周转量的几何平均数来代替。那么交通运输业的 Malmquist 生产率指数、资源配置效率增长指数、技术水平增长指数、纯技术效率增长指数和规模效率增长指数如表 8-4 所示。

纵观 1985 ~ 2000 年交通运输业 Malmquist 指数的变化,可以看出交通运输业全要素生产率在多数年份是上升的,但也有波动,在个别年份(例如 1985 ~ 1987 年,1988 ~ 1990 年,1994 ~ 1996 年)有不同程度的下滑。其中,从全要素生产率分解因素来看,全要素生产率的变动主要由技术水平变动引起,但是资源配置效率的变化起着延缓和促进全要素生产率增长的作用。如 1991 ~ 1992 年间,技术进步较上年相比略有下降,由于交通运输业资源配置效率的提高,使全要素生产率反而有所上升。技术进步主要发生在 20 世纪 90 年代以后,而交通运输业资源配置效率的变化则呈不规则状态。引起资源配置效率的变化主要由交通运输业纯技术效率的变化和交通运输业规模效率变化两种因素引起。从表中可以看出,整个交通运输业除个别年份外,呈规模效率递增态势,这表明运输业具有明显的规模经济特征。

从各种运输方式全要素生产率的变化的具体情况来看,不同的交通运输方式全要素生产率变化的状况有所不同。

交通运输业投入产出数据(1985~2000年)

表 8-2

年份			1985	1986	1987	1988	1989	1990	1991	1992	1993	1994	1995	1996	1997	1998	1999	2000
燃料投入	亿吨标煤	铁路	101.623	109.428	118.712	126.649	129.481	127.585	133.033	141.976	148.822	155.142	158.25	158.487	162.32	157.04	163.632	177.666
		公路	217.651	261.071	308.9	366.073	384.43	380.706	401.167	442.451	494.87	554.436	592.097	631.705	688.565	727.62	759.292	814.265
		水运	81.1491	89.1823	946.776	965.784	106.926	112.865	119.507	115.709	126.515	146.005	159.516	144.185	174.516	175.735	170.961	214.513
		民航	52.4576	65.5861	81.8307	97.3245	84.0615	103.587	135.156	182.08	214.487	247.454	305.362	335.382	348.337	361.821	390.435	443.913
固定资产投入	亿元	铁路	764.751	835.663	912.809	988.52	1049.41	1139.29	1317.4	1537.78	2220.07	3048.88	3872.88	4712.11	5596.17	6696.94	7889.91	8875.34
		公路	104.069	173.274	248.327	325.826	418.343	538.293	685.926	984.186	1228.52	1608.68	2101.7	2710.35	3473.96	4671.85	6012.86	7547.09
		水路	164.226	226.044	254.607	331.316	429.378	479.822	554.23	653.471	746.566	859.537	981.09	615.318	677.581	724.094	788.504	868.003
		民航	37.8097	43.6881	50.5898	58.644	68.2165	87.4193	155.051	229.028	506.898	800.744	1093.33	1466.61	1846.39	2274.93	2894.28	3495.69
劳动投入	万人	铁路	186.14	189.13	193.04	202.7	201.7	209.3	211.6	215.6	219.6	220	224.6	221.4	223.8	193.4	185.2	187.1
		公路	203.2	204	204.8	205.6	206.4	212.2	221.1	182.75	144.4	150.6	225.8	206.3	200.1	139.5	129	120
		水路	68.5	69.4	70.3	71.2	72.1	70.8	73.4	58.65	43.9	44.6	88.8	75.7	72.3	51.3	44.3	38.8
		民航	5.7406	6.3173	7.4585	8.2597	8.7972	8.8437	9.6159	11.0648	12.5137	13.1773	13.7528	14.9249	15.5981	11.2	11.5	11.7
货运周转量	亿吨公里	铁路	8125.66	8764.78	9471.49	9877.59	10394.2	10622.4	10972	11575.6	11954.6	12457.5	12870.3	13093	13253.3	12517.1	12838.4	13902.1
		公路	1693	2117.99	2660.39	3220.39	3374.8	3358.1	3428	3755.39	4070.5	4486.3	4694.9	5011.2	5271.5	5483.38	5724.31	6129.4
		水运	7699.9	8647.87	9465.06	10070.4	11186.8	11591.9	12955.4	13256.2	13860.8	15686.6	17552.2	17862.5	19235	19405.8	21262.8	23734.2
		民航	4.15	4.81	6.5	7.3	6.9	8.2	10.1	13.42	16.61	18.59	22.3	24.93	29.1	33.45	42.34	50.3
旅客周转量	亿人公里	铁路	2416.14	2586.71	2843.06	3260.31	3037.41	2612.63	2828.1	3152.24	3483.3	3636.05	3545.7	3347.59	3584.86	3773.42	4135.93	4528
		公路	1724.88	1981.74	2190.43	2528.24	2662.11	2620.32	2871.74	3192.64	3700.7	4220.3	4603.1	4908.79	5541.4	5942.81	6199.24	6657.42
		水运	178.65	182.06	195.92	203.92	188.27	164.91	177.2	198.35	196.45	183.5	171.8	160.57	155.7	120.27	107.28	100.54
		民航	116.72	146.31	182.05	216.95	186.79	230.48	301.32	406.12	477.6	551.58	681.3	747.84	773.52	800.24	857.28	972.54

资料来源:主要根据《中国交通年鉴》(1986~2001年)计算整理得到。

表 8-3

各种运输方式 Malmquist 指数及其分解指数(1985～2000 年)

年份		1985~1986	1986~1987	1987~1988	1988~1989	1989~1990	1990~1991	1991~1992	1992~1993	1993~1994	1994~1995	1995~1996	1996~1997	1997~1998	1998~1999	1999~2000
全要素生产率指数	铁路	1.0012	0.9785	1.0029	1.009	0.9637	1.0085	1.009	1.0057	0.9981	0.964	1.0028	0.9927	1.0122	1.0286	1.2601
	公路	0.837	0.8973	1.0043	0.9332	0.8865	1.011	1.0028	1.0773	1.0103	0.9074	0.9163	1.0122	1.0575	1.2838	1.0692
	水路	0.9106	0.9289	0.974	1.0117	0.9843	0.9674	0.953	1.0633	1.0346	0.9523	1.1197	1.0221	1.3561	0.8924	1.1733
	民航	1.1516	1.0654	1.0305	0.883	1.1442	0.9541	1.1229	0.9127	1.023	1.0632	0.9553	0.9196	1.1003	1.0554	1.0883
技术进步指数	铁路	1.001	0.9783	1.0024	1.0004	0.9639	1.0045	1.0006	0.9829	1.0233	0.9844	1.0062	0.9876	1.0129	1.0284	1.2597
	公路	0.82	0.8953	0.9921	0.9583	0.9575	0.957	1.0101	1.025	1.0073	0.9701	0.8998	1.0061	1.0533	1.2812	1.0649
	水路	0.9036	0.917	0.964	1.0234	1.0067	0.9565	0.9636	1.0621	1.0147	1.0597	1.0251	1.0037	1.2255	1.0581	1.1174
	民航	1.019	1.0157	1.0398	0.9502	1.0063	1.0532	1.0522	1.008	0.9621	1.0258	0.9803	0.9968	1.0599	1.0453	1.0464
资源配置效率指数	铁路	1.0002	1.0002	1.0004	1.0086	0.9997	1.004	1.0083	1.0231	0.9754	0.9792	0.9966	1.0051	0.9994	1.0002	1.0003
	公路	1.0207	1.0023	1.0123	0.9738	0.9259	1.0564	0.9928	1.051	1.003	0.9354	1.0184	1.0061	1.004	1.002	1.004
	水路	1.0077	1.013	1.0104	0.9886	0.9778	1.0113	0.989	1.0012	1.0196	0.8986	1.0922	1.0183	1.1066	0.8434	1.05
	民航	1.1301	1.0489	0.991	0.9293	1.1371	0.9059	1.0672	0.9055	1.0632	1.0365	0.9745	0.9226	1.0381	1.0096	1.04
纯技术效率指数	铁路	1.0055	1.056	0.9484	1.0062	0.9918	1	1.0023	0.9977	1.0501	0.9526	1.0004	0.9993	1.0527	0.95	0.9999
	公路	0.9993	1	1.011	1.0011	0.9595	1.0266	0.9862	1.017	1	1.0001	0.9961	1.0039	0.9999	0.9999	1
	水路	0.9979	0.9999	0.9985	1.003	0.9985	1.0001	1.0004	0.9994	1.011	0.9585	1.0321	1.0027	1.0003	0.997	1
	民航	0.9945	1.0064	1.0019	0.972	1.0572	0.9617	1.0087	0.9748	1.0105	1.0359	0.9801	0.9933	1.0047	0.9987	1.0033
规模效率指数	铁路	0.9947	0.9472	1.0549	1.0024	1.008	1.0039	1.006	1.0255	0.9289	1.028	0.9962	1.0058	0.9493	1.0529	1.0004
	公路	1.0214	1.0022	1.0013	0.9727	0.965	1.029	1.0067	1.0335	1.003	0.9352	1.0223	1.0021	1.004	1.0021	1.004
	水路	1.0099	1.0131	1.0119	0.9856	0.9792	1.0112	0.9886	1.0018	1.0084	0.9375	1.0583	1.0156	1.1062	0.846	1.05
	民航	1.1364	1.0423	0.9891	0.9561	1.0756	0.942	1.058	0.9289	1.0522	1.0006	0.9943	0.9289	1.0332	1.0109	1.0365

注:由表 8-1 计算得到。

交通运输业综合 Malmquist 指数及其分解指数(1985~2000 年)　　表 8-4

年份	全要素生产率指数	资源配置效率指数	技术进步指数	纯技术效率指数	规模效率指数
1985~1986	0.92534741	1.01069207	0.91555819	1.00212279	1.00855113
1986~1987	0.94110771	1.00293271	0.93835579	1.02685158	0.97670659
1987~1988	1.00036605	1.00610372	0.99429714	0.97873634	1.02796195
1988~1989	0.97879234	0.99206006	0.98662609	1.00352948	0.98857092
1989~1990	0.93925969	0.97092898	0.96738248	0.98149463	0.98923515
1990~1991	1.00334795	1.02179779	0.98194375	1.00877687	1.01290763
1991~1992	1.00006668	1.00101806	0.99904958	0.9967615	1.0042704
1992~1993	1.03510265	1.02783293	1.00707286	1.00382021	1.02392134
1993~1994	1.00727472	0.99071389	1.01671606	1.02846965	0.96328938
1994~1995	0.94509487	0.95387927	0.99079087	0.96815756	0.9852521
1995~1996	0.9912033	1.01629446	0.97531113	1.00350252	1.01274729
1996~1997	1.00221386	1.0069458	0.9953007	1.00112872	1.00581052
1997~1998	1.07000064	1.01591666	1.05323664	1.02984819	0.98647225
1998~1999	1.06645894	0.97493295	1.09387926	0.97005412	1.00502944
1999~2000	1.19666559	1.00899656	1.18599571	0.99997048	1.00902635

注:由表 8-2 和表 8-3 计算得到。

(一)水路运输业

水路运输业的全要素生产率的提高主要发生在 1993 年以后,这与其他运输方式相比较为落后,期间个别年份(1994~1995 年和 1998~1999 年)甚至由于水路运输效率的下降,其全要素生产率在技术水平提高的情况下也有所下降。说明该行业的技术水平、技术效率的综合水平低下。具体原因在于:大部分内河港口的装卸设备十分落后;沿海港口缺少大型、深水、高效的专业化泊位,与吞吐量不相适应,难以适应发展需要;船队整体技术装备水平较低,船舶平均吨位于较小,运输效率低、能耗高、效益差。另外,水运体制改革逐步朝市场化方向发展,但与市场经济发展和航运市场开放所必需的水运法规体系建设却很不完善,依法规整与调控是规范市场法规体系属于起步阶段。除已经出台的《海商法》和《海上交通安全法》外,《港口法》、《航道法》、《水路运输法》、《船舶法》和《船员法》等将直接影响水运改革进程。目前,改善水运宏观环境,提高运输业整体运作效率的法规均未正式颁布。1996 年以后,总体情况之所以有所好转,水运业的全要素生产率增长速度明显加快,这主要得益于技术水平的飞速发展,具体表现在:近年来水运业积极采用先进的装卸工艺及设备提高装卸机械化水平,减轻货物压港现象,积极采用先进船型内河水系的大宗散货运输;以分节驳顶推船队为主,航道狭窄的以托带船和机动驳为主,木质船逐渐被淘汰,沿海运输以机动船为主,发展专用船和集装箱船,沿海船只的动力装置以低速柴油机为主。新建船采用防腐涂料和先进设备实现机场自动化和通信导航新技术、新设备;航运公司积极推广 EDI 技术等。

(二)公路运输业

公路运输业的全要素生产率增长主要发生在 20 世纪 90 年代以后(除 1994~1996 年)。

分解公路运输业生产率指数,我们可以看到,公路运输业的全要素生产率的提高主要依靠资源配置效率的增长,而技术进步不甚明显。联系实际,主要是因为目前我国公路运输的发展主要以粗放型增长为主,集约化水平较低,各地区发展极不均衡,个别地区的交通发展处于比较原始的状态。具体表现为:①公路基础设施薄弱。公路总量少,等级低通行能力小,混合交通严重,以快速公路为骨干的现代公路网尚未形成,另外公路基础设施的落后还表现在站场设施差,能力不足,功能单一,信息不灵。②公路技术装备落后。主要表现在客、货车辆的经济性能较差,车速、安全性、舒适性不适应要求,站场的配置维护保养等服务系统能力薄弱。③公路基础设施和公路运输的管理水平的手段落后。运输信息化建设规划刚刚开始实施,在实现宏观调控和决策科学化、管理方法和手段现代化方面尚需作出努力,公路法规和政策体系建设尚待完善等。

(三)铁路运输业

铁路运输业全要素生产率除了在1986~1987年,1989~1990年,1993~1995年,1996~1997年有所下降以外,其他年份都有不同程度的增长,其中1999~2000年度Malmquist生产率指数达到126.01%。

具体来讲,一方面,铁路技术进步带动了全要素生产率的提高。近年来,铁路运输业技术水平的进步主要表现在:①铁路线路装备。不断提高铁路线路的复线率、电化率,采用重型轨道结构,如大秦运煤专线,提高行车速度,对京广、京哈、京沪等铁路干线改造,提高了列车运行速度,采用先进的通信信号设备,在繁忙单线安装调度集中,复线采用自动化闭塞做到行车自动化,修建广深准高速铁路,修建铁路专用线。②铁路车辆。发展电力、内燃机车,逐渐淘汰蒸汽机车,研制大功率新型电力、内燃机车,以电力机车为主,大力发展重型货车;减少中型货车,研制发展专用火车,如冷藏车、罐车的;研制新型客车,如定员扩大的硬座车,双层客车、舒适的优质空调车。③运输组织。增加旅客列车辆数;调整列车运行图;加大列车运行密度,充分挖掘铁路运输潜能大力发展集装箱运输,开行集装箱直达货运列车;提高旅客列车正点率,开行直通旅客列车,采用先进的装卸工具,应用科学的堆存技术。④运用新技术方面。运用计算机通信技术,实现铁道部分局之间的远程通信,实现了计算机机型财务管理、调度指挥推行微机售票微机理货等新型服务,施工勘察升级中采用遥感航测等计算机辅助设计等新技术,采用新奥法修通大瑶山隧道等。

另一方面,资源配置效率的变化促进或延缓了铁路全要素生产率增长。若把资源配置效率分解为规模效率和纯技术效率,可以看出,纯技术效率引起的资源配置效率变化与规模效率变化引起的资源配置效率变化大致呈负相关变化。这是由于铁路行业自身的行业特征决定的。长期以来,铁路运输业被认为具有自然垄断性,这源于它具有两个垄断性行业的典型特征:①沉淀资本比重大。沉淀资本是指某些固定资产只能用于某个行业而不能转移到其他行业。从而使该行业的资本无法向其他行业转移。②规模经济性。即需要大规模的初始投入,而且用户和业务量达到相当规模的时候才能产生效益。一是铁路运输行业在享受规模经济性的同时,纯技术效率却往往因运能短缺与运能虚糜并存的非均衡状态呈下降态势。具体表现在铁路运输业由20世纪80年代以前运能全面短缺状态状变为运能短缺与运能虚糜并存的非均衡状态。二是绝大多数区域与干线能力依然短缺。主要表现在主要干线运输负荷明显增大。国际上线路能力利用率达到70%,即视为饱和状态,我国绝大多数区域及主要干线因其

能力处于超饱和状态,已难以适应不断增长的客货运输对铁路的需求。另外铁路的总客运量有所下降,但铁路直通客流却较大幅度且趋势性的增长。三是短途及个别区域能力虚糜严重。主要表现为短途及部分中距客流流失严重。由于公路客运的快速发展,发挥了短途和部分中距离客运定时、快捷、便利等特点从铁路客运分流较大数量的客源。经济增长的低迷地区和产业导致货运量部分不足。

(四)民航业

从资料上看,民航业的全要素生产率增长较为明显,除个别年份外,全要素生产率基本都有不同程度的上升。技术水平的逐年增长为民航全要素生产率的提高作出了重要贡献。具体表现在:我国利用航空工业的基础,专业飞机、直升机、短途及支线运输机基本实现自给;积极开辟国内航线,引进国外先进大型客机;加快机场建设,使机场厂不仅在数量上增加,并对运输繁忙的机场进行改扩建,改善跑道结构,提高跑道等级;采用先进技术,提高维修飞机的能力。但是民航的技术效率却处于不稳定的状态。如民航综合配套与管理水平不高,交通运输工具技术状况参差不齐,运输效率和效益较低,安全性较差等问题直接影响了技术水平的发挥,进而影响了民航业全要素生产率的提高。

复习思考题

1. 假设资本-产出率为3,一国的国民收入为1000亿美元,消费为700亿美元,而该年的储蓄全部转化为投资,按照哈罗德增长模型,第二年的增长率应该为多少?

2. 简述新古典经济增长模型与哈罗德-多马模型的假设及结论上的异同点。

3. 影响一国经济增长快慢的因素有哪些方面?请分析为什么中国近年来的经济增长率明显大于同期世界经济的平均增长率。

4. 简述交通运输与我国经济之间的关系。

5. 什么是全要素生产率?全要素生产率的测量方法有哪几种?

6. 为什么要用数据包络分析(DEA)方法来测量我国交通运输业全要素成产率的变动?

7. 试根据表8-3分析我国交通运输业中各种运输方式的全要素成产率的变动情况,并指出这种变动所揭示的含义。

第九章 运价指数

第一节 运价指数概述

一、运价指数概况

水运价格指数是用来反映水运产品价格水平的变化趋势和变化程度的相对数。运价指数是航运市场的“晴雨表”,可以反映航运市场价格的变动趋势,进而揭示整个航运市场乃至相关市场的供需态势,从而为各类市场主体的经营管理者及政府部门的宏观调控提供必要的决策依据。此外,出于规避市场风险考虑,许多航运经营人往往将航运运价指数的期货交易作为套期保值的一种手段。

目前,世界上主要的运价指数有波罗的海运价指数(*BDI*)、中国出口集装箱运价指数(*CCFI*)和世界油船运价指数(WS)。此外,波罗的海航运交易所也推出了波罗的海油船运价指数,上海航运交易所也推出了中国(沿海)散货运价指数和上海出口集装箱运价指数,还有英国 Clarkson 航运研究机构发布的 Clarkson 运价指数,英国《劳埃德航运经济》杂志社编制的 LSE 运价指数,英国海运咨询机构 Simpson Spence Young 推出的 SSY 运价指数,《劳埃德船舶经营》杂志发布的 LSM 运价指数,德国航运经济与物流研究所发布的 German Sea 运价指数,美国纽约航运研究院发布的 Maritime Research 运价指数,海德灵便型船运价指数(JEHSI),巴拿马型船煤炭运价指数,集装箱船租金指数等。

二、波罗的海干散货运价指数

波罗的海航运交易所于 1985 年开始发布干散货运价指数——BFI(Baltic Freight Index),该指数是由若干条传统的干散货船航线的运价,按照各自在航运市场上的重要程度和所占比重构成的综合性指数。指数初始(1985 年 1 月 4 日)设立为 1000 点,由 13 条航线的程租运价构成,每船货种小到 1.4 万吨化肥,大到 12 万吨煤炭,没有期租航线。

多年来,为满足市场多元化的需求,BFI 的构成航线经过数次调整,增设了单独的航次期租航线,各船型航次期租航线的平均值基本可以代表各船型的现货市场水平。尤其是 1999 年的 9 月 1 日,波罗的海航运交易所将原来反映巴拿马型船和好望角型船的 BFI 指数分解成好望角型船运价指数(Baltic Capesize Index,BCI)和巴拿马型船运价指数(Baltic Panamax Index,BPI),这样与已设立的灵便型船运价指数(Baltic Handysize Index,BHI)共同组成三大船型运价指数,指数构成的航线达到 24 条。同年 11 月 1 日,在 BCI、BPI、BHI 基础上产生的 *BDI* 取代

BFI,成为代表国际干散货运输市场走势的晴雨表。波罗的海干散货系列运价指数如表 9-1 所示。

每个工作日,20 家国际知名、信誉良好、有代表性的经纪人公司根据在全球范围内收集的最新市场成交情况,分析得出当天各船型指数所包括的各条航线运价或日租金水平,单独提出交给小组,如果某一航线缺少最新的运价或租金水平,则参照其他航线的情况来确定该航线在当天可行的运价或日租金水平。为保证公平和准确,小组要从这些公司提交的各航线运价和日租金水平中,去掉最高最低价,再分别计算出各航线的平均运价和平均日租金水平,各航线的平均运价或平均日租金乘以换算常数(由权重与基数的积求得),得出各航线的换算指数,将各航线的换算指数相加后,即得出各船型当天的运价指数,在每个工作日的伦敦时间13:00,波罗的海航运交易所正式对外公布。

波罗的海干散货系列运价指数　　表 9-1

指数名称			首发日	首发日指数	说　明
BFI	Baltic Freight Index	波罗的海运价指数	1985.01.04	1000	1999 年 11 月 1 日被 BDI 取代
BDI	Baltic Dry Index	波罗的海干散货运价指数	1999.11.01	1334	
BCI	Baltic Capesize Index	好望角型船运价指数	1999.04.26	826	
BPI	Baltic Panamax Index	巴拿马型船运价指数	1998.12.21	754	
BHI	Baltic Handysize Index	灵便型船运价指数	1997.01.07	1000	2001 年 1 月 2 日被 BHMI 取代
BHMI	Baltic Handymax Index	大灵便型船运价指数	2000.10.02	10240	2006 年 1 月 1 日被 BSI 取代
BSI	Baltic Supramax Index	超级大灵便型船运价指数	2005.07.01	2087	

资料来源:张丽娟,《水运价格理论与实践》,人民交通出版社,2003 年 1 月第一版,P262-265 和 www.Clarkson.net。

三、中国出口集装箱运价指数

中国出口集装箱运价指数(简称:*CCFI*)由交通部主持、上海航运交易所编制,于 1998 年 4 月 13 日首次发布。*CCFI* 是继 *BDI* 之后的世界第二大运价指数,被联合国贸发会海运年报作为权威数据引用。

CCFI 客观反映了集装箱航运市场状况,成为世界了解中国航运市场的重要指标,为各大航贸企业日常经营决策提供有力依据,引起了新闻单位和相关研究咨询机构的高度重视,为政府部门对我国集装箱航运市场宏观调控提供了决策依据。

上海航运交易所每周五编制、发布中国出口集装箱综合运价指数及 11 条分航线指数。*CCFI* 以 1998 年 1 月 1 日为基期,基期指数 1000 点。根据典型性、地区分布性、相关性三大基本原则,筛选出 11 条航线作为样本航线,分别为香港、韩国、日本、东南亚、澳新、地中海、欧洲、东西非、美西、美东、南非南美航线,其国内出发港口包括大连、天津、青岛、上海、南京、宁波、厦门、福州、深圳、广州十大港口。运价信息由 16 家商誉卓著、航线市场份额大的中外船公司:法国达飞轮船(中国)有限公司、中远集装箱运输有限公司、中海集装箱运输有限公司、韩进海运(中国)有限公司、赫伯罗特船务(中国)有限公司、川崎汽船(中国)有限公司、马士基(中国)航运有限公司、大阪商船三井船舶(中国)有限公司、日本邮船(中国)有限公司、东方海外货柜航运(中国)有限公司、铁行渣华(中国)船务有限公司、太平船务(中国)有限公司、上海海华轮船有限公司、上海市锦江航运有限公司、中外运集装箱运输有限公司、新海丰船务有限公司提供。

CCFI 的计算公式为拉氏公式,所采用的运价是在各种因素影响下的综合运价,即所有港口的主要船公司运价的总体加权平均;权数为运费收入。从船公司角度来说,该运价是船公司与其最大客户所签订的从中国十大港口出口到航线基本港的 CY—CY 条款协议运价。如欧洲航线的运价指数计算公式可以表示为:

$$CCFI_{欧洲} = \frac{\sum P_{ikj} \times R_{0kj}}{\sum P_{0kj} \times R_{0kj}} \tag{9-1}$$,

式中: P_{0kj} ——基期第 k 家公司从 j 港口出发的运价;

P_{ikj} ——报告期第 k 家公司从 j 港口出发的运价;

R_{0kj} ——基期第 k 家公司从 j 港口出发的运费收入。

总指数是在各航线指数的基础上计算出来的,计算公式:

$$CCFI = \sum_{i=1}^{11} CCFI_i \times W_i \tag{9-2}$$

式中: $CCFI_i$ ——第 i 条航线的指数;

W_i ——第 i 条航线的权重。

CCFI 系列指数航线构成和 1998 年 1 月 1 日首发日、2010 年 2 月 12 日指数如表 9-2 所示。

***CCFI* 航线构成和指数值** 表 9-2

航线	1998-1-1 指数	2010-2-12 指数	航线	1998-1-1 指数	2010-2-12 指数
总指数	1000	1124.91	地中海	1000	1901.30
香港	1000	575.90	欧洲	1000	1821.17
韩国	1000	483.27	东西非	1000	944.96
日本	1000	721.45	美西	1000	1020.56
东南亚	1000	837.76	美东	1000	1297.12
澳新	1000	1121.42	南非南美	1000	953.75

数据来源:上海航运交易所网站 http://www.sse.net.cn/。

然而, *CCFI* 的功能还仅仅停留在反映一个中长期供求关系的标尺功能上。如果采用 *CCFI* 作为指数期货标的,无论从直观性、时效性、灵敏性还是客观性来说都存在不足。为适应国际集装箱运价指数衍生品开发需要,完善中国出口集装箱运价指数体系,上海航运交易所改革并推出了新版上海出口集装箱运价指数(SCFI),于 2009 年 10 月 16 日正式对外发布(2005 年推出),取代 2005 年 12 月 7 日起发布的原 SCFI①。

新版 SCFI 是反映上海出口集装箱即期运输市场运价变化的指数,包括 15 条分航线市场运价(指数)和综合指数。综合指数以 2009 年 10 月 16 日为基期,基期指数为 1000 点。新版

① 上海地区出口集装箱运价指数以 2003 年 1 月 1 日为基期,2005 年 12 月 7 日首发指数为 1084.81 点。SCFI 的运价信息由中国出口集装箱运价指数编委会的 16 家委员单位提供。上海航运交易所每周五编制、发布上海地区出口集装箱运价指数及 3 条分航线(日本航线、欧洲航线、美西航线)指数。

SCFI 在每个指数公布日的15:00(北京时间),由上海航运交易所对外发布。

编制新版 SCFI 所需的运价信息,采自于在全球享有盛誉或在某一领域表现卓越、资信良好的企业,包括 15 家班轮公司和 15 家货主货代企业。运价采用的是一般货主从上海出口到目的港①的普通干货箱的 CY—CY 运价②,美西、美东航线的计价单位为 USD/FEU,其他航线为 USD/TEU。新版 SCFI 指数的航线构成、权重和部分日期指数如表 9-3 所示。

新版 SCFI 航线构成、权重和 2009 年 1 月 1 日首发日、2010 年 2 月 12 日指数 表 9-3

	单位	航线权重	2009-10-16	2010-2-12
综合指数			1000.00	1396.21
欧洲(基本港)	USD/TEU	20.00%	1232	2082
地中海(基本港)	USD/TEU	10.00%	1279	1965
美西(基本港)	USD/FEU	20.00%	1431	2142
美东(基本港)	USD/FEU	7.50%	2439	3157
波斯湾(迪拜)	USD/TEU	7.50%	660	708
澳新(墨尔本)	USD/TEU	5.00%	1342	1605
西非(拉各斯)	USD/TEU	2.50%	1979	2599
南非(德班)	USD/TEU	2.50%	1301	1690
南美(桑托斯)	USD/TEU	2.50%	2413	2570
日本关西(基本港)	USD/TEU	5.00%	312	328
日本关东(基本港)	USD/TEU	5.00%	312	327
东南亚(新加坡)	USD/TEU	5.00%	240	303
韩国(釜山)	USD/TEU	2.50%	196	223
台湾(高雄)	USD/TEU	2.50%	247	245
香港(香港)	USD/TEU	2.50%	45	100

第二节 中国出口集装箱运价指数分析

一、时间序列分析方法和 *CCFI* 研究概述

目前,针对 *BDI* 和 *CCFI* 的研究,主要是时间序列定性的描述性时序分析和定量的统计时

① 目的港为该航线的基本港,如地中海—巴塞罗那/瓦伦西亚/热那亚/那不勒斯;欧洲—汉堡/鹿特丹/安特卫普/弗利克斯托/勒阿弗尔;美西—洛杉矶/长滩/奥克兰;美东—纽约/萨凡纳/诺福克/查尔斯顿;日本关西—大阪/神户;日本关东—东京/横滨。

② 包括基本运费和部分附加费:燃油附加费(BAF/FAF)、紧急燃油附加费(EBS/EBA)、币值附加费(CAF/YAS)、旺季附加费(PSS)、战争附加费(WRS)、港口拥挤附加费(PCS)、运河附加费(SCS/SCF/PTF/PCC)等。不包括始发港和目的港的码头操作费、港口设施安全附加费、华南地区原产地附加费、美国自动报关费、内陆转运费等。

序分析。描述性时序分析通常都是通过直观的数据比较或绘图观测,寻找序列中的发展规律。它具有操作简单、直观有效的特点,是进行统计时序分析的第一步。然而在经济和金融领域,要想通过对序列的简单观察和描述,总结出随机变量发展变化的规律,并准确预测出它们将来的走势,通常是非常困难的。因此,从20世纪20年代开始,对时间序列的研究中心从表面现象的总结转移到分析序列内在的相关关系上,并开创了一门应用统计学科——时间序列分析。

时间序列的统计时序分析方法可以分为频域分析方法和时域分析方法。频域分析方法又称"谱分析",数学要求比较高,使用上有很大局限性,在此不作介绍。时域分析方法主要是从序列自相关的角度揭示时间序列的发展规律,并拟合出适当的数学模型来描述这种规律,进而利用这个拟合模型来预测序列未来的走势。时域分析方法的核心是求和自回归移动平均(Autoregressive Integrated Moving Average, *ARIMA*)模型,又称 *Box-Jenkins* 模型。后来针对 *ARIMA* 模型要求单变量、同方差和线性的局限性,人们又发展了自回归条件异方差(*ARCH*)模型和广义自回归条件异方差(*GARCH*)模型等一系列模型、解决多变量平稳性的协整理论(co-integration)和利用分段线性化构造的门限自回归模型。

目前,针对 *CCFI* 的研究不多。董仪(2001)通过计算相关系数,发现分航线指数与外贸总值的相关性不是太高,但综合指数与进出口贸易总量有一定的相关关系。陈丽江、苏含秋(2005)则对 *CCFI* 进行确定性因素分解,得到长期趋势、循环波动、季节性波动和不规则变动,并进行了原因分析。蒋迪娜(2005)通过建立 TRAMO/SEATS 季节调整模型对 *CCFI* 进行了短期预测,误差在5%以内。李万勇、刘烨、于佳任(2007)运用 *ANN-AEIMA* 组合模型对中国出口集装箱运价指数进行了短期预测,预测误差均小于2%。

二、中国出口集装箱运价指数分析

(一)数据的选取和处理

选取 *CCFI*(1998~2009年)作为研究对象,取每个月的平均值,构成时间序列数据。通过观察发现,*CCFI* 月度数据的波动具有明显的规律性,因此,可以提取确定性因素。运用时间序列乘法模型,把 *CCFI* 分解成长期趋势、循环波动、季节性波动和不规则变动,并对长期趋势、循环波动和季节性波动进行分析。2009年10月2日没有公布指数,该期指数取上下两期的均值。

(二)因素分解法分析 *CCFI*

第一步,提取长期变动趋势(T)。

观察 *CCFI* 走势图(图9-1)可以发现,运价指数呈现向下的趋势。对运价指数做一元线性回归求得长期趋势,得到回归方程:

$$T = 1132.78 - 0.838 \times t \tag{9-3}$$

式中,T 表示长期趋势;t 表示时间,1998年1月为1,1998年2月为2……以此类推。回归系数的 P 值小于0.001,回归显著。把各时期的 t 代入,即得到长期趋势。1998年1月~2009年12月 *CCFI* 的走势和长期趋势如图9-1所示。

第二步,求出季节性波动(S)。

$$S = \frac{Y}{T \times C \times I} \tag{9-4}$$

式中：S——季节性波动；

Y——$CCFI$ 原始序列；

T——长期趋势；

C——循环波动；

I——不规则变动。

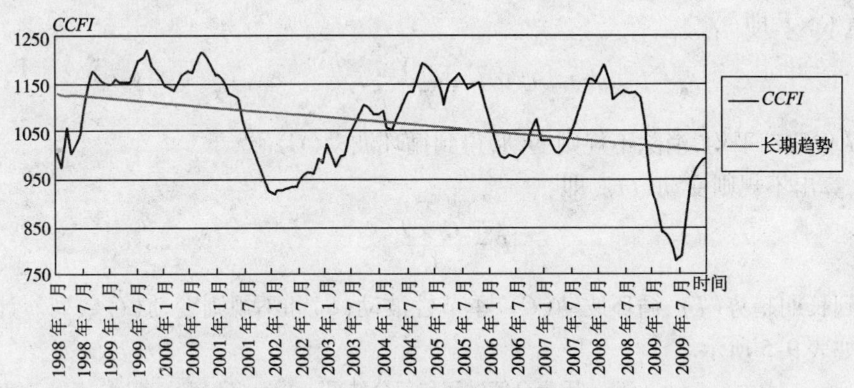

图 9-1 中国出口集装箱运价指数和长期趋势(1998.1～2009.12)

数据来源：上海航运交易所网站 http://www.sse.net.cn/。

具体计算过程如下：

(1)对 $CCFI$ 原始序列 Y 作 12 项移动平均，计算长期趋势(T)和循环波动(C)的结合项 $T \times C$。因为是偶数移动，所以需要进行两次移动平均。

(2)用 $CCFI$ 原始序列 Y 除以长期趋势和循环波动的结合项 $T \times C$，求得季节性波动(S)和不规则变动(I)的结合项 $S \times I$，即

$$S \times I = \frac{Y}{T \times C} \tag{9-5}$$

(3)对 $S \times I$ 采用同月平均法，消除不规则变动分量(I)，从而得到季节性波动(S)，S 又称季节比率。假设 $S \times I$ 数列包含 n 年，那么季节比率的计算公式：

$$S_p = \frac{\sum_{k=1}^{n}(S_{pk} \times I_{pk})}{n},\ k = 1,2,\cdots,n;\ p = 1,2,\cdots,12 \tag{9-6}$$

式中：S_p——第 p 月的季节比率；

$S_{pk} \times I_{pk}$——第 k 年第 p 期季节性波动和不规则变动的结合项。

(4)由于季节比率是由算术平均求得的，因此百分比的和应该为 12；如果不等于 12，就需要对季节比率作修正。修正公式如下：

$$\hat{S}_p = \frac{S_p}{\sum_{p}^{12} S_p / 12},p = 1,2,\cdots,12 \tag{9-7}$$

式中：$\hat{S}_p$——第 p 月修正后的季节比率。

根据以上过程，求得季节比率和修正后的季节比率，结果如表 9-4 所示。

第三步,求出循环波动(C)。

修正前和修正后的季节比率 表9-4

项目 \ 时间	1月	2月	3月	4月	5月	6月	7月	8月	9月	10月	11月	12月	合计
S	0.995	0.988	0.971	0.977	0.982	0.987	1.004	1.014	1.028	1.028	1.022	1.001	11.996
$\hat{S}$	0.996	0.989	0.972	0.977	0.982	0.987	1.004	1.014	1.028	1.029	1.022	1.001	12.000

先从原数列Y中消除长期趋势(T)和季节性波动(S),得到循环波动(C)和不规则变动(I)的估计值$C \times I$,即

$$C \times I = \frac{Y}{T \times S} \tag{9-8}$$

对$C \times I$作移动平均,消除不规则变动,得到循环波动(C)。

第四步,算出不规则变动(I)。即

$$I = \frac{C \times I}{C} \tag{9-9}$$

最后得到长期趋势(T)、循环波动(C)、季节性波动(S)和不规则变动(I)数列。计算过程和部分结果如表9-5所示。

因素分解过程和部分结果 表9-5

时间 \ 项目	Y	T	一次移动平均	二次移动平均($T \times C$)	$S \times I = Y/(T \times C)$	S	$C \times I$	C	I
1998年1月	999.3	1131.7	—	—	—	0.995	0.887	—	—
1998年2月	975.0	1130.8	—	—	—	0.988	0.872	—	—
1998年3月	1057.0	1130.0	—	—	—	0.971	0.963	0.923	1.044
1998年4月	1005.8	1129.2	—	—	—	0.977	0.912	0.922	0.989
1998年5月	1017.2	1128.3	—	—	—	0.982	0.918	0.932	0.985
1998年6月	1045.3	1127.5	1085.6	—	—	0.987	0.939	0.949	0.989
1998年7月	1114.3	1126.7	1098.2	1091.9	1.020	1.004	0.985	0.979	1.006
1998年8月	1159.6	1125.9	1113.9	1106.1	1.048	1.014	1.016	1.002	1.014
1998年9月	1180.3	1125.0	1122.1	1118.0	1.056	1.028	1.021	1.013	1.008
1998年10月	1165.5	1124.2	1134.6	1128.3	1.033	1.028	1.008	1.013	0.995
1998年11月	1158.3	1123.4	1146.2	1140.4	1.016	1.022	1.009	1.015	0.994
1998年12月	1149.5	1122.5	1157.3	1151.7	0.998	1.001	1.023	1.023	1.000
……	……	……	……	……	……	……	……	……	……
2009年1月	907.8	1021.8	938.1	952.4	0.953	0.995	0.893	0.908	0.983
2009年2月	876.2	1021.0	916.1	927.1	0.945	0.988	0.868	0.874	0.994
2009年3月	838.2	1020.1	900.5	908.3	0.923	0.971	0.846	0.849	0.996

续上表

项目 时间	Y	T	一次移动平均	二次移动平均($T\times C$)	$S\times I=Y/(T\times C)$	S	$C\times I$	C	I
2009年4月	829.0	1019.3	887.2	893.8	0.928	0.977	0.833	0.829	1.005
2009年5月	810.6	1018.5	880.5	883.8	0.917	0.982	0.811	0.807	1.004
2009年6月	777.0	1017.6	881.7	881.1	0.882	0.987	0.774	0.794	0.975
2009年7月	788.1	1016.8	—	—	—	1.004	0.772	0.804	0.960
2009年8月	868.5	1016.0	—	—	—	1.014	0.843	0.843	1.000
2009年9月	946.4	1015.1	—	—	—	1.028	0.907	0.888	1.021
2009年10月	963.6	1014.3	—	—	—	1.028	0.924	0.923	1.001
2009年11月	982.4	1013.5	—	—	—	1.022	0.949	—	—
2009年12月	993.0	1012.6	—	—	—	1.001	0.980	—	—

注:由于篇幅限制,1999~2008年数据省略。

图9-2表示 *CCFI* 的循环波动、季节性波动和不规则变动。图中横坐标表示月度时间,纵坐标表示三种变动的比率。

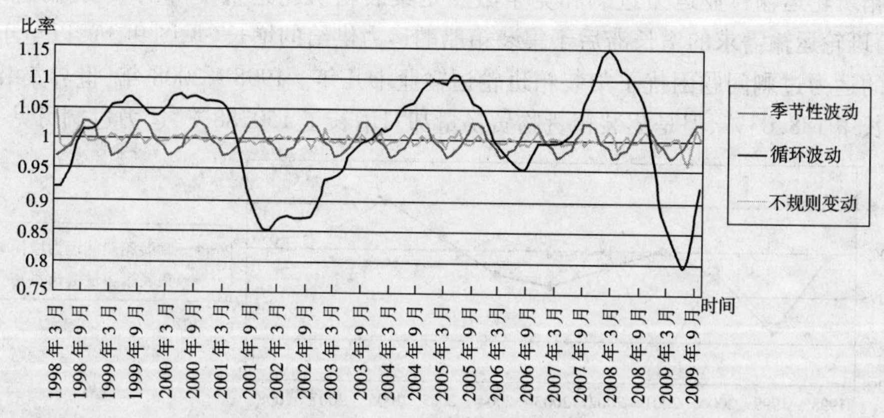

图9-2　*CCFI* 的季节周期、循环周期和不规则变动

(三)长期趋势、循环波动、季节性波动和不规则变动分析

1. *CCFI* 的长期趋势分析

(1)长期趋势状况。长期趋势是从长期来说运价的总体变动状况,也是最根本的变动状况。对整理之后的 *CCFI* 月度数据进行一元线性回归处理,得到回归方程:$T=1132.78-0.8380t$,P 值为0.00001,回归效果显著。从长期来看,运价呈现下降趋势,在134期里,运价下降了119.03点,降幅为10.52%,总体上比较平稳。

(2)长期趋势的原因分析。集装箱班轮运输成本的下降是集装箱班轮运价下降的首要原因。船舶大型化大幅降低集装箱船单箱成本,这是航运界众所周知,也是最广为引用的一条关于集装箱班轮运输成本下降的原因。从表9-6可以看出,集装箱船舶的大型化能够显著降低单箱运输成本。

集装箱船舶造价　　表 9-6

集装箱船舶大小(TEU)	500	1500	2500	6500	10000	12000
单艘船舶造价(亿美元)	0.18	0.32	0.42	1.03	1.515	1.67
平均每 TEU 造价(万美元)	3.600	2.133	1.680	1.585	1.515	1.392

注:①统计时间为 2009 年 3 月。

②数据来源:Drewry2009 年 4 月航运市场月度分析报告。

英国德鲁里航运咨询公司综合考虑船员工资、维护保养、船舶保险、仓储、管理、燃料和进港等项费用后,粗略计算出:载运能力为 4000TEU 的集装箱船营运于跨太平洋航线,载运 1TEU 的成本约为 2315 美元;而载运能力为 12000TEU 的集装箱船,载运 1TEU 的成本可以降到 1449 美元。

班轮公司之间的联盟和并购增加规模效益,降低营运成本。班轮公司之间舱位互租和战略联盟,能够使航线运力合理配置,提高载箱率。集装箱的共享,能够提高集装箱利用率,减少空想调运成本。码头等基础设施的共享也能明显地降低港口费用。而班轮公司的并购,通过扩大规模,提高谈判能力,能够降低采购成本和外部费用。航运是一项复杂的国际性行业,信息化提高了整个行业的运作效率。计算机和互联网在行业内的应用,极大地降低了班轮公司的信息处理成本。

集装箱班轮运输行业运力过剩和竞争激烈是集装箱班轮运价下降的重要原因。长期以来,集装箱班轮运输需求的增长滞后于集装箱船舶运力供给的增长(见图 9-3),以至于集装箱班轮运输的运力过剩问题困扰了集装箱班轮运输业十几年。1998 ~2008 年,世界集装箱船队总运力增长了 188.03%,但是集装箱货物贸易量却只增长了 150.88%,运力过剩可见一斑。

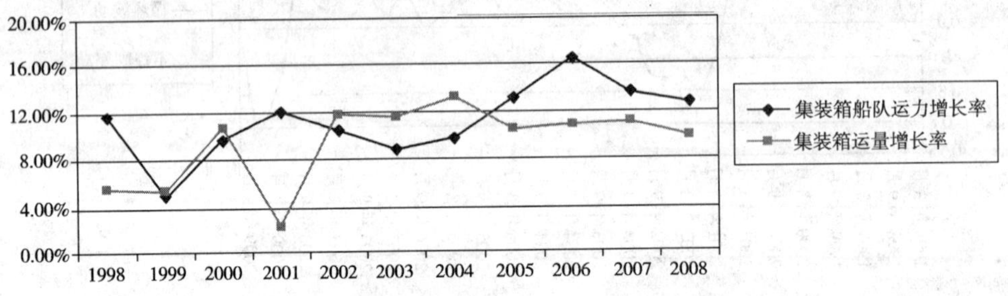

图 9-3　1998 ~2008 年世界集装箱船运力和集装箱贸易量增长率对比

注:①集装箱船队运力均为次年年初的统计量。

②数据来源:Clarkson。

集装箱运输使得货损货差率大为降低,运输服务的同质性高,因此,运价成为普通货主选择承运人时考虑的重要因素,尤其是国际贸易利润率不断下降的时期,这使得集装箱班轮公司的竞争以价格竞争为主。而班轮公会力量的不断削弱,更是加剧了竞争。在一个供给过剩时代,这种竞争方式,必然促使运价不断地下降。

从长期来看,成本的下降,必然促使运价下降,因为任何一个行业都不可能维持长期的高利润率。发达国家的集装箱班轮运输业在 20 世纪 80 年代中期就步入了成熟期,此后 20 年,发展中国家也逐步进入成熟期。运价和成本的同步下降就成为必然。

(3)长期趋势的未来发展方向。随着船舶大型化、自动化的不断提高,船舶规模经济性还

有一定的挖掘潜力;而航运联盟和并购、企业运作信息化和管理集约化,使班轮公司的规模经济性还有很大的提升空间;班轮公司投资码头、干支线航运网络的优化,都能提高资源的使用效率。这些都意味着班轮公司的成本还会降低。

2. *CCFI* 的循环波动分析

(1) *CCFI* 的循环波动状况。运价指数的波动中,循环波动的波动幅度最大。从 1998 年 1 月到 2009 年初,*CCFI* 大体经历了三个周期。第一个周期:1998 年初 ~ 1999 年 10 月,运价指数处于快速上升阶段;1999 年 11 月 ~ 2001 年 7 月,运价在高位徘徊;2001 年 7 月 ~ 2002 年 3 月,运价指数迅速下降。第二个周期:2002 年 4 月 ~ 2005 年 10 月,运价指数再次上升;2005 年 10 月 ~ 2007 年 1 月,运价指数一路下滑。第三个周期:2007 年 1 月之后,运价指数快速上升,在 2008 年 9 月到达高峰之后狂泻而下,6 月又触底回升。第一和第二两个周期大约经历了 4 年,第三个周期大约已经过了近 3 年,从走势看,*CCFI* 已经从底部回升,进入到第四个周期。

(2) *CCFI* 循环波动与经济周期。运价的循环波动与世界经济和中国经济周期高度相关。1998 年,世界受亚洲金融危机的影响,中国经济形势不佳,出口受影响,运价较低;之后,中国等东亚国家经济回升,美国和欧盟的 GDP 增长率还处于高位,加之韩国、香港和台湾地区、中国内地普遍以出口来拉动经济,所以 1999 年出口量大增,运价高涨;2000 年网络泡沫破灭和 2001 年的恐怖袭击使以美国为首的世界经济再次陷入低谷,美国需求不振,亚洲国家出口放缓,运价也下滑到谷底;2002 年以后,新一轮经济增长开始,运价也随之上涨;2004 年美国经济增速放缓,但是欧盟形势良好,运价反而有所上升;进入 2007 年后,世界经济又进入了一个景气区间,运价也迅速上扬,并在 2008 年初达到了一个高峰;2008 年"次贷"危机越演越烈,过了 11 月的旺季之后,运价指数急转直下,并在 2009 年 6 月降到最低点,但是从循环周期看,2009 年末已经处于上升期。*CCFI* 的季度变动和中、美两国季度经济增长率变化如图 9-4 所示。

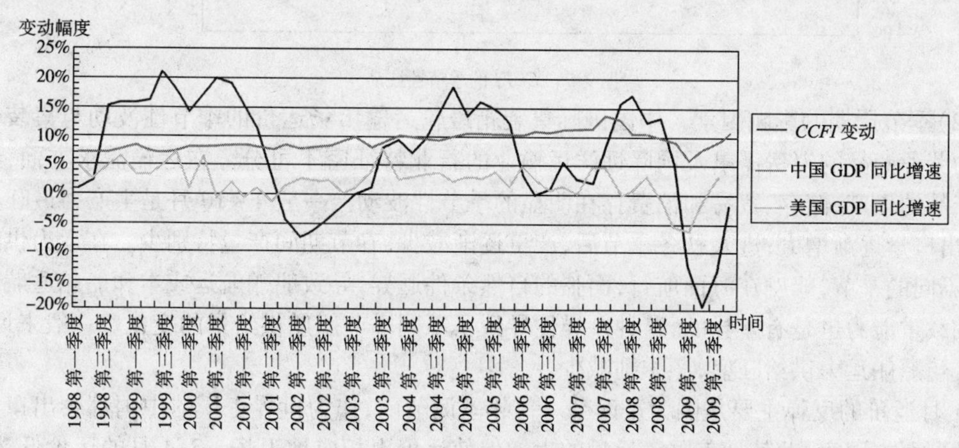

图 9-4 *CCFI* 的变动与经济增速

注:①*CCFI* 的变动是当月指数值与初始值 1000 的比。

②数据来源:根据中国统计局网站(http://www.stats.gov.cn/)和美国统计局网站(http://www.stat-usa.gov/)整理。

运价的波动要强于经济增长率的波动。从图 9-4 可以看出,*CCFI* 的波动幅度(当期值与初始值 1000 点相比)远远大于中美两国 GDP 增长率的波动幅度。航运业向来被认为是强周期性行业,贸易额增长率的波动幅度远远大于经济增长率的波动幅度,这意味着低点更低、高点更高。当航运处于景气高峰时，运力紧张，部分码头超负荷运作，同时油价高涨使得船舶偏向低速航行。由于运力增长有滞后性，同时适箱货物价值较高，总体来说对运价不敏感，一旦运量进一步增长，运价必然大幅上涨。港口的拥堵造成运力的浪费和燃油价格上涨，促使燃油附加费提高，致使运价进一步上升。

(3)循环周期未来的发展趋势。*CCFI* 的波动呈现出周期越来越短、波动幅度越来越大的趋势。运价指数的循环波动将随着世界经济增长率的波动而波动，并有一定的滞后性。2009年末，世界经济已经走出低谷，*CCFI* 也出现了反弹，预计未来一段时间循环周期仍将处于上升期。

3. *CCFI* 的季节性波动分析

(1) *CCFI* 的季节性波动状况。季节性波动对运价指数波动有重要影响。运价指数的季节性波动比较明显：一般每年的3、4月为一年运价的最低点，此后逐步攀升，并在9、10月达到最高点；之后就进入下滑阶段，但是11月西方圣诞节的运输需求会对运价起到一定的支撑作用。到了次年3月，一轮新的周期开始。*CCFI* 的季节性波动如图9-5所示。

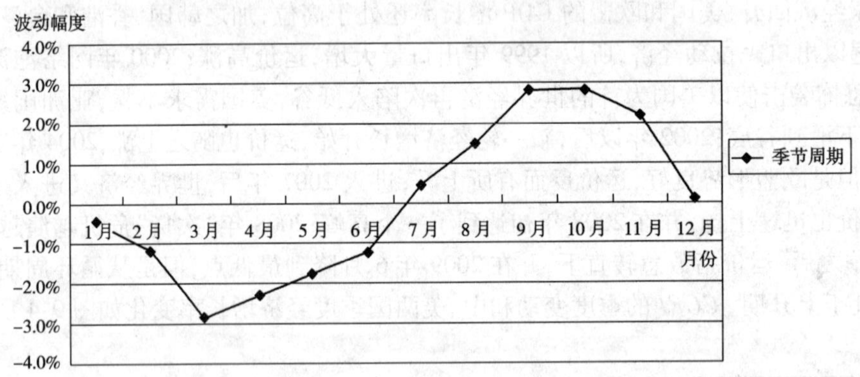

图9-5　*CCFI* 的季节性波动

(2)季节周期的影响因素。中国国际集装箱班轮运输市场运价的季节性波动与集装箱化运输的劳务商品的消费需求及国际远洋运输业的行业特征密不可分。在运输需求方面，各种实物产品的生产、储存、贸易和消费存在明显的季节性波动。一般4～10月是生产力最旺盛的季节，出口量逐渐增大；进入秋冬季节后，产量逐渐减少，春节期间产量特别少。在运力供给方面，在不同的季节，船舶在海面航行，面临的自然条件迥异，导致船舶航运成本和船舶适航性以及船舶载重能力也是有差异的，这种差异性导致了不同季节船舶供给量的变化。一般来说，夏季集装箱船舶运力供给旺盛，冬季则减少。

11月运价的反弹主要是因为圣诞节。每年圣诞节前，作为世界工厂的中国都会出口大量的商品到西方国家，尤其是美国。运量的大增促使运价也相应地上扬。3、4月的运价低迷，除季节性因素之外，很大程度上还与中国的春节有关。春节期间，绝大多数企业放长假，导致生产量减少，运量也随之减少，运价在低位徘徊。

4. *CCFI* 的不规则变动分析

集装箱班轮运输容易受突发事件影响，贸易政策、战争、罢工、传染病等都会严重影响货物的流向和流量，从而影响运价。

1998年3月，运价出现异常波动，从1000点左右突然跳到1400点左右，然而中国出口集

装箱运输市场并未出现导致运价大幅波动的事件，这种波动可能与运价指数未正式发布、数据来源有关；6、7 月，出口从低迷走向繁荣，运价急剧攀升。1999 年运量大幅增长，然而由于运力增长的滞后性，运价指数急涨急跌。2000 年下半年开始，网络泡沫开始破灭，美国的经济受到打击，进口也受到了严重的影响，导致运价低迷。2001 年的“9・11”使得世界笼罩在恐怖袭击之下，航运形势不容乐观，运价在低位徘徊。2002 年 9 月 27 日开始，美西港口大罢工，集装箱无法装卸，中国大量货物等待出运，在货多船少的情况下，运价迅速上升。2003 年第一季度，SARS 开始蔓延，制造业开工率降低，集装箱货源增幅有所减慢，运价指数直线下降。病情得到控制后，运量恢复性增长，运价也回到原有水平，之后中美两国贸易恢复正常，不规则变动幅度明显减小。2005 年 5 月，我国调整部分资源类产品的出口退税率，2006 年 9 月，我国宣布下调部分商品出口退税，出口商为了获得高税率退税，赶在退税率下调之前集中出口，导致运价在短期内急速攀升。2007 年，“次贷”危机乍现，对未来的担忧导致运价出现一轮急跌；2008 年 10 月，“次贷”危机全面爆发，令世界顿时恐慌，集装箱班轮运价迅速下滑；2009 年初，中国出口形势严峻，运价急速下挫，到了 2009 年第三季度，各国出台的救市措施开始奏效，人们看到了复苏希望，运价也出现了一轮报复性反弹。*CCFI* 的不规则变动如图 9-6 所示。

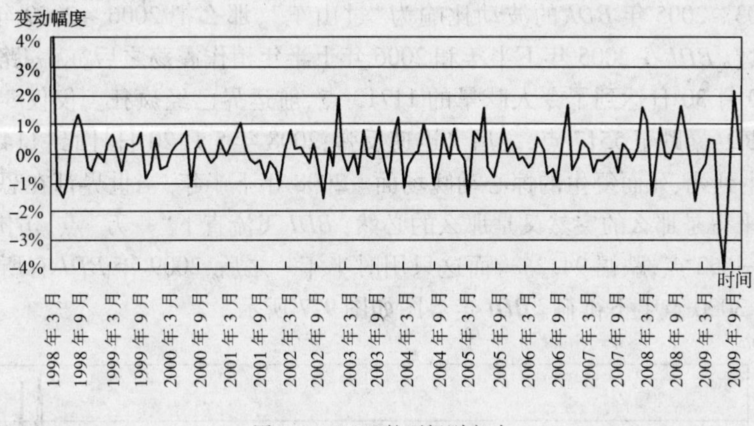

图 9-6 *CCFI* 的不规则变动

(四)结论

通过分析发现，*CCFI* 长期存在下降的趋势；循环波动的波动幅度最大，与经济增长速度，尤其是世界贸易额增长速度存在极大的关系，贸易额增速高则运价高，贸易额增速地则运价低，但是与运力的供给关系不大；季节性波动是由每年的生产量和进出口量决定的，一般运价在 3、4 月降到最低点，9、10 月份升到最到点；此外，*CCFI* 的变动还受突发事件的影响。

第三节 波罗的海干散货运价指数分析

一、波罗的海运价指数的波动分析

1985 年，波罗的海航运交易所推出波罗的海干散货运价指数(当时称 BFI，是 *BDI* 的前身，以下都简称 *BDI*)，初始值设为 1000 点。当时，国际航运市场处于低潮期，*BDI* 在 1000 点左右，下半年出现了第一个低点——712 点；到 1986 年上半年，指数在 800 点左右徘徊，下半年出现第 2 个新低——554 点，也是迄今为止的最低点。当时，从美国新奥尔良运散装粮食到远东，运费每吨不足 15 美元，国际航运市场处于近 20 年来的首个低潮期，也显现世界经济萧条的迹象。1986 年下半年至 1994 年上半年，*BDI* 维持在 1000～2000 点之间。

1994 年下半年，市场呈向上走的趋势。1994 年 12 月 8 日，*BDI* 首次超过 2000 点，并在 1995 年 5 月 1 日上升到 2352 点。随后市场处于震荡下跌态势，一直持续到 1996 年 8 月，*BDI* 最低点在 1000 点左右。但又很快上升到 1400 点左右，并一直维持到 1997 年第一季度。受亚洲金融风暴的影响，世界大部分的国家和地区的经济增长速度放慢，全球的贸易量骤减，航运市场一路走低，到 1999 年 1 月，*BDI* 探底到 709 点，然后是震荡上扬，一直到 2000 年第 4 季度指数达到 1700 点左右，而后一路下滑，到 2001 年 11 月又探底到 822 点，而且在 1000 点左右徘徊了一年多的时间，直到 2002 年 8 月止跌。

2002 年第 4 季度开始，*BDI* 一路上行。2003 年 9 月到 2005 年 8 月，*BDI* 出现暴涨暴跌。2003 年 9 月到 2004 年 3 月的半年时间里，*BDI* 从 2061 点上升到 5528 点，接着在 6 月下降到 2329 点，到 12 月又上涨到 6110 点，而仅仅 8 个月后的 2005 年 8 月，又回到 1488 点，市场表现出极度不稳定性和激烈的震荡。一轮"过山车"式的涨跌，令业内外人士大跌眼镜。

如果把 2003～2005 年 *BDI* 的波动比喻为"过山车"，那么把 2006～2009 年的波动看成"蹦极"毫不为过。*BDI* 在 2005 年下半年和 2006 年上半年稍作震荡之后，就一路向上攀升，终于在 2007 年 10 月 30 日达到了令人眩晕的 11713 点，航运界已经疯狂。仅仅 3 个月后，2008 年 1 月 29 日，*BDI* 暴跌至 5517 点，之后又迅速反弹；2008 年 5 月 20 日，回到 11425 点，许多人仿佛经历了由生到死、死而复生的惊心动魄场面。2008 年下半年，当世界都在恐慌的时候，航运界的"雪崩"来得是那么的突然又是那么的必然：*BDI* 飞流直下"一万"点，仿佛从"天堂"坠落到"地狱"——662 点，跌幅 94.2%，而这只用时半年。之后，2009 年 *BDI* 有所反弹，但是已经归于平淡，在 3000 点上下徘徊。*BDI* 走势图如图 9-7 所示。

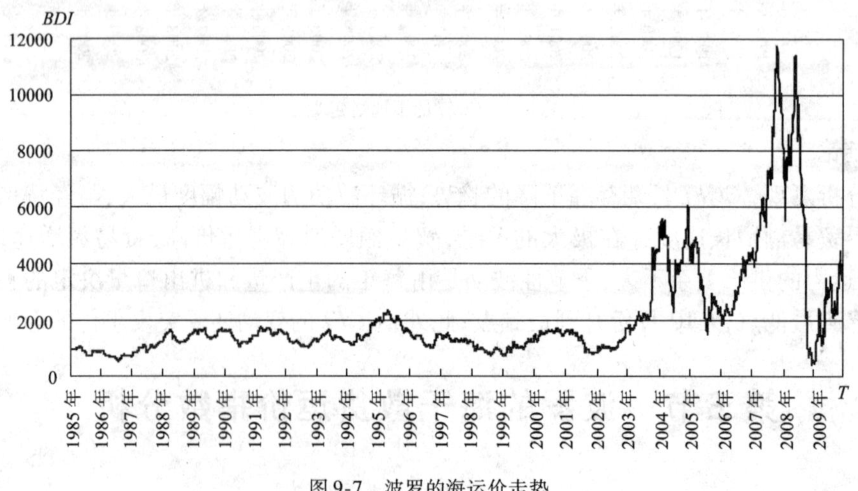

图 9-7　波罗的海运价走势

数据来源：Clarkson。

二、波罗的海运价指数的研究综述

BDI 指数是世界上最权威、影响力最大的运价指数。无论是船东、船舶经纪人，还是大宗

散货货主、贸易商,都密切关注该指数的波动情况。目前,针对 *BDI* 的研究主要从三个方面展开:第一,影响 *BDI* 波动的因素研究;第二,*BDI* 序列的拟合与预测;第三,*BDI* 与运价指数期货(BIFFEX 期货)、远期运价协议(FFA)和运价期权的关系。

BDI 的波动受诸多因素的影响:干散货运输需求、干散货船舶运力供给、燃料油价格、港口费用、港口装卸效率、国际政治与军事事件、海洋气候灾害、远期运价协议(FFA)等。吕靖和陈庆辉(2003)对 *BDI* 提取出循环波动之后,发现 *BDI* 与世界经济同步涨跌,原因是国际干散货海运需求量和世界贸易量都是世界经济的派生需求,它们的变化规律都受世界经济发展规律的影响,因而都具有相同的波动周期,受它们影响的国际干散货运价随之也具有这种周期波动性。在另一篇文章里,他们引用 SSY 的统计分析,说明燃油价格在多大程度上影响运输成本,进而影响 *BDI* 。李正宏和袁绍宏(2004)则着重研究了船舶运力供给与 *BDI* 波动的相关性。结果表明,*BDI* 与干散货船舶的拆船量之间存在正相关关系,相关系数为 0.21;与干散货船舶闲置量之间相关系数达到 -0.785,与新造船量之间的相关系数仅为 -0.011;与船舶保有量之间的相关系数为 -0.202。以上四人的研究结论是直观而且容易理解的,然而,刘晶与卢春霞(2008)的一项研究几乎推翻了上述传统的结论。通过把 *BDI* 变化率与需求/供给变化率、油价变化率、租金变化率①作回归之后,发现只有租金收益率的系数是显著的,也就是说只有租金显著影响 *BDI* 。进一步分析发现,在 *BDI* 对数(LBDI)波动的影响因素中,FFA 的对数(LFFA)始终占了 80% 以上,最多的时候甚至超过了 90% 。但是 FFA 市场只能对 *BDI* 指数造成短期影响,从长期来说,供求、成本等现货市场因素将是影响 *BDI* 波动的主要因素。所以,要对 *BDI* 预测,FFA 是不得不考虑的关键因素。

研究 *BDI* 的一个极其重要的目的就是时间序列的拟合与预测,尤其是 *BDI* 伴随有期货交易②和与之关系密切的 FFA 交易。因此,国内外的诸多学者通过努力建立了一系列精确的预测模型。最早是埃及学者 Kevin Cullinane(1992)运用 *ARMA* 模型对 BFI 的期货指数 BIFFEX 进行了研究与预测;后来 Veen-stra 和 Franses(1997)利用平稳过程的单位根检验方法,建立了 VAR(1)模型用于 BFI 的短期预测。国内最早对 *BDI* 建立预测模型的是吕靖和陈庆辉(2003),他们通过对波罗的海国际干散货运价指数分别提取长期趋势项、周期波动项和季节波动项以后,得到了一个符合 *ARMA* 模型建模要求的零均值平稳序列。运用建立的模型进行短期预测,结果显示,后 3 周的预测误差在 3% 以内。曾庆成(2004)利用 BP 网络强大的非线性映射功能,建立了一个预测 BFI 走势的模型。预测结果显示,利用神经网络对 BFI 进行预测具有很高的预测精度。1 周的短期预测误差在 0.3% 以内,3 个月的预测误差在 1% 以内。李耀鼎和宗蓓华(2006)通过研究,证明 *BDI* 对数序列是一个单位根过程,是非平稳的,但一阶差分后是平稳过程,即 *BDI* 对数序列是一阶单整的。通过 *ARCH-LM* 检验认为 *BDI* 对数序列存在高阶 *ARCH* 效应,并用 GARCH(1,1)模型消除残差序列的条件异方差性,对 *BDI* 对数序列进行拟合。陆克从、赵刚和胡佳骅(2008)通过研究,也得出了 *GARCH*(1,1) 模型能更好地消除残差序列的条件异方差性、能更好地拟合 *BDI* 序列、对后

① *BDI* 变化率指 $\mathrm{Ln}(BDI_t/BDI_0)$,需求/供给变化率、油价变化率和租金变化率同理。

② 1985 年波罗的海航运交易所推出波罗的海运价指数期货(BIFFEX),后来交易量逐渐萎缩,于 2002 年 4 月终止交易,取而代之的是 FFA 交易。

市的预测提供依据的结论。

目前,针对 *BDI* 与 BIFFEX、FFA 和运费期权的研究还不多,原因是 2002 年 BIFFEX 就终止交易,取而代之的 FFA 透明度不高,而运费期权则属于新兴的金融衍生品。刘建林和施欣(2005)采用 Johansen 协整技术对波罗的海运价指数期货市场的期货价格和现货价格进行了协整研究,发现短期内波罗的海运价指数期货价格是现货价格的无偏估计,从对期货价格序列和现货价格序列的 Granger 因果检验中得到现货价格是期货价格的 Granger 成因。目前,上海正在建设国际金融中心和国际航运中心,开展航运衍生品交易是一个重要内容,也是一个难点,有志者可以在这方面深入研究,共同打造上海的高端航运服务业。

三、波罗的海运价指数分析

(一)数据的选取与预处理

根据波罗的海航运交易所发布的波罗的海运价指数,进行建模拟合分析。考虑到 1999 年 11 月 1 日 *BDI* 进行了较大调整,选取 1999 年 11 月 1 日 ~ 2009 年 12 月 24 日的 *BDI* 日数据,观察图 9-7 可以发现,*BDI* 原始数据的波动幅度较大。因此对原始数据作自然对数并进行差分,得到 *BDI* 的日收益率序列,记为 R_t,即:

$$\begin{aligned}
&\ln BDI_t - \ln BDI_{t-1} \\
&= \ln \frac{BDI_t}{BDI_{t-1}} = \ln \frac{BDI_t - BDI_{t-1} + BDI_{t-1}}{BDI_{t-1}} \\
&= \ln\left(1 + \frac{\Delta BDI_t}{BDI_{t-1}}\right) = \ln(1 + R_t) \approx R_t
\end{aligned} \tag{9-10}$$

BDI 的日收益率序列,即 R_t 序列波动如图 9-8 所示。

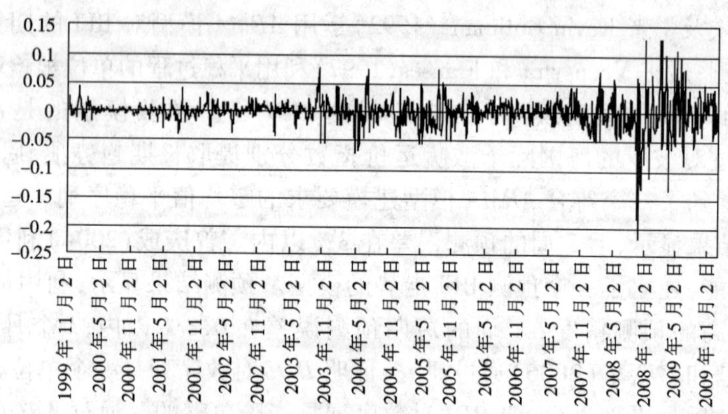

图 9-8 *BDI* 的日收益率序列

对 R_t 序列作基本统计分析后,结果如图 9-9 所示。

由图 9-9 可知,R_t 序列的偏度为 -0.6161,异于 0;峰度为 14.1371,异于 3,由此判断 R_t 序列具有类似金融序列"尖峰厚尾"①的特征。检验序列是否服从正态分布,通常采用 Jarque-Be-

① 若一个分布的峰度大于 3,出现极端值的概率比正态分布大,则可以称这个分布具有"尖峰厚尾"的特征。

ra 检验。构造统计量 JB：

$$JB = \frac{n-k}{6}\left(S^2 + \frac{(K-3)^2}{4}\right) \tag{9-11}$$

式中：n——样本容量；

k——自由度；

S——偏度；

K——峰度。

Jarque 和 Bera 证明了在正态性假定下，如果 JB 统计量的相伴概率值小于设定的概率水平，则拒绝原假设，不认样本概率服从正态分布；反之，则接受原假设。结果显示相伴概率为 0.000000，因此不能认为 R_t 序列服从正态分布。

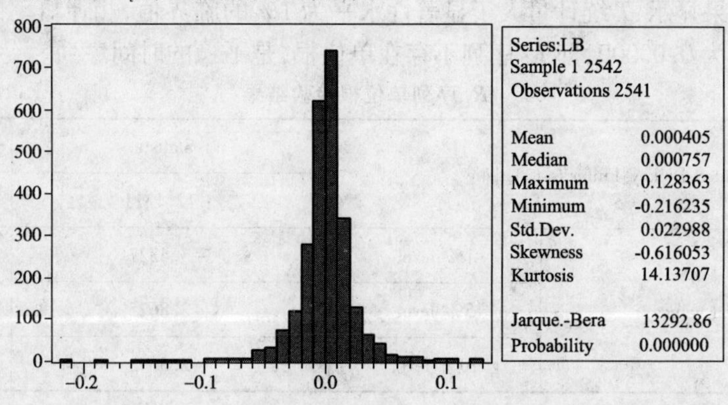

图 9-9　R_t 序列的基本统计量

（二）BDI 的日收益率序列的平稳性检验

时间序列的平稳性决定了建模的方法和形式。一般时间序列的平稳是指弱平稳或广义平稳。若一个时间序列的均值和方差在时间过程上保持是常数，并且在任何两时期之间的协方差值仅依赖于该两时期间的距离或滞后，而不依赖于计算这两个协方差的实际时间，则称之为平稳时间序列。数学表达式如下：

均值：

$$E(Y_t) = \mu \tag{9-12}$$

方差：

$$\mathrm{var}(Y_t) = E(Y_t - \mu)^2 = \sigma^2 \tag{9-13}$$

协方差：

$$\gamma_k = E[(Y_t - \mu)(Y_{t+k} - \mu)] \tag{9-14}$$

式中：Y_t——原始时间序列；

γ_k——滞后 k 阶的协方差，是 Y_t 和 Y_{t+1}，也就是相隔 k 期的两个 Y 值之间的协方差；

μ、σ——常数。

采用标准检验时间序列平稳性的 ADF 检验法对 R_t 序列进行平稳性检验。检验方程为：

$$\Delta R_t = \alpha_0 + \alpha_1 t + \eta R_{t-1} + \sum_{i=1}^{p} \zeta_i \Delta R_{t-i} + \varepsilon_t \tag{9-15}$$

式中：ΔR_t——R_t 的一阶差分，即 $\Delta R_t = R_t - R_{t-1}$；

α_0 ——常数项；

$\alpha_1 t$ ——趋势项，α_1 为系数，t 表示时间，取 1，2，3，…；

ηR_{t-1} ——滞后项，η 为系数，R_{t-1} 表示序列第 $t-1$ 项的值；

$\sum_{i=1}^{p}\zeta_i \Delta R_{t-i}$——滞后差分项，$i$ 为滞后期数，ζ_i 为系数，ΔR_{t-i}表示 R_t 的 i 阶差分；

ε_t ——误差项。

滞后差分项的阶数，即 i 的大小由实证研究决定，目的是使误差项序列不相关，通常 i 取使得 AIC(Akaike's information criterion)和 SC(Schwartz's Bayesian criterion)①达到最小的之后阶数。在 eviews5.1 软件中，i 的大小可以由软件自动选择最优的数值。在本模型中，根据 AIC 准则和 SBC 准则自动选择滞后长度，得到滞后阶数为 9 时最优，即 $i=9$。

表 9-7 的结果显示，T 统计量大于显著性水平为 1% 的临界值，相伴概率的结果也显示接受原假设的概率为 0.00000，即 R_t 序列不存在单位根，是平稳的时间序列。

R_t 序列单位根检验结果 表 9-7

		t-Statistic	Prob. *
Augmented Dickey-Fuller test statistic		-12.1311	0.00000
Test critical values	1% level	-3.4327	0.00000
	5% level	-2.8625	0.00000
	10% level	-2.5673	0.00000

（三）*BDI* 的日收益率序列的异方差检验

从 *BDI* 的日收益率序列图(图 9-8)可以看出，R_t 序列总体上围绕零均值上下波动，然而波动幅度在不同的阶段有所不同。

为检验国际干散货运价的波动是否具有条件异方差，对 R_t 序列进行检验。所谓条件异方差性是指预测数据与实际数据的误差常常会成群出现，在某一时期里相对的小，而在另一时期里相对的大，误差项的条件方差不是某个自变量的函数，而是随着时间的变化而变化，并且依赖于过去误差的大小。检验条件异方差性比较常用的是 *ARCH-LM* 检验。

对于 *ARCH* 模型：

均值方差：

$$R_t = \sum_{i=1}^{n}\beta_i R_{t-i} + u_t \tag{9-16}$$

方差方程：

$$\mathrm{var}(u_t) = h_t = \alpha_0 + \sum_{i=1}^{q}\alpha_i u_{t-i}^2 + \eta_t \tag{9-17}$$

式中：β_i ——序列第 R_{t-i}项的系数；

u_t——误差项；

h_t——误差项 u_t 的方差方程；

① AIC 准则又称赤池信息准则，SBC 准则又称施瓦茨信息准则。在所有通过检验的模型中，使得 AIC 和 SBC 函数达到最小的模型为相对最优模型。

α_0——常数项；

α_i——误差项平方 u_{t-i}^2 的系数；

η_t——随机扰动项，服从独立同分布且满足 $E(\eta_t)=0$，$Var(\eta_t)=\lambda^2$，λ 为常数；

n、q——正整数。

建立估计式：

$$\hat{u}_t^2=\varphi_0+\sum_{i=1}^{k}\varphi_i\hat{u}_{t-i}^2 \tag{9-18}$$

式中：$\hat{u}_t$——根据均值方差对 u_t 的估计值；

φ_0——常数；

k——正整数；

φ_i——第 $t-i$ 个误差项的估计值 $\hat{u}_{t-i}$ 的平方的系数。

如果 φ_i 同时为0的概率较大，则序列不存在 *ARCH* 效应；若概率很小，则存在 *ARCH* 效应。具体检验步骤如下：

第一步，利用最小二乘法对 R_t 序列作自回归，得到4阶滞后回归模型：

$$R_t=1.1798R_{t-1}-0.4482R_{t-2}+0.1298R_{t-3}-0.1000R_{t-4}+\hat{\varepsilon}_t \tag{9-19}$$

从表9-8可以看出，这个方程的系数全部通过置信度5%的检验。

R_t 序列自回归模型系数及对应统计量　　表9-8

	R_{t-1}	R_{t-2}	R_{t-3}	R_{t-4}
Coefficient	1.1798	-0.4482	0.1298	-0.1000
Prob.	0.000	0.000	0.0001	0.0422

第二步，观察该拟合方程的残差序列图（图9-10），可以发现残差有波动“成群”的现象，说明回归模型的误差项可能具有条件异方差性。

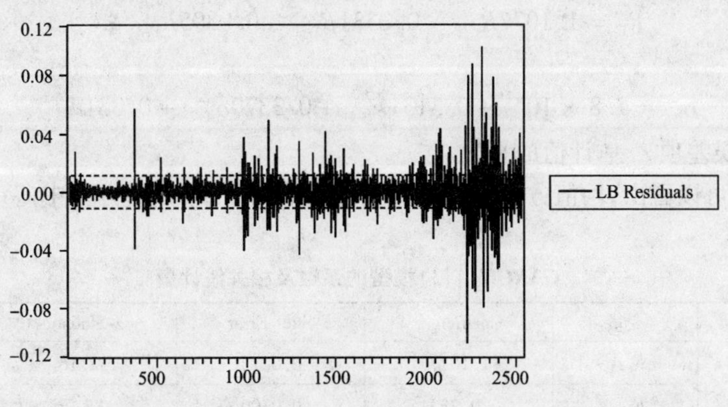

图9-10　R_t 序列四阶自回归残差序列图

第三步，对误差项进行条件异方差的 *ARCH-LM* 检验。检验结果如表9-9所示。

结果显示，无论是滞后1阶还是滞后12阶，相伴概率都是小于显著性水平0.01的。所以，拒绝残差序列不存在 *ARCH* 效应的原假设。模型中的随机误差项不仅存在异方差，而且存在高阶 *ARCH* 效应，即 *GARCH* 效应。

R_t 序列条件异方差的 *ARCH-LM* 检验结果 表 9-9

ARCH Test				
滞后 1 阶	F-statistic	300.81	Probability	0.0000
	Obs × R-squared	269.10	Probability	0.0000
滞后 12 阶	F-statistic	51.73	Probability	0.0000
	Obs × R-squared	500.35	Probability	0.0000

(四)建立 *GARCH* 模型

为了更充分地提取残差中的信息,采用 *GARCH* 模型对回归方程的随机扰动项进行建模,使最终的模型残差项成为白噪声。

GARCH 模型是在 *ARCH* 模型的基础上,考虑了异方差函数的自相关性,即把 h_{t-i} 引入方差方程。方差方程变为:

$$\mathrm{var}(u_t) = h_t = \alpha_0 + \sum_{j=1}^{p}\gamma_j h_{t-j} + \sum_{i=1}^{q}\alpha_i u_{t-i}^2 + \eta_t \tag{9-20}$$

式中:γ_j——h_{t-j} 的系数;

p——正整数;

其他符号含义同 *ARCH* 模型。

由于 R_t 序列存在高阶 *ARCH* 效应,因此建立 *GARCH* 模型;由于残差正态性检验显示误差项不服从正态分布,因此在模型建立的过程中设定误差项服从 *T* 分布或 *GED* 分布。对于设定的模型分别从参数,方差非负,*ARCH* 项和 *GARCH* 项系数之和小于 1,是否有效消除 *ARCH* 效应四个方面考察模型是否通过检验。引入方差方程之后,发现均值方程滞后四阶自回归项不显著,所以删除该项。

最后得到通过检验的基于残差服从 *GED* 分布假设的 *GARCH*(1,3)模型。

均值方程:

$$R_t = 1.1077R_{t-1} - 0.2331R_{t-2} - 0.0895R_{t-3} + \varepsilon_t \tag{9-21}$$

方差方程:

$$\hat{\sigma}_t^2 = 7.8\times10^{-7} + 0.3131\hat{\varepsilon}_{t-1}^2 + 0.3370\hat{\sigma}_{t-1}^2 + 0.3319\hat{\sigma}_{t-3}^2 \tag{9-22}$$

式中:$\hat{\sigma}_t^2$——误差项 ε_t 估计值的平方。

从表 9-10 可以看出,均值方程和方差方程的系数均显著,方差方程中 *GARCH* 项和 *ARCH* 项的系数之和:

***GARCH*(1,3)模型的系数及相关统计量** 表 9-10

	变量	Coefficient	Std. Error	z-Statistic	Prob.
均值方程	R_{t-1}	1.1077	0.0212	52.16	0.0000
	R_{t-2}	-0.2331	0.0300	-7.76	0.0000
	R_{t-3}	-0.0895	0.0196	-4.5661	0.0000
方差方程	C	7.8×10^{-7}	2.57×10^{-7}	3.04	0.0024
	$\hat{\varepsilon}_{t-1}^2$	0.3131	0.0327	9.59	0.0000
	$\hat{\sigma}_{t-1}^2$	0.3370	0.1094	3.08	0.0021
	$\hat{\sigma}_{t-3}^2$	0.3319	0.0708	4.69	0.0000

$$0.3131 + 0.3370 + 0.3319 = 0.982 < 1$$

满足约束条件。再对 *GARCH*(1,3)模型的残差序列进行 *ARCH-LM* 检验,滞后阶数为 1,得到表 9-11 的结果。

GARCH(1,3)模型的残差序列 ARCH-LM 检验结果　　表 9-11

ARCH Test			
F-statistic	2.5217	Probability	0.1124
Obs × R-squared	2.5212	Probability	0.1123

从表 9-11 可以看到,相伴概率 *P* 值为 1124,大于显著性水平 0.1,意味着不能拒绝原假设,即认为经过重新估计后,残差序列不再存在 *ARCH* 效应。

进一步考察要不要把 $\hat{\sigma}_t$ 引入均值方程,即是否要建立 *GARCH-M* 模型。建立的 *GARCH-M* 模型显示,$\hat{\sigma}_t$ 前系数的 *P* 值为 0.5663,大于 0.05 的置信度,因此没有必要建立 *GARCH-M* 模型。

继续尝试建立更高阶的 *GARCH* 模型,然而多数模型不满足 *GARCH* 项和 *ARCH* 项的系数之和小于 1 的约束条件,即使满足,*AIC* 和 *SC* 的值变化不大。因此选用 *GARCH*(1,3)模型。

除了 *GARCH* 模型之外,读者也可以尝试建立指数 *GARCH* 模型(*EGARCH*)、方差无穷 *GARCH* 模型(*IGARCH*)、*AR-GARCH* 模型等,对 R_t 序列或者 *BDI* 序列进行拟合和预测,也可以从协整和非线性模型等方面对 *BDI* 进行研究。当然,这些都不在本书的讨论范围之内,有兴趣的读者可以自行查阅相关资料并深入研究。

复习思考题

1. 请查找我国现有的运价指数,并作简单介绍。

2. 试分析 *CCFI* 各航线指数与总指数之间、各航线指数之间的相关性。

3. *BDI* 是否存在类似于 *CCFI* 的长期趋势、循环波动、季节性波动和不规则变动?试用因素分解法对其进行分解。

4. *CCFI* 是否存在 *ARCH* 效应?如果存在,请建立模型。

第十章 运输需求预测

社会及经济的发展必然产生运输需求,运输需求的大小,从一个方面反映了社会及经济发展的规模与速度。根据运输需求决定运输投资,是国家投资行为的基本点。因而,对交通运输需求的预测分析具有重大的社会及经济意义。

运输需求预测就是根据运输需求规律、历史和现状,分析相关因素,对运输需求发展的状况、前景和趋势进行推测研究。本章对运输需求预测技术及分析方法作简单的介绍,第一节主要简单回顾几种常用的预测方法,再通过三个案例分三节具体介绍预测技术在运输需求预测工作中的具体应用。

第一节 运输需求预测方法

一、运输需求预测概述

(一)运输需求与运输量

运输需求是指在一定的时期内,一定价格水平下,社会经济生活在货物与旅客空间位移方面所提出的具有支付能力的需要。而运输量是指在一定运输供给条件下所能实现的人与货物空间位移量。社会经济活动中的人与货物空间位移是通过运输量的形式反映出来的,如铁路列车运送的货物吨数、航线上的旅客人数等。运输量的大小与运输需求的水平有着密切的联系,但运输量本身并不能完全代表社会对运输的需求。当运输需求与供给基本均衡,或者供给大于需求的情况下,运输需求量是现实的运量;但当运输供给不足时,实际运量必然小于经济发展所产生的运输需求量。以"运量预测"简单地代替"运输需求量预测",不考虑运输供给能力限制的运量预测结果,将不能够反映经济发展对运输业的真正需求,从而无法指导运输业的发展。因此,在实际运输需求预测工作中,对于通过"运量预测"得到的预测结果,应给以适当的处理,才能真实地反映经济发展对于运输业提出的实际需求。

(二)预测的基本原理

预测的基本原理有以下三种:

1. 惯性原理

客观事物发生变化的过程往往表现出它的延续性,通常称这种现象为惯性现象。根据这一性质,由研究对象的过去和现在的状态,向未来延续,从而预测其未来状态。惯性原理是趋势外推的理论依据。

2. 类推原理

许多特性相近的事物,它们的变化有相似之处,通过分析类似事物的规律,根据已往事物的变化特征,推断其具有相似特征的预测对象的未来状态。类推可分为定性类推和定量类推。例如,利用在某一经济水平的甲地的运输弹性,来预测达到相同经济水平且与甲地相类似的乙地的运输弹性。

3. 相关原理

任何事物发展变化都不是独立的,而是在与其他事物的相互影响下发展的。相关原理是回归预测的理论依据。

(三)运输需求预测的分类

运输需求预测的范围很广,内容也十分丰富。按照不同的预测对象、层次、内容和时间等,可以把运输需求预测划分为不同的类型。

1. 按照运输对象划分

按照运输对象可划分为货运需求量预测与客运需求量预测。

2. 按照运输需求的范围划分

按照运输需求的范围可划分为全国运输需求量预测,国民经济各个部门的运输需求量预测,各地区、各种运输方式的运输需求量预测以及个别运输线路或个别企业的运输需求量预测。

3. 按照预测的内容划分

按照预测的内容可划分为发送量预测、到达量预测、周转量预测和平均运程预测。

4. 按照预测期间的长短划分

按照预测期间的长短可划分为短期预测、中期预测和长期预测。例如,以年为预测的时间单位,一般以1~5年为短期预测,5~10年为中期预测,10年以上属于长期预测。另外,有时根据需要还要做一年内各季度、月甚至旬的运输需求量预测。

(四)运输需求预测的意义

预测的主体可以是多方面的,既可以是经济管理综合部门,又可以是中央或地方的运输主管机构,也可以是各类运输企业。对于不同预测主体来说,运输需求预测有不同的作用,对于国民经济宏观管理部门来说,运输需求预测是编制国民经济计划,制订经济发展战略,进行运输基础设施建设的基本依据;对于各级运输主管机构来说,运输需求量预测是对各种运输方式进行规划和有效宏观调控的重要依据;对于具体的运输企业来说,运输需求预测是企业制订经营战略,进行科学决策的重要依据。

二、运输需求预测方法

在预测原理的指导下产生了很多预测方法,各种方法各有其优缺点,预测方法的选择主要取决于运输需求本身的特性。定性和定量相结合的综合预测方法越来越受到预测者的青睐。一方面,单一运用定性预测方法往往带有比较浓厚的主观色彩和个人随意性;另一方面,离开了定性分析的定量预测,其科学性无法保证。

(一)定性预测方法

定性预测方法是指预测者经过调查研究,掌握资料后凭个人经验、知识,对运输需求的未来发展趋势和状况作出推断。一方面,它用于意见相悖、无法建立任何数学模型以及那些后果难于直接肯定或无法验证的场合;另一方面,它是在定量预测中也要采用的基本方法。主要包括:专家预测法、专家会议法和德尔菲法,其中德尔菲法应用较广,且在运输需求远期预测中效果较好。

德尔菲法也称专家调查法,是在专家个人判断和专家会议的基础上发展起来的一种定性预测法。它以预先选定的专家作为征询对象,预测小组以匿名方式发函征求专家意见,如此反复,直至专家意见基本趋于一致。德尔菲法与其他定性方法相比,有明显的优点;但它历时长,有时发函征求意见的回收率不高,会影响预测结果的精度。

(二)定量预测方法

定量预测方法是指根据准确、及时、系统、全面的调查统计数据和资料,运用统计方法和数学模型,对经济现象或经济系统发展规模、水平、速度和比例关系等作出数量上的估计预测。定量预测法的优点是受人为因素影响小,客观确定性强,精度高;缺点是对资料要求高,数据量要求大且规格化,对非定量影响因素难于考虑,并且应用中计算复杂,计算量大。

1. 回归分析预测法

回归分析预测法是通过对观察数据的统计分析和处理,研究因变量(预测对象)和自变量(影响因素)之间的统计依赖关系,建立回归方程来进行预测的方法。

回归分析预测法按照影响因素的多少可分为一元回归和多元回归;按照回归方程函数性质的不同分为线性回归和非线性回归;按照变量的性质可以分为普通回归和虚拟回归。

(1)线性回归分析法:

①一元线性回归分析法适用于影响预测对象的主要因素只有一个,且彼此间呈线性关系。

预测直线方程(Linear)

$$\hat{Y}_i = a + bX_i \tag{10-1}$$

式中:$\hat{Y}_i$——因变量 Y 第 i 期估计值;

X_i——自变量第 i 期的观察值;

a——常数项;

b——回归系数。

对上式中的 a、b 这两个参数进行估计,依照不同的准则,采用不同的统计方法,可以得到不同的数值。预测中,通常采用最小二乘法,其基本思想是:选择的参数 a、b 要使因变量 Y 的观察值 Y_i 与估计值 $\hat{Y}_i$ 之间的残差平方和最小。即对回归模型的残差平方和求偏导,并令其等于 0,得到方程组,解之得 a、b 的计算公式为:

$$\begin{cases} b = \dfrac{n\sum\limits_{i=1}^{u} x_i y_i - \sum\limits_{i=1}^{n} x_i \sum\limits_{i=1}^{n} y_i}{n\sum\limits_{i=1}^{n} x_i^2 - (\sum\limits_{i=1}^{n} x_i)^2} \\ a = \bar{y} - b\bar{x} \end{cases} \tag{10-2}$$

式中:x_i——自变量 X 第 i 期观察值;

y_i——因变量 Y 第 i 期观察值标准化后的数值;

n——观察值的个数；

$\bar{x}$——n 个自变量观察值的算术平均数；

$\bar{y}$——n 个因变量观察值的算术平均数。

计算出 a、b 的数值，再根据 X 值的变化，就可以推算到 Y 值的未来变化。

②多元线性回归分析法研究因变量与两个及两个以上自变量的依赖关系，是一元线性回归的拓展。另外，在多元线性回归分析法较之一元线性回归分析法，增加了一个假设条件，即自变量之间不存在线性关系。

预测模型：

$$\hat{Y}_i = b_0 + b_1 X_{1i} + b_2 X_{2i} + \cdots + b_n X_{ni}, i = 1,2,\cdots,n \tag{10-3}$$

式中：$\hat{Y}_i$——因变量 Y 第 i 期估计值；

X_{1i}、X_{2i}、…、X_{ni}——分别为自变量 X_1、X_2、…、X_n 的第 i 期观察值；

n——观察值的个数；

b_0——常数项，b_1、b_2、…、b_n 为回归系数。

参数估计原理同一元线性回归一样，也是用最小二乘法的原理，使得因变量的估计值与实际值之间的残差平方和最小，从而求解得模型参数。

③模型检验。在参数估计之后，需要进行各种统计检验，只有各种检验通过，回归模型方可用于预测。

对线性假设合理性的检验包括：回归系数的显著性检验（t 检验），考察自变量与因变量之间线性假设合理性；回归方程的显著性检验（F 检验），考察预测模型总体线性关系的显著性；一般认为，检验对应的 p 值 <0.05 时，统计显著，否则不显著。

对模型优劣的检验：标准误差和拟合优度检验。

标准误差（Std, Error of the Estimate）是均方误差的平方根，其值越接近于 0，说明模型对样本数据的偏差越小，预测的可靠程度越高；其数值越大，说明模型偏离样本数据越大，用于预测的可靠性就越差。通常认为标准误差与因变量均值之比小于 15% 时，预测模型为优。

拟合优度检验通过计算拟合优度（R^2）来判定回归模型对样本数据的拟合程度，从而评价预测模型的优劣。通常 R^2 在 0.8 以上，可以认为拟合程度较好。为了消除拟合优度对模型中自变量数目的依赖，采用修正的 R^2（$\overline{R^2}$）。多元线性回归中，常将$\overline{R^2}$与 R^2 结合应用，以说明模型回归效果的有效性。模型的 R^2 及$\overline{R^2}$越接近于 1，表明模型对样本数据拟合程度越高，模型对预测越有意义。

另外序列自相关检验（$D.W$ 检验），验证模型的残差是否满足不相关的前提假设，从而判定预测模型的适用性。而对于影响因素中存在预测对象滞后项的一阶自回归模型来说，其残差序列自相关检验则需通过 H 统计量检验法来完成，$D.W$ 检验不再适用。

④自变量的选择。回归模型中自变量的选择，有两条准则：一是选择的自变量应是那些与预测对象密切相关的因素；二是所选择的自变量之间不能有较强的线性关系。自变量的选择可通过简单相关分析，逐步回归方法等来完成。

根据自身经验，全面考虑可能影响预测对象的因素，对其进行简单相关分析，即分别计算预测对象与各影响因素间的简单相关系数（R）。一般情况下，相关系数小于 0.8 的因素不纳入模型。但是,通过简单相关分析所选择的影响因素能否全部进入预测模型还取决于影响因素之间是否有较强的线性关系。

逐步回归方法是在众多因素中挑选对预测对象影响显著的因素的方法。其基本思想是:将因素逐个引入回归模型,引入的条件是该因素的偏回归平方和经检验是显著的。同时,每引入一个新的因素后,对已选择的因素逐个进行检验,将偏回归平方和变为不显著的因素剔除,直至模型内的所有影响因素的偏回归平方和都显著,模型外所有影响因素的偏回归平方和都不显著。

(2)非线性回归分析法。当预测对象与影响因素之间的关系呈现出曲线态势时,则考虑用非线性回归分析。而非线性回归模型的类型,主要通过专业理论知识、经验判断或散点图走势来选定。常用的非线性回归模型主要分为三类:一元函数曲线模型、多项式回归模型和多元函数曲线模型。运输需求预测中,一元函数曲线模型最为常见,常用的模型包括:

①对数曲线模型(Logarithmic):$\hat{Y}=b_0+b_1\ln X$;

②双曲线模型(Inverse):$\hat{Y}=b_0+b_1/X$;

③二次曲线模型(Quadratic):$\hat{Y}=b_0+b_1X+b_2X^2$;

④三次曲线模型(Cubic):$\hat{Y}=b_0+b_1X+b_2X^2+b_3X^3$;

⑤复合曲线模型(Compound):$\hat{Y}=b_0\times b_1^X$;

⑥幂函数曲线模型(Power):$\hat{Y}=b_0X^{b_1}$;

⑦S 型曲线模型(S):$\hat{Y}=e^{(b_0+b_1/X)}$;

⑧等比级数曲线模型(Growth):$\hat{Y}=e^{(b_0+b_1X)}$;

⑨指数曲线模型(Exponential):$\hat{Y}=b_0e^{b_1X}$;

⑩逻辑斯蒂曲线模型(Logistic):$\hat{Y}=1/(1/u+b_0\times b_1^X)$,该模型要求输入上限。

以上所列的函数曲线模型均可转化为线性回归模型。模型的拟合方法其本质是先进行曲线直线化,即将非线性模型转化为线性模型,再采用最小二乘法估计模型参数。采用最小二乘法估计参数建立的模型,其检验方法与线性回归模型基本相同。最后再将模型表达式转换回原始变量的表达式,进行运输需求的预测。

2. 时间序列分析预测法

时间序列分析法是依据预测对象过去的统计数据,找到其随时间变化的规律,建立时序模型,以推断预测对象未来数值的预测方法。其基本思想是:事物过去的变化规律会持续到将来,即未来是过去的延伸,适宜于对运输需求发展比较平稳的地区或城市进行预测。

(1)移动平均法:

①简单移动平均法是对简单平均法的改良,它保持平均的期数 n 期不变,而使所求的平均值随时间变化而不断移动,将时序前 n 期的平均值作为下一期预测值。其公式为:

$$F_{t+1}=\frac{Y_t+Y_{t-1}+\cdots+Y_{t-n+1}}{n}\quad(t\geqslant n) \tag{10-4}$$

式中：F_{t+1}——第 $t+1$ 期的预测值；

Y_t——第 t 期的观察值；

n——移动平均期数。

简单移动平均法应用时要注意移动平均期数（移动步长）的选择，一般通过试验比较加以选定。

②简单移动平均法将被平均的各期观察值对预测值的作用同等看待。实际统计工作中发现，一般近期的观察值对于预测值的作用往往较大，而远离预测期的观察值作用较小。加权移动平均法正是基于这一思想，对不同时期的观察值给以不同的权数来进行预测。其公式为：

$$F_{t+1} = \alpha_1 Y_t + \alpha_2 Y_{t-1} + \cdots + \alpha_t Y_{t-n+1} (t \geqslant n) \tag{10-5}$$

式中：$\alpha_1, \alpha_2, \cdots, \alpha_t$——权数，$\alpha_1 \geqslant \alpha_2 \geqslant \cdots \geqslant \alpha_t$ 且 $\alpha_1 + \alpha_2 + \cdots + \alpha_t = 1$。

当移动平均间隔中出现非线性趋势时，给较近期观察值以较大权数，给较远期观察值以较小的权数，进行加权移动平均，预测效果较好。

（2）指数平滑法。指数平滑法是在加权移动平均法的基础上发展起来的，也是对移动平均法的改进。指数平滑法假设时间序列各期观察值的权重由近及远服从底数小于1的指数分布：$\alpha, \alpha(1-\alpha), \alpha(1-\alpha)^2, \cdots, \alpha(1-\alpha)^{n-1}, \alpha(1-\alpha)^n$，其中 $0 < \alpha < 1$。此假设满足近期观察值权重大，远期观察值权重小的基本思想。一次指数平滑方法的公式为：

$$F_{t+1} = S_{t+1} = \alpha Y_t + (1-\alpha) S_t \tag{10-6}$$

式中：F_{t+1}——预测对象第 $t+1$ 期的预测值；

S_t——第 t 期的平滑值；

Y_t——第 t 期的观察值；

α——平滑常数。

平滑常数 α 的取值是得出精确预测结果的关键，一般以平滑值与观察值误差最小为原则来确定 α 的取值。一次指数平滑适用于较为平稳的序列，一般 α 取值不大于0.5；若大于0.5时，平滑值才与观察值接近，常表明序列有某种趋势，此时不适宜用一次指数平滑法进行预测。当时序数据存在明显的线性趋势时，可用二次指数平滑法，用平滑值对时序的线性趋势进行修正，建立线性平滑模型进行预测；非线性趋势时间序列可用三次指数平滑法及多项式曲线回归预测法进行预测。

不论是移动平均法还是指数平滑法，都主要是利用时序数据进行运输需求的短、中期预测的方法。

（3）趋势外推法。在运输需求预测工作中，当运量依时间变化表现出某种上升或者下降的趋向，并且无明显的季节波动，又能找到一条合适的函数曲线反映这种趋势变化，并且有理由相信这种趋势能够延伸到未来时，可采用趋势外推法来预测未来运量。

趋势模型以时间 t 为自变量，运量为因变量，建立模型；常用的曲线模型有之前讨论的回归分析法中介绍的包括直线（Linear）、对数曲线（Logarithmic）、双曲线（Inverse）、二次曲线（Quadratic）、三次曲线（Cubic）、复合曲线（Compound）、幂函数曲线（Power）、S型曲线（S）、等比级数曲线（Growth）、指数曲线（Exponential）和逻辑斯蒂曲线（Logistic）模型。

趋势外推法主要利用图形识别和阶差计算进行模型的初步选择。为了保证预测的精度和有效的预测结果，必须对初选的预测模型进行包括定性和定量方法的检验，选择对运量的历史数据拟合较好,又符合其未来发展趋势的模型用于预测,其检验方法与回归预测基本相同。

(4)灰色系统预测法。灰色系统预测法是对含有不确定因素的系统进行预测的方法。灰色系统是介于白色系统(信息完全充分的系统)和黑色系统(信息完全未知的系统)之间的系统,系统内一部分信息是已知的,另一部分信息是未知的,且内部各因素之间具有不确定的关系。

①GM(1,1)模型。作为灰色系统理论核心和基础的灰色模型(Grey Model),简称GM(n,h)模型,其中n表示微分方程的阶数,h表示变量的个数。在水路运输系统中,变量只有1个,即运输量,所以可以采用GM(n,1)模型。由于n越大,计算越复杂,且精度也不一定就高,因此n一般在3阶以下,常用的有GM(1,1)和GM(2,1)两个灰色动态模型。

对于一个系统而言,GM(1,1)模型是描述和研究系统存量与系统流量之间的动态关系的微分方程;GM(2,1)模型是描述和研究系统存量与系统流量以及流量变化率三者之间的动态关系的微分方程。在预测运输量时,只需要研究水路运输系统中系统存量与系统流量之间的动态关系,即采用GM(1,1)模型。

设时间序列$X^{(0)}=\{X^{(0)}(1),X^{(0)}(2),\ldots,X^{(0)}(n)\}$,共$n$个观察值。

对$X^{(0)}$作一次累加生成列$X^{(1)}$:$X^{(1)}=\{X^{(1)}(1),X^{(1)}(2),\ldots,X^{(1)}(n)\}$。

其中,$X^{(1)}(k)=\sum_{i=1}^{k}X^{(0)}(i)=X^{(1)}(k-1)+X^{(0)}(k)$。

这样生成的数据列有较强的规律性,可对变化过程作较长时间的描述,因此建立微分方程模型,记为GM(1,1):

$$\frac{\mathrm{d}X^{(1)}}{\mathrm{d}t}+aX^{(1)}=\mu \tag{10-7}$$

式中:a——发展灰数;

μ——内生控制灰数。

设$\hat{\alpha}=\begin{pmatrix}a\\\mu\end{pmatrix}$,利用最小二乘法求解可得:

$$\hat{\alpha}=(B^{\mathrm{T}}B)^{-1}B^{\mathrm{T}}Y_{\mathrm{n}} \tag{10-8}$$

其中,$B=\begin{Bmatrix}-\frac{1}{2}[X^{(0)}(1)+X^{(1)}(2)] & 1\\ -\frac{1}{2}[X^{(0)}(2)+X^{(1)}(3)] & 1\\ \vdots & \vdots\\ -\frac{1}{2}[X^{(0)}(n-1)+X^{(1)}(n)] & 1\end{Bmatrix}$;$Y_{\mathrm{n}}=\begin{Bmatrix}X^{(0)}(2)\\X^{(0)}(3)\\\vdots\\X^{(0)}(n)\end{Bmatrix}$

求解微分方程,即可得预测模型:

$$\hat{X}^{(1)}(k+1)=\left[X^{(0)}(1)-\frac{\mu}{a}\right]e^{-ak}+\frac{\mu}{a},k=0,1,2,\ldots,n \tag{10-9}$$

②模型检验。对于模型的检验主要通过残差、关联度和后验差检验来完成:残差检验要求模型误差尽可能较小;在关联度检验中,分辨率取0.5的情况下,关联度大于0.6便能令人满意了;后验差检验主要是通过方差比C和最小误差概率P来考察模型的优劣,$C<0.35$,$P>$

0.95时，认为模型精度好。如果 GM(1,1)模型通过这些检验，则可用于预测；若 GM(1,1)模型检验不合格或精度不理想，则需要对建立的 GM(1,1)模型进行残差辨识。其方法是建立残差的 GM(1,1)模型，得到残差的模型还原值，并对原模型还原值进行修正，继续求其残差，直至模型通过检验为止方可用于预测。

3. 其他预测方法

(1)组合预测方法。所谓组合预测就是在研究分析时找到了多个预测模型，并且这些预测模型又都包括了许多有用的信息；为了对这些预测模型充分加以利用，就把这些预测模型都用来进行预测；对各个模型单独的预测结果做适当的加权平均，最后取其加权平均值作为最终结果的一种预测方法。

当对 2 个预测模型进行组合预测时，利用预测模型的方差信息，进行加权平均是最优的结果。

组合预测结果 = 第 1 个预测模型预测结果 × W_1 + 第 2 个预测模型预测结果 × W_2；

其中，

$$\begin{cases} W_1 = \sigma_2^2/(\sigma_1^2 + \sigma_2^2) \\ W_2 = \sigma_1^2/(\sigma_1^2 + \sigma_2^2) = 1 - W_1 \end{cases} \tag{10-10}$$

式中：W_1——第一个预测模型的权数；

W_2——第二个预测模型的权数；

σ_1——第一个预测模型的标准误差；

σ_2——第二个预测模型的标准误差。

(2)增长率法。增长率法是根据客货运量的预计增长速度进行预测的方法。一般的做法是，先分析历年突破口——运量增长率的变化规律，然后根据对今后经济增长的估计确定预期运量的年均增长率，再预测未来的客货运量。计算公式：

$$Q_t = Q_0(1 + a)^t \tag{10-11}$$

式中：Q_t——预测期运量；

Q_0——基期运量；

a——确定的运量年均增长率；

t——预测期的年限。

增长率法的关键是确定增长速度，一般用于运量增长率变化不大，或预计过去的增长趋势在预测期仍将继续的情况，也可用于综合性运量的预测。该法计算简单，但预测结果显然也比较粗略。

(3)乘车系数法。乘车系数法是以总人口和平均每人乘车次数预测旅客发送量的方法。乘车系数是指一定范围内旅客发送量与人口数的比值。在全国范围内，乘车系数为总客运需求量与全国人口的比值，在运输企业或车站范围内，为吸引其范围内总客运需求与其总人口的比值，计算公式：

$$Q_t = M_t \times \beta \tag{10-12}$$

式中：Q_t——预测期运输总需求量；

M_t——预测期的总人口数；

β——乘车系数。

乘车系数可以根据历年资料和日后发生的变化进行确定、修改。乘车系数法的局限性在于乘车系数本身的变动有时难以预料,而总人口在考虑间接吸引区时也比仅考虑直接吸引区要复杂得多,难以精确计算。

(4)产值系数法。产值系数法是根据预测期国民经济的总量指标(如工农业总产值、国民生产总值等)和每单位产值所引起的客运需求以预测全社会客运需求量的方法。计算公式:

$$Q_t = M_t \times \beta \tag{10-13}$$

式中:Q_t——预测期运输总需求量;

M_t——预测期产值指标;

β——产值系数。

与乘车系数法类似,产值系数法用于预测时,产值系数的确定是关键,尤其要注意在长期的变化中把握住具体产值系数及其变动趋势。

(5)弹性系数法。弹性系数法是先求出历年运量关于经济量的弹性,当有了经济量的预测值后,便可利用该弹性值预测出未来的运量:

$$未来的运量增长率 = 预期的经济量增长率 \times 弹性值 \tag{10-14}$$

第二节　集装箱生成量预测

多年来,我国集装箱运输持续快速发展,水路运输方面,在沿海不断形成干线港口的同时,集装箱运输正逐步向中西部延伸,港口集装箱吞吐量需求预测将变得越发重要。

腹地生成法是目前常用的港口集装箱吞吐量预测方法之一,通过分析腹地集装箱生成的影响因素,预测腹地集装箱生成量,从而推算港口集装箱吞吐量的未来需求。

一、集装箱生成量预测原理

要对集装箱生成量进行预测,首先要了解集装箱运输需求的生成机制;而分析集装箱需求的生成机制也就是对影响集装箱生成量的各个因素进行分析。

(一)集装箱生成量因素分析

集装箱生成量因素分析是研究集装箱需求产生的内在动力、源泉以及各个影响因素之间的内在客观联系;而集装箱生成量是指一个地区对集装箱运输的总需求量(重箱),是这个地区经济增长和对外贸易发展的综合反映。

1. 国民经济的增长和对外贸易的发展对集装箱运输需求的影响

一个地区国内生产总值(GDP)的增长速度决定了国民经济各行业、各部门的发展速度,无论是对外贸易、交通运输,以及集装箱运输都会对国内生产总值的增长有一定的弹性需求。集装箱运输的对象是传统的件杂货,集装箱运输的需求最先产生于对外贸易活动之中,集装箱生成量的规模与各地区外贸进出口的规模密切相关,而对外贸易的发展又与该地区国内生产总值的增长密不可分,因此,一个地区的整体经济发展水平(以 GDP 来反映)与该地区的对外贸易规模密切相关,而对外贸易的规模又对该地区集装箱生成量的大小起着重要作用。

2. 产业结构的调整和优化对集装箱运输需求的影响

所谓产业结构,主要指一、二、三产业在国民经济中所占的比重;当今产业结构调整的趋势是第三产业比重的上升,第一产业比重的下降和第二产业比重的略有提高。第二产业的产品大多为高质量、高附加值的件杂货，而这些高质量、高附加值的件杂货正是适于集装箱运输的适箱货。所以，伴随着一个地区产业结构的调整和优化，必将引发集装箱运输的新需求。

3. 运输系统的能力和运输组织水平的高低对集装箱需求的影响

集装箱运输的需求不仅受对外贸易的规模和外贸货物构成的影响，而且还受运输系统的能力和运输组织水平的影响。这是因为一方面，由于受集装箱运输能力的制约、集装箱运输组织方式以及运输成本、运输质量和运输效率等因素的影响，仍有部分集装箱适箱货以传统的件杂货运输方式来运输；另一方面，由于外贸进出口结构、规模和外贸货物流向的不平衡，集装箱运输中存在着空箱运输的情况。因此，随着一个地区集装箱运输系统的能力和运输管理水平的提高，该地区的集装箱运输量也将随之而提高。

（二）集装箱生成量预测

主要采用多因素动态相关系数法来对集装箱生成量进行预测。

多因素动态相关系数预测方法是指根据集装箱货物的生成机制，通过预测口岸海关进出口总额和分析运输货物中的适箱货比例，进而预测出集装箱生成量的一种预测方法（具体流程如图10-1 所示）。该方法从本质上抓住了集装箱生成机制的本质，淡化了企业性质、贸易方式。

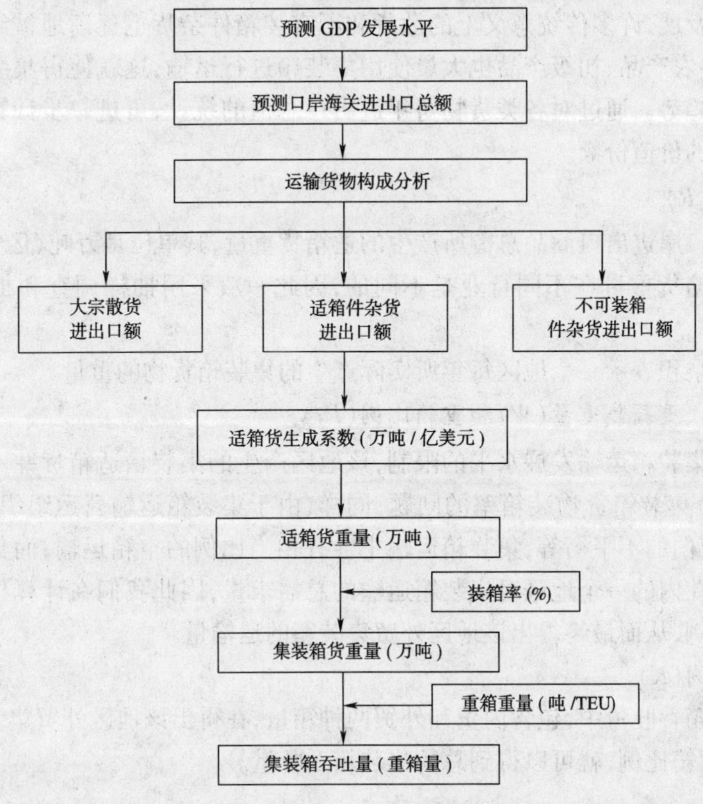

图10-1　集装箱生成量预测流程框图

多因素动态相关系数预测模型的计算公式：

$$Y = T \times P_1 \times R \times r / (W \times P_2 \times K) \tag{10-15}$$

式中：Y——集装箱生成量；

T——口岸海关进出口总额；

P_1——适箱货比例；

R——综合系数；

r——装箱率；

W——重箱载重量；

P_2——重箱比例；

K——外贸箱比例。

有关参数的说明如下：

1. 海关进出口总额(T)

关于一个地区未来年份海关进出口总额的确定可根据该地区的国民经济发展规划或通过预测得到。

2. 适箱货比例(P_1)

将外贸货物分成大宗散货和件杂货两大类，而件杂货又可分为可装箱件杂货(适箱货)和不可装箱件杂货，其中可装箱件杂货大多为高附加值的工业成品或半成品。但近年来，随着集装箱运输的蓬勃发展，许多传统意义上的散货和不宜装箱件杂货也逐渐地被纳入集装箱运输的范围之内，一些农产品、初级产品也大量使用集装箱进行运输，这就使得集装箱适箱货的比例呈逐年上升的趋势。通过对各类货物每年进出口总值的统计，可进一步计算得出适箱货在外贸货物中所占的价值份额。

3. 综合系数(R)

指每亿美元口岸进出口商品总额所产生的适箱货重量，其单位是万吨/亿美元。由于每亿美元所产生的适箱货重量在不同行业是不同的，因此一般采用抽样调查和加权平均计算后确定。

以上三项的乘积表示一个地区每年所实际产生的集装箱货物的重量。

4. 装箱率(r)、重箱载重量(W)和重箱比例(P_2)

由于受地区集装箱运输发展水平的限制，该地区产生的集装箱适箱货并不完全用集装箱运输，这就有一个集装箱货物装箱率的问题；同样，由于集装箱运输营运组织、货源组织不均衡，集装箱货物流向的不平衡等，集装箱运输中会有相当比例的空箱运输；而集装箱运输量是包括空箱和重箱在内的一个地区对集装箱运输的总需求量，因此我们在计算出集装箱生成量后应除以重箱比例，从而最终得出该地区外贸集装箱的运输量。

5. 外贸箱比例(K)

在总的集装箱吞吐量中，包含内贸和外贸两种箱量，在得出该地区外贸集装箱的运输量的基础上，除以外贸箱比例，就可以得到总的集装箱吞吐量。

二、江阴地区集装箱生成量预测

江阴港腹地广阔，经济发达：包括苏锡常三市及其所辖市(县)、上海市部分区县及浙江杭嘉湖地区等混合腹地，而无锡、江阴地区是江阴港的主要货源地。下面应用第一部分所述的预测模型结合回归和时序预测法，以江阴港的主要腹地之一——江阴地区 2010 年的集装箱生成

量预测为例，作预测分析。

（一）江阴国内生产总值（GDP）和口岸海关进出口总额的预测

第一步，用回归预测法对表10-1中2000～2008年的江阴国内生产总值（GDP）和海关进出口总额进行分析，得Y（海关进出口总额）$=-22.154+0.1072$GDP。该模型通过了回归系数和回归方程的显著性检验；另外，$R=0.9962$，标准误差$=4.16$，模型拟合效果较好，且符合江阴进出口总量的发展趋势，能够用于预测其未来的发展变化。由于江阴"十一五"发展规划2010年GDP目标是在2005年的基础上翻一番：$788\times2=1576$亿元，所以预测得2010年江阴海关进出口总额为147亿美元。

2000～2008年江阴有关经济指标　　表10-1

年　份	江阴国内生产总值（亿元）	江阴进出口总额（亿美元）
2000	328.03	10.81
2001	365.03	14.37
2002	410.03	18.65
2003	508.02	32.74
2004	638.26	49.89
2005	788	66.99
2006	980	84.05
2007	1190.56	110.23
2008	1530	135.49

资料来源：2000～2009年《江阴统计年鉴》。

第二步，用时间序列预测法对表10-1中2000～2008年的江阴海关进出口总额进行分析，得Y（海关进出口总额）$=-21.144+15.8558$时序年。此模型能够通过回归系数和方程的显著性检验；另外，$R=0.9748$，标准误差$=10.62$，拟合效果较好，符合理论推断。时间序列目标为2010年的预测值为153亿美元。

第三步，用组合预测法得到：

$$\text{权数}1=4.16^2/(4.16^2+10.62^2)=0.13$$

$$\text{权数}2=10.62^2/(4.16^2+10.62^2)=0.87$$

2010年江阴海关进出口总额为：

$$T=147\times0.87\ +153\times0.13=148(\text{亿美元})$$

（二）集装箱生成量预测模型中参数的选取

1. 适箱货比例（P_1）

随着近年来我国集装箱运输的不断发展，外贸货物中适箱货的比例呈明显上升趋势，2010年取80%。

2. 综合系数（R）

综合系数（R）表明每亿美元进出口总额所产生的外贸适箱货重量（万吨/亿美元）。根据有关单位对上海市近年来贸易情况和集装箱运输的调查，计算得出$R=6.6$万吨/亿美元，设江阴的情况相同。

3. 装箱率（r）

根据有关研究结果表明，2006年长江三角洲地区外贸适箱货的实际装箱率约为80%，2010年可达85%左右。

4. 重箱重量(W)和重箱比例(P_2)

海关的统计数据表明,上海口岸集装箱重箱载重量多年来一直维持在11吨上下,重箱比例在80%左右,设江阴口岸的情况相同。

5. 外贸箱比例(K)

根据有关统计分析,外贸箱比例在75%左右。

(三)预测结果

根据以上分析,可计算出2010年江阴地区集装箱生成量的预测值,结果如下:

$$Y = \frac{T \times P_1 \times R \times r}{W \times P_2 \times K} = \frac{148 \times 80\% \times 6.6 \times 85\%}{11 \times 80\% \times 75\%} = 101(\text{万 TEU}) \tag{10-16}$$

通过集装箱生成量预测,2010年江阴地区的集装箱生成量预测值为101万TEU。以此类推,江阴港的其他经济腹地集装箱生成量也同理可以预测得到。再通过设定各经济腹地权重,就可以预测得到江阴港集装箱运输需求量,此处就不赘述了。

第三节　灰色预测在港口旅客吞吐量预测中的应用

运输需求是派生性需求,根据其生成机制、影响因素预测其未来发展趋势是目前常用的预测方法,包括回归分析、腹地生成法等。但是,港口客货吞吐量是一个复杂的变量,受到多方面因素的综合影响,各因素本身以及因素间存在着许多不确定性、调研范围广、时间长;并且,对于近年来一些港口客货吞吐量的超常规增长的状况,其预测精度较差。灰色系统模型可以通过结合现有的少数样本构造模型,以预测未来的运量,适用于对"少数据不确定性"的问题进行研究。下面以厦门港旅客吞吐量为例,具体介绍灰色系统预测在运输需求预测中的应用。

一、厦门市港口旅客吞吐量总量发展规律

根据厦门港口管理局的统计,2008年厦门港全港完成旅客吞吐量为528.1万人次,同比增长12.1%,是1983年厦门港旅客吞吐量的53倍。厦门市港口1983~2008年港口旅客吞吐量与增长率如表10-2所示。

1983~2008年,厦门港旅客吞吐量的平均增长速度为17.2%。通过进一步的计算分析还可以发现,厦门港各阶段的旅客吞吐量增长速度明显不同。1983~1990年,厦门港旅客吞吐量的平均增长速度为17.5%;1990~2000年,厦门港旅客吞吐量的平均增长速度为-0.6%;1983~2000年,厦门港旅客吞吐量的平均增长速度为6.5%;2000~2008年,厦门港旅客吞吐量的平均增长速度达到43.9%。其中,1989年、1993年、1994年、1995年四年厦门港旅客吞吐量出现较大幅度的萎缩,其幅度分别达到-10.5%、-14.1%、-24.0%和-20.0%。

由此可见,20世纪80~90年代期间,厦门港旅客吞吐量的总体发展速度较慢,特别是20世纪90年代期间甚至出现负增长现象;而进入21世纪以来,厦门港旅客吞吐量也进入了新一轮的发展。特别是2004年实现了跨越式发展之后,厦门港旅客吞吐量出现了平稳快速增长的趋势。2004~2008年,厦门港旅客吞吐量的平均增长速度为13.3%。

厦门市港口 1983 ~ 2008 年港口旅客吞吐量[①]与增长率　　表 10-2

年份	旅客吞吐量（万人次）	增长率（%）	年份	旅客吞吐量（万人次）	增长率（%）
1983	9.9	—	1996	20.2	1.0
1984	12.5	26.3	1997	30.2	49.5
1985	19.0	52.0	1998	28.6	-5.3
1986	21.4	12.6	1999	30.6	7.0
1987	25.6	19.6	2000	28.8	-5.9
1988	32.5	27.0	2001	31.9	10.8
1989	29.1	-10.5	2002	47.6	49.2
1990	30.6	5.2	2003	48.8	2.5
1991	31.6	3.3	2004	321.0	557.8
1992	38.3	21.2	2005	366.9	14.3
1993	32.9	-14.1	2006	415.7	13.3
1994	25.0	-24.0	2007	471.0	13.3
1995	20.0	-20.0	2008	528.1	12.1

资料来源:厦门港统计年鉴(2008 年度)。

二、厦门港旅客吞吐量 GM(1,1)灰色预测模型

(一)模型构建

根据图 10-2,厦门港旅客吞吐量在 2004 年前后的发展趋势发生了很大的变化,2004 年之后则进入了相对平稳的发展阶段,因此利用 2004 ~ 2008 年厦门港旅客吞吐量数据进行预测计算。

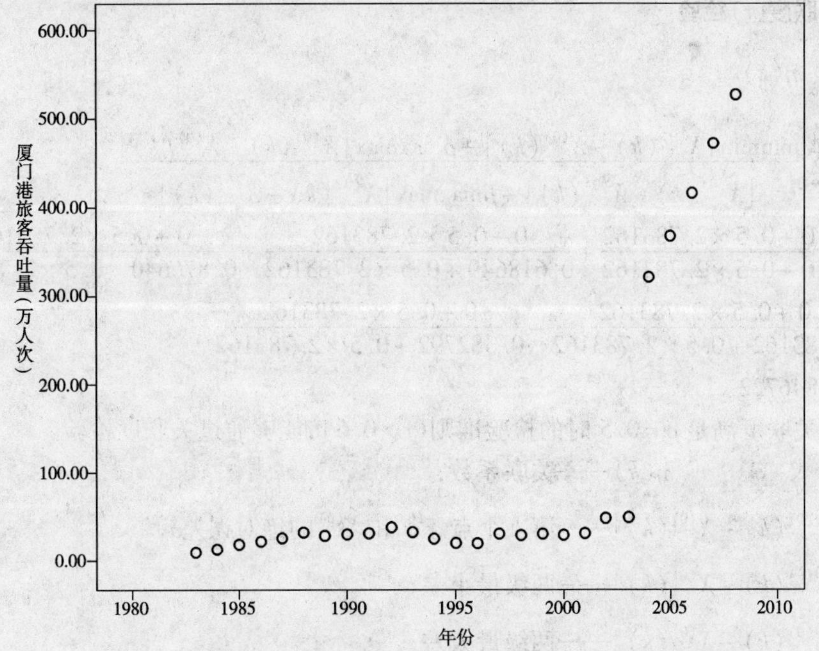

图 10-2　1983 ~ 2008 年厦门港旅客吞吐量散点图

① 2006 ~ 2008 年厦门港旅客吞吐量数据包括了厦门至漳州方向的客运吞吐量。

通过计算机软件运算,建立 GM(1,1)模型:

$$\hat{X}^{(1)}(k+1) = 2855.31728e^{0.121078727k} - 2534.3172761, k = 0,1,2,3,4 \quad (10\text{-}17)$$

(二)残差检验

按上式计算拟合值 $\hat{X}^{(1)}(k)$,并将 $\hat{X}^{(1)}(k)$ 累减生成 $\hat{X}^{(0)}(k)$,然后计算出原始序列 $X^{(0)}(k)$ 与 $\hat{X}^{(0)}(k)$ 绝对误差序列 $\Delta^{(0)}(k)$ 和相对误差序列 $\phi(k)$。

其中,绝对误差 $\Delta^{(0)}(k) = |X^{(0)}(k) - \hat{X}^{(0)}(k)|$;相对误差 $\phi(k) = \frac{\Delta^{(0)}(k)}{X^{(0)}(k)} \times 100\%$。

具体计算结果如表 10-3 所示,可以看出,厦门港旅客吞吐量 GM(1,1)模型的相对误差均小于 0.6%,模型精确度高。

厦门港旅客吞吐量 GM(1,1)模型残差计算结果 表 10-3

序号	$X^{(0)}(k)$	$\hat{X}^{(0)}(k)$	$\Delta^{(0)}(k)$	相对误差 $\phi(k)$(%)
1	321	321	0.000000	0.000000
2	366.9	367.5	0.618649	0.168615
3	415.7	414.8	0.876640	0.210883
4	471	468.2	2.783162	0.590905
5	528.1	528.5	0.382792	0.072485

(三)关联度(r)检验

$$r = \frac{1}{n}\sum_{k=1}^{n}\eta(k)$$

$$= \frac{1}{n}\sum_{k=1}^{n}\frac{\min\min|\hat{X}^{(0)}(k) - X^{(0)}(k)| + \rho\max\max|\hat{X}^{(0)}(k) - X^{(0)}(k)|}{|\hat{X}^{(0)}(k) - X^{(0)}(k)| + \rho\max\max|\hat{X}^{(0)}(k) - X^{(0)}(k)|}$$

$$= \frac{1}{5}\left(\frac{0+0.5\times2.783162}{0+0.5\times2.783162} + \frac{0+0.5\times2.783162}{0.618649+0.5\times2.783162} + \frac{0+0.5\times2.783162}{0.876640+0.5\times2.783162} + \frac{0+0.5\times2.783162}{2.783162+0.5\times2.783162} + \frac{0+0.5\times2.783162}{0.382792+0.5\times2.783162}\right)$$

$$= 0.6846722$$

模型的关联度满足 $\rho = 0.5$ 时的检验准则($r > 0.6$),能够通过关联度检验。

式中:

$\eta(k)$——关联系数;

$|\hat{X}^{(0)}(k) - X^{(0)}(k)|$——第 k 个点 $X^{(0)}$ 和 $\hat{X}^{(0)}$ 的绝对误差;

$\min\min|\hat{X}^{(0)}(k) - X^{(0)}(k)|$——两级最小差;

$\max\max|\hat{X}^{(0)}(k) - X^{(0)}(k)|$——两级最大差;

ρ——分辨率,$0 < \rho < 1$,一般取 $\rho = 0.5$。

注意:如果遇到单位不一,初值不同的序列的关联度检验,在计算相关系数前应首先进行初始化,即将该序列所有数据分别除以序列第一个数据。

(四)后验差检验

根据表 10-3 中的计算结果,可以获得原属序列的标准差(S_1)和绝对误差序列的标准差(S_2),进而计算方差比

$$C=\frac{S_2}{S_1}=\frac{\sqrt{\frac{\sum_{k=1}^{n}[\Delta^{(0)}(k)-\overline{\Delta}^{(0)}]^2}{n-1}}}{\sqrt{\frac{\sum_{k=1}^{n}[X^{(0)}(k)-\overline{X}^{(0)}]^2}{n-1}}}=0.013210<0.35$$

另外,令 $S_0=0.6745S_1$,$e_i=|\Delta^{(0)}(i)-\overline{\Delta}^{(0)}|$

可得

$$S_0=55.33804112$$

$$e_i=|\Delta^{(0)}(k)-\overline{\Delta}^{(0)}|=\{0.932249,0.313599,0.055609,1.850913,0.549456\}$$

通过比较,显然所有的 e_i 都小于 S_0,故小误差概率 $P=P\{e_i<S_0\}=1>0.95$。

该模型当 $P>0.95$,$C<0.35$ 时,预测模型精度好。

因此,该模型符合残差检验、关联度检验和后验差检验要求且具有较好的预测精度,很好地拟合了厦门港的旅客吞吐量历史数据,可以用于厦门港旅客吞吐量的预测,也可以据此预测厦门港旅客吞吐量需求的未来状况。

三、厦门港旅客吞吐量预测结果

利用厦门港旅客吞吐量 GM(1,1)灰色模型,可以计算出厦门港旅客吞吐量预测结果如表 10-4 所示。

厦门港旅客吞吐量 GM(1,1)模型预测结果　　表 10-4

年份	预测值(万人次)	年份	预测值(万人次)	年份	预测值(万人次)
2009	597	2013	968	2017	1571
2010	673	2014	1093	2018	1774
2011	760	2015	1233	2019	2002
2012	858	2016	1392	2020	2260

第四节　组合预测在港口货物吞吐量预测中的应用

不同的预测方法,因为适用条件不尽相同,所以会产生不同的预测结果,单纯利用一种特定的预测方法对运输需求进行预测往往具有片面性,组合预测方法可以综合利用各种预测方法所提供的有效信息,提高预测精度。下面以连云港港货物吞吐量预测为例,采用回归分析和趋势外推法作为单项预测,再进行组合预测。

一、基于回归模型的连云港港货物吞吐量预测

(一)指标相关性分析

根据因素分析,初步选定多个与连云港港货物吞吐量相关的主要国民经济指标(具体指标及数据详见表 10-5),利用统计软件对连云港港货物吞吐量与其相关因素进行相关性分析。

表 10-5

1999～2008 年连云港港货物吞吐量及相关指标

指　标	1999 年	2000 年	2001 年	2002 年	2003 年	2004 年	2005 年	2006 年	2007 年	2008 年
货物总吞吐量(万吨)	2016.7	2708.2	3058.1	3316.2	3751.7	4352.3	6016.2	7232.2	8507.0	10060.0
集装箱吞吐量(万 TEU)	11.05	12.01	15.60	20.51	30.11	50.22	100.53	130.23	200.31	300.05
地区生产总值(亿元)	285.0	291.1	315.8	350.2	351.1	416.4	456.0	527.4	618.2	750.1
第一产业产值(亿元)	82.6	73.7	78.1	82.3	82.9	88.6	93.4	96.3	105.3	122.8
第二产业产值(亿元)	117.1	125.7	137.0	154.2	148.3	188.3	201.5	241.6	288.9	355.1
工业产值(亿元)	99.1	104.9	113.0	126.1	114.1	144.0	149.4	188.4	229.3	281.3
第三产业产值(亿元)	85.3	91.8	100.7	113.7	119.9	139.5	161.1	189.6	224.0	272.3
人均地区生产总值(元)	6391	6443	6901	7582	7536	8891	9691	11084	12857	15458
地区生产总值指数(上年=100)	—	103	108.2	111.4	112.1	113.9	114.2	115.2	115.1	113.1
农林牧渔业总产值(亿元)	153.0	140.7	149.1	155.5	151.2	164.3	174.0	187.3	196.3	230.5
工业增加值(亿元)	—	58.5	63.8	70.2	60.6	82.7	98.2	132.7	—	—
公路货运量(万吨)	3380	2739	2914	2962	3062	3328	3843	4286	5229	8514
固定资产投资(亿元)	108.8	127.8	151.8	133.7	160.6	175.1	220.3	300.1	409.6	568.2
社会消费品零售总额(亿元)	89.1	95.6	102.9	113.0	123.6	141.2	182.1	211.5	249.1	310.4
进出口总额(亿美元)	4.2	4.9	6.8	7.5	9.5	15.4	20.4	27.3	32.5	44.5
出口总额(亿美元)	3.2	3.9	4.9	5.0	5.8	7.6	9.3	14.6	18.5	22.9
进口总额(亿美元)	1.0	1.0	1.9	2.4	3.7	7.8	11.1	12.7	14.1	21.6
合同外商直接投资(亿美元)	1.1	1.0	1.0	2.0	5.1	6.0	10.4	9.6	16.8	18.4
实际外商直接投资(亿美元)	0.5	0.5	0.6	1.0	2.1	2.3	2.8	3.5	7.4	9.4
年末金融机构存款余额(亿元)	175.7	192.9	214.6	249.5	293.6	357.9	426.8	506.1	633.9	796.8
居民储蓄存款(亿元)	107.5	114.4	129.3	152.7	178.5	212.3	245.8	281.9	315.3	395.6

资料来源:江苏统计年鉴 2000～2007 年,连云港市国民经济和社会发展统计公报(2007～2008 年)。

分析结果表明,与连云港港货物吞吐量相关的因素,按其相关系数大小排列分别为:社会消费品零售总额、第三产业产值、进出口总额、年末金融机构存款余额、居民储蓄存款、地区生产总值、人均地区生产总值、出口总额、第二产业产值、进口总额、合同外商直接投资、工业产值、工业增加值、农林牧渔业总产值、固定资产投资、实际外商直接投资、第一产业产值、公路货运量、地区生产总值指数,如表 10-6 所示。

连云港港货物吞吐量的相关系数　　表 10-6

相关指标	相关系数	相关指标	相关系数
社会消费品零售总额	0.995520	合同外商直接投资	0.977723
第三产业产值	0.994374	工业产值	0.975952
进出口总额	0.993279	工业增加值	0.965240
年末金融机构存款余额	0.992545	农林牧渔业总产值	0.964145
居民储蓄存款	0.990287	固定资产投资	0.963970
地区生产总值	0.989266	实际外商直接投资	0.955869
人均地区生产总值	0.988797	第一产业产值	0.953433
出口总额	0.988080	公路货运量	0.882939
第二产业产值	0.986935	地区生产总值指数	0.648984
进口总额	0.982530		

(二)逐步回归建模预测

从前面的分析可以看出,与连云港港货物吞吐量相关程度较高的因素很多,但是运用回归方法进行预测时,并不是考虑的因素越多就肯定越好,因为这些影响因素之间可能会存在某种线性关系,即共线性问题,影响回归方程参数的确定,进而影响到模型的应用。

因此,以连云港港货物吞吐量为因变量,以社会消费品零售总额、第三产业产值、进出口总额、年末金融机构存款余额、居民储蓄存款、地区生产总值、人均地区生产总值、出口总额、第二产业产值、进口总额、合同外商直接投资、工业产值、工业增加值、农林牧渔业总产值、固定资产投资、实际外商直接投资、第一产业产值、公路货运量、地区生产总值指数为自变量,运用 SPSS 统计软件,采用逐步回归方法,代入表 10-5 的数据,对这些自变量进行优选,得到综合计算结果,如表 10-7 ~ 表 10-10 所示。

Variables Entered/Removed[a]　　表 10-7

Model	Variables Entered	Method
1	社会消费品零售总额	Stepwise (Criteria: Probability-of-F-to-enter <= 0.050, Probability-of-F-to-remove >= 0.100).
2	固定资产投资	Stepwise (Criteria: Probability-of-F-to-enter <= 0.050, Probability-of-F-to-remove >= 0.100).
3	年末金融机构存款余额	Stepwise (Criteria: Probability-of-F-to-enter <= 0.050, Probability-of-F-to-remove >= 0.100).

注:a. Dependent Variable:连云港港货物吞吐量。

从表 10-7 中可以看出,通过逐步回归方法,依照自变量的偏回归平方和通过显著性检验(p 值小于等于 0.05)的纳入模型,通不过显著性检验(p 值大于等于 0.1)的移出模型的原则,最后纳入模型的自变量依次是:社会消费品零售总额、固定资产投资和年末金融机构存款余额这三个经济指标。

下面对纳入社会消费品零售总额单个指标的模型、纳入社会消费品零售总额和固定资产投资两个指标的模型,以及纳入上述三个指标的模型进行检验和比较。

ANOVA[d] 表 10-8

Model		Sum of Squares	df	Mean Square	F	Sig.
1	Regression	16850133.263	1	16850133.263	3459.004	0.000[a]
	Residual	24356.914	5	4871.383		
	Total	16874490.177	6			
2	Regression	16866696.193	2	8433348.097	4328.132	0.000[b]
	Residual	7793.984	4	1948.496		
	Total	16874490.177	6			
3	Regression	16873163.646	3	5624387.882	12719.760	0.000[c]
	Residual	1326.532	3	442.177		
	Total	16874490.177	6			

注:a. Predictors:(Constant),社会消费品零售总额;

b. Predictors:(Constant),社会消费品零售总额,固定资产投资;

c. Predictors:(Constant),社会消费品零售总额,固定资产投资,年末金融机构存款余额;

d. Dependent Variable:连云港港货物吞吐量。

Model Summary 表 10-9

Model	R	R Square	Adjusted R Square	Std. Error of the Estimate
1	0.99928[a]	0.99856	0.99827	69.79529
2	0.99977[b]	0.99954	0.99931	44.14177
3	0.99996[c]	0.99992	0.99984	20.02801

注:a. Predictors:(Constant),社会消费品零售总额;

b. Predictors:(Constant),社会消费品零售总额,固定资产投资;

c. Predictors:(Constant),社会消费品零售总额,固定资产投资,年末金融机构存款余额。

从表 10-8 的输出结果可以看出,三个回归模型均通过了 F 检验(Sig. 即 p 值均 <0.001),具有统计学意义。

而从表 10-9 的结果中可以看出,三个回归模型的拟合效果都是不错的,拟合优度 R^2(R Square)均超过了 0.8,接近于 1;而修正的 R^2(Adjusted R Square)也都接近于 1。但是相比较之下,模型 3 的拟合优度 R^2 和修正的 R^2 均大于前 2 个模型,而标准误差(Std. Error of the Estimate)也明显小于前2个模型,预测精度较高,因此可以认为模型3优于前2个模型。

Coefficients[a]

表10-10

Model		Unstandardized Coefficients		Standardized Coefficients	T	Sig.
		B	Std. Error	Beta		
1	(Constant)	-1022.317	95.043		-10.756	0.000
	社会消费品零售总额	38.758	0.659	0.999	58.813	0.000
2	(Constant)	-999.579	60.613		-16.491	0.000
	社会消费品零售总额	34.153	1.633	0.881	20.908	0.000
	固定资产投资	3.393	1.164	0.123	2.916	0.043
3	(Constant)	-1106.983	40.279		-27.483	0.000
	社会消费品零售总额	40.948	1.940	1.056	21.111	0.000
	固定资产投资	2.622	0.590	0.095	4.445	0.021
	年末金融机构存款余额	-2.168	0.567	-0.150	-3.824	0.031

注:a. Dependent Variable:连云港港货物吞吐量。

在得出整个回归模型具有统计意义的结论以后,还需对模型中的具体单个自变量检验,即对偏回归系数(Unstandardized Coefficients)进行显著性检验。从表10-10中可以看出,模型3中的三个自变量都通过了t检验(p值均小于0.05)。

从上述分析中可以看出,模型3能够通过回归系数和回归方程的显著性检验,符合实际发展趋势,且模型的预测精度相对其他2个模型较高。因此,选择模型3作为连云港港货物吞吐量预测的回归模型,模型的标准误差为20.02801。

即
$$Y = -1106.983 + 40.948X_1 + 2.622X_2 - 2.168X_3$$

式中:Y——连云港港货物吞吐量(万吨);

X_1——社会消费品零售总额(亿元);

X_2——固定资产投资(亿元);

X_3——年末金融机构存款余额(亿元)。

根据1999~2008年实际数据,运用增长率法,分别求得连云港社会消费品零售总额、固定资产投资和年末金融机构存款余额9年间的平均年增长率;并且,假定2009~2015年,连云港市以上三项经济指标将保持同样的年均增长速度增长。在此基础上,求得这三个指标2015年的预测值。

另外,根据2007年5月连云港市经济贸易委员会和连云港市规划市政设计研究院有限责任公司联合制定的《连云港市城市商业网点规划》,到2020年,连云港的社会消费品零售总额将达到1000亿元;对比2015年的预测值,可以获得社会消费品零售总额2016~2020年的年均增长率。假设其余两个指标2016~2020年对比2009~2015年的年均增长率与消费品零售总额指标同比例变化,从而计算出2016~2020年固定资产投资于年末金融机构存款余额两项经济指标的年均增长率。最后,再分别计算出这两个指标2020年的预测值,如表10-11所示。

连云港港货物吞吐量回归模型相关指标预测　表 10-11

指　　标	2009～2015 年年均增长率(%)	2015 年预测值	2016～2020 年年均增长率(%)	2020 年预测值
社会消费品零售总额(亿元)	14.9	819	4.1	1000
固定资产投资(亿元)	20.2	2055	5.5	2687
年末金融机构存款余额(亿元)	18.3	2582	5.0	3295

将 2015 年和 2020 年连云港的社会消费品零售总额、固定资产投资和年末金融机构存款余额分别代入模型 3 计算,可以得到 2015 年和 2020 年连云港港货物吞吐量的预测值分别为 32237 万吨和 39742 万吨。

二、基于趋势外推法的连云港港货物吞吐量预测

1988 年,连云港港货物吞吐量仅为 1114.1 万吨;时至 2008 年,其货物吞吐量已跃至 10060 万吨。港口货物吞吐量基本保持着良好的增长势头(见表 10-12),尤其是从 2003 年以来,连云港港货物吞吐量保持高速增长且比较平稳。

1988～2008 年连云港港货物吞吐量　表 10-12

年份	货物总吞吐量(万吨)	年增长率(%)	年份	货物总吞吐量(万吨)	年增长率(%)
1988	1114.1	—	1999	2016.7	13.58
1989	1125.6	1.03	2000	2708.2	34.29
1990	1137	1.01	2001	3058.1	12.92
1991	1213	6.68	2002	3316.2	8.44
1992	1358.5	12.00	2003	3751.7	13.13
1993	1416.6	4.28	2004	4352.3	16.01
1994	1588.8	12.16	2005	6016.2	38.23
1995	1715.9	8.00	2006	7232.2	20.21
1996	1583.4	−7.72	2007	8507.0	17.63
1997	1651.6	4.31	2008	10060.0	18.26
1998	1775.6	7.51			

资料来源:连云港港口集团。

现欲通过趋势外推法,挖掘连云港港货物吞吐量发展的内在趋势规律,从而对其未来吞吐量进行预测。初选第一节中所述包括直线(Linear)、对数曲线(Logarithmic)、双曲线(Inverse)、二次曲线(Quadratic)、三次曲线(Cubic)、复合曲线(Compound)、幂函数曲线(Power)、S 型曲线(S)、等比级数曲线(Growth)、指数曲线(Exponential)这 10 种模型。运用 SPSS 软件对这些模型进行曲线拟合。曲线拟合计算结果如表 10-13 所示,另外,从图 10-3 中可以直观地看出各条曲线拟合的情况。

连云港港货物吞吐量曲线拟合结果　　表 10-13

Mth	R^2	d. f.	F	Sig.	B_0	b_1	b_2	B_3
Linear	0.746	20	55.71	0.000	-844.797	365.539		
Logarithmic	0.457	20	16.00	0.001	-1517.772	2172.138		
Inverse	0.176	20	4.06	0.058	4046.470	-5013.821		
Quadratic	0.962	19	230.15	0.000	2234.031	-437.634	36.508	
Cubic	0.995	18	1082.36	0.000	606.836	358.813	-51.927	2.680
Compound	0.922	20	224.44	0.000	736.006	1.115		
Power	0.664	20	37.47	0.000	535.588	0.703		
S	0.304	20	8.30	0.010	8.109	-1.770		
Growth	0.922	20	224.44	0.000	6.601	0.109		
Exponential	0.922	20	224.44	0.000	736.006	0.109		

资料来源:连云港港货物吞吐量(万吨)。

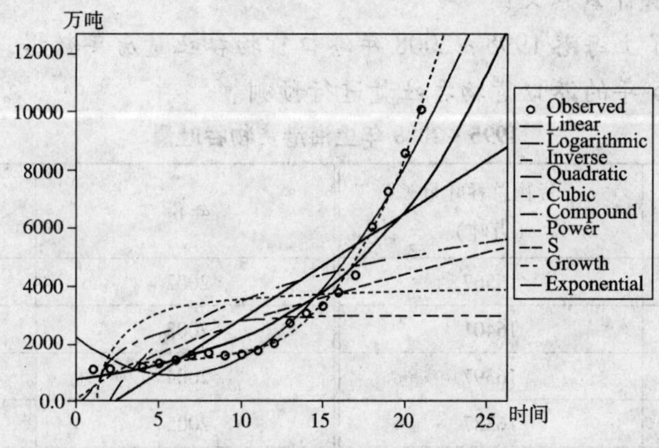

图 10-3　连云港港货物吞吐量曲线拟合

从表 10-13 可以看出,除 Inverse 模型的 Sig.(p 值)较大外,其余模型的 Sig. 值都比较小,均能通过回归方程显著性检验,具有统计学意义。接下来,比较剩余的 9 个模型拟合效果,从各模型的 Rsq(R^2)值来看,Cubic 模型最高,达到了 9.95;另外,该模型也能够通过各个参数的显著性检验。故选取 Cubic 模型(三次曲线模型)作为连云港港货物吞吐量预测模型,$Y = b_0 + b_1 T + b_2 T_2 + b_3 T_3$,模型的标准误差为 205.60001。

即　　$$Y = 606.836 + 358.813T - 51.927T_2 + 2.68T_3$$

式中:Y——连云港港货物吞吐量(万吨);

T——时间序列,$T = 1, 2, \cdots, 21$。

最后,通过趋势外推方法,得到 2015 年和 2020 年连云港港货物吞吐量的预测结果分别为 28774 万吨和 52210 万吨。

三、连云港港货物吞吐量组合预测结果

根据第一节中所介绍的组合预测原理,可以得到:

2015 年连云港港货物吞吐量

$$=32237\times\frac{205.60001^2}{20.02801^2+205.60001^2}+28774\times\frac{20.02801^2}{20.02801^2+205.60001^2}$$

$=32204$(万吨)

2020 年连云港港货物吞吐量

$$=39742\times\frac{205.60001^2}{20.02801^2+205.60001^2}+52210\times\frac{20.02801^2}{20.02801^2+205.60001^2}$$

$=39859$(万吨)

通过组合预测方法,最后得到 2015 年和 2020 年连云港港货物吞吐量预测结果分别为 32204 万吨和 39859 万吨。

复习思考题

1. 运输需求量预测与运量预测有什么联系与区别?

2. 运输需求预测有什么意义?

3. 表 10-14 显示了上海港 1995 ~2008 年港口货物吞吐量历年数据,请利用趋势外推法对上海港 2010 年和 2015 年的港口货物吞吐量进行预测。

1995 ~2008 年上海港货物吞吐量　　表 10-14

年份	货物总吞吐量(万吨)	年份	货物总吞吐量(万吨)
1995	16567	2002	26384
1996	16401	2003	31621
1997	16397	2004	37987
1998	16387	2005	44317
1999	18641	2006	53748
2000	20440	2007	56144
2001	22099	2008	58170

资料来源:1996 ~2009 年上海统计年鉴。

第十一章　运输市场景气指数

第一节　景气指数概述

一、景气指数的定义

景气指数，又称为景气度，它是调查对象对指标变化和预期发展所作的定性判断的量化反映，可以及时地反映宏观经济运行的变化过程、企业生产经营或消费者的信心状况，预测经济发展变动趋势。

景气指数作为景气调查结果具体的、定量的表示方式，有实时、准确、直观的优越性，是指示经济上升和下降、繁荣与萧条的“晴雨表”，也为市场经济国家监测经济运行、制订经济政策提供了重要依据。

二、景气指数的表示方法

(一)景气指数的表示形式

通常情况下景气指数的数值表示形式一般有以下四种：

1. 以纯小数表示

在此表示形式下景气指数的数值范围为[-1,1]，0为临界值。此时，当0＜景气指数≤1时，表明企业家判断景气状况趋于上升或改善；当景气指数=0时，表明企业家判断景气状况变化不大；当-1≤景气指数≤0时表明企业家判断景气状况趋于下降或恶化。

2. 以百分数表示

在此表示形式下景气指数的数值范围为[-100%,100%]，0为临界值。

3. 以带小数表示

在此表示形式下景气指数的数值范围为[-100,100]，0为临界值。

4. 以正数表示

在此表示形式下景气指数的数值范围为[0,200]，100为临界值。

为与物价指数等有关统计指数的数值表示形式一致，我国目前采用第四种景气指数的数值表示形式。

(二)景气指数的转换关系

景气指数的四种数值表示形式之间的转换关系应为：

第2种表示形式的景气指数值=第1种表示形式的景气指数值×100%

第3种表示形式的景气指数值 = 第1种表示形式的景气指数值 × 100

第4种表示形式的景气指数值 = 景气指数的第1种表示形式的景气指数值 × 100 + 100

三、影响景气指数的主要因素

(一)国际环境的影响

主要是指国际经济环境和全球经济变化情况。

例如,金融危机对包括我国在内的大多数国家的经济产生了影响,从而用以反映宏观经济运行和企业生产经营状况所处的状态和未来发展变化趋势的景气指数也必然发生变化。

(二)宏观环境的影响

市场经济发展的新形势、市场经济环境、宏观调控力度等宏观环境因素的变化对经济的发展。

经济运行的质量和企业生产经营都会产生重大影响,这种变化也会在景气指数的数值上表现出来。

(三)市场需求的影响

主要指市场供求变化等市场因素对景气指数的影响。

(四)企业自身的影响

主要指企业的生产经营机制、内部管理水平、应变能力、科技开发能力等企业自身因素对景气指数的影响。

第二节　景气指数的计算方法

一、权重的计算方法

在计算扩散指数和合成指数时,都要涉及企业权重的计算,权重系数反映的是样本在调查总体中的重要程度。许多景气指数的计算对景气指标组中的构成指标采用等权处理或专家评分确定法。但实际上各个经济变量对经济运行的影响程度是不同的,有些变量影响大,有些变量影响小,因此利用等权不合理,应该在计算景气指数时给每个指标赋以相应的权数,通过加权,减少样本单位规模不同引起的偏差。而专家评分依赖于个人的主观臆断,不仅复杂,而且可操作性不强。

确定指标权数的具体方法包括熵值法、变异系数法、因子分析法和层次分析法等。主要介绍熵值法和变异系数法,两者确定指标权数的原理和计算步骤如下:

(一)熵值法

熵是无序的量度,可以定义为解释随机事件的不确定性所需要的信息量,若一个事件为必然事件,则其熵值为0。根据熵的特性,可以通过计算熵值来判断一个事件的随机性及无序程度,也可以用熵值来判断某个指标的离散程度。

利用多个指标对事物进行综合评价时,对某个指标,若个体的值没有太大区别,则指标在综合分析中所起的作用不大;反之,若某个指标个体的值有很大的波动,即该指标的离散程度

很大，则这个指标对综合分析有很重要的影响，因此，可以利用熵值作为确定指标权数的依据。

熵值法的步骤为：

设有 n 个观测值，p 个指标，则 x_{ij} 为第 i 个观测值的第 j 个指标（$i=1,2,\cdots,n,j=1,2,\cdots,p$）。

第一步：对数据进行非负处理

$$x'_{ij}=\frac{x_{ij}-\min(x_{1j},x_{2j},\cdots,x_{nj})}{\max(x_{1j},x_{2j},\cdots,x_{nj})-\min(x_{1j},x_{2j},\cdots,x_{nj})}+1 \tag{11-1}$$

计算第 j 项指标下第 i 个观测值在此指标中所占的比重：

$$P_{ij}=\frac{x'_{ij}}{\sum_{i=1}^{n}x'_{ij}},i=1,2,\cdots,n,j=1,2,\cdots,p \tag{11-2}$$

第二步：计算第 j 项指标的信息熵

$$e_j=-\frac{1}{n}\sum_{i=1}^{n}P_{ij}\times\ln P_{ij} \tag{11-3}$$

第三步：第 j 项指标的权数

$$\omega_j=\frac{1-e_j}{\sum_{i=1}^{n}(1-e_j)} \tag{11-4}$$

（二）变异系数法

假定景气指标体系中包括 $i(i=1,2,\cdots,n)$ 项指标，对 $j(j=1,2,\cdots,m)$ 个评价对象进行评价；再根据各个评价对象指标的实际值计算各指标的平均值和标准差。第 i 项指标的均值 $\bar{x}_i=\frac{\sum_{j=1}^{m}x_{ij}}{m}$，第 i 项指标的标准差 $\sigma_i=\sqrt{\frac{\sum_{j=1}^{m}(x_{ij}-\bar{x}_i)^2}{m}}$；然后计算各指标的变异系数 $V_i=\frac{\sigma_i}{\bar{x}_i}(i=1,2,\cdots,n)$；最后，确定各指标的权重 $w_i=\frac{V_i}{\sum_{i=1}^{n}V_i}$，所得即按变异系数法确定的权数。

二、景气指数的计算方法

目前国际上通用的景气指数方法有扩散指数（DI）方法和合成指数（CI）方法。前者反映市场波动的方向，后者反映市场波动的程度，两者从不同的角度为企业进行经济决策提供定量依据。

（一）扩散指数的计算方法

扩散指数，又叫景气动向指数，简称 DI，是指在某个报告时期中，景气系统中的扩散指标与半扩散指标之和占指标总数的百分比值，即 t 时刻对某指标计算增长率（负指标则计算降低率），若大于前 j 期的值，则称该指标为扩散指标，并记为“1”个扩散指标；若等于前 j 期的值，则称为半扩散指标，并记为“0.5”个扩散指标；小于前 j 期的值，则称为不扩散指标，并记为“0”个扩散指标。将所得扩散指标计数相加，除以指标总数，再乘以 100%，就得出扩散指数 DI 在 t 时刻的值。用公式表示为：

$$DI_t=\sum_{i=1}^{N}W_iI[x_t^i\geqslant x_{t-j}^i]\times100\% \tag{11-5}$$

若各指标的权数 W_i 相等，则上式变成：

$$DI_t = \frac{\sum_{i=1}^{N} I[x_t^i \geqslant x_{t-j}^i]}{N} \times 100\% = \frac{\text{扩张指标计数}}{\text{指标总数}} \times 100\% \tag{11-6}$$

式中：N——指标总数；

$t-j$——基期，j 的确定取决于比较的基期，若与上期比较，则 $j=1$，若与前 2 期比较，则 $j=2$，依此类推；

$$I[x_t^i \geqslant x_{t-j}^i] = \begin{cases} 1 & \text{当 } x_t^i > x_{t-j}^i \\ 0.5 & \text{当 } x_t^i = x_{t-j}^i \\ 0 & \text{当 } x_t^i < x_{t-j}^i \end{cases} \tag{11-7}$$

由此可以看出，扩散指数是扩散指标与半扩散指标之和占总指标数的百分比，它的取值区间为[0,1]。将上述计算出来的扩散指数 DI 乘以 200，可以得到以正数表示的扩散指数。在此表示形式下，景气指数的数值范围为[0,200]，100 为分界线，也称之为"景气转折线"。在萧条时期，扩散指数达到 100 时，标志着经济复苏，是市场开始扩张的转折时期；在高涨时期，扩散指数跌到 100 时，标志经济趋于衰退，是市场开始萧条的转折时期。

扩散指数变化阶段图如图 11-1 所示。

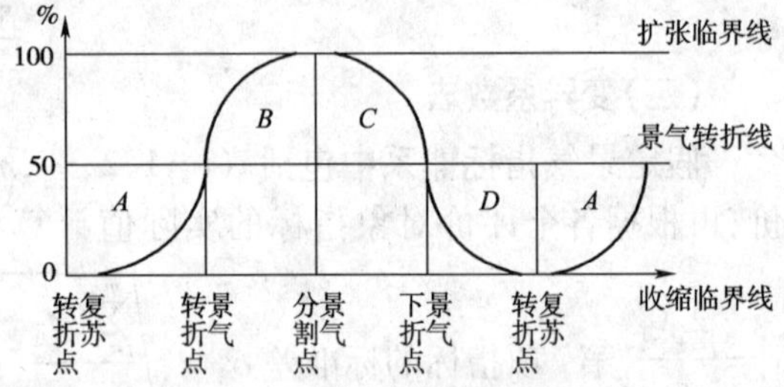

图 11-1 扩散指数变化阶段图

A 区表示上升的指标数小于 50%，但是，扩张的因素在不断地增长，收缩的因素在逐渐消失，经济形势在向扩张方向运动，处于不景气空间的后期。

B 区表示经济状况发生了重大转折，处于景气空间的前期，随着扩散指数向 100% 的不断趋近，运输市场形势越来越好。

C 区表示扩张率在不断下降，处于景气后期，由于在运行中有些变量已经达到了它们的极限，正在走下坡路，整个经济形势处于降温阶段。

D 区表示市场运行中的力量对比又一次发生了重大转折，市场面临全面收缩的阶段，运输形势进入一个新的不景气空间。

由于 DI 计算中把指标波动的任何一个上升都看作一个单位的扩张，而不管这个上升幅度的大小，所以它并不能很好地定量反映出扩张或收缩的程度，而只能大体表明经济循环的阶段及转折时间。只能表明景气变动的方向，不能反映景气变动的大小，这是 DI 最大的不足，因此还需要引入合成指数。

（二）合成指数的计算方法

合成指数 CI 不仅可以预测经济周期波动的转折点，还可以反映经济周期波动的程度。

合成指数分为先行、同步、滞后三种。

先行是指组成指数的指标的波动变化先于市场整体的波动变化。由先行指标合成的指数先于航运市场整体的波动变化（一般先行 6~12 个月），可用于预测未来经济运行轨迹的变动趋势。

同步是指组成指数的指标的波动变化与市场整体的波动变化大致相同。同步合成指数用

于显示当前经济运行的方向和力度,同步合成指数的变化方向与市场周期波动方向一致。

滞后是指组成指数的指标的波动变化落后于市场整体的波动变化。滞后合成指数滞后于市场整体的波动变化,可以用来确认经济运行中已出现的峰和谷。这个指数一般不发布,只作验证用。

目前国际上正使用的合成指数有三种计算方法:美国商务部的合成指数计算方法、日本经济企划厅的合成指数计算方法、OECD(经济合作与发展组织)的合成指数计算方法。其中,美国商务部合成指数的具体计算步骤如下:

1. 剔除季节因素和不规则因素,求出指标的对称变化率并将其标准化

设指标 $Y_{ij}(t)$ 为第 j 指标组的第 i 个指标,$j=1,2,3$ 分别代表先行、同步、滞后指标组,$i=1,2,\cdots,k_j$ 是组内指标的序号,k_j 是第 j 指标组的指标个数。

(1)对 $Y_{ij}(t)$ 求对称变化率 $C_{ij}(t)$:

$$C_{ij}(t)=\frac{Y_{ij}(t)-Y_{ij}(t-1)}{Y_{ij}(t)+Y_{ij}(t-1)}\times 200 \qquad t=2,3,\cdots,n \tag{11-8}$$

当 $Y_{ij}(t)$ 中有零或负值时,或者是比率序列时,取一阶差分:

$$C_{ij}(t)=Y_{ij}(t)-Y_{ij}(t-1),t=2,3,\cdots,n \tag{11-9}$$

(2)标准化对称变化率:

为防止变动幅度大的指标在合成指数中取得支配地位,各指标的对称变化率 $C_{ij}(t)$ 都被标准化,使其平均绝对值等于1。

①求标准化因子 A_{ij}:

$$A_{ij}=\sum_{t=2}^{n}\frac{|C_{ij}(t)|}{n-1} \tag{11-10}$$

②用 A_{ij} 将 $C_{ij}(t)$ 标准化,得到标准化变化率 $S_{ij}(t)$:

$$S_{ij}(t)=\frac{C_{ij}(t)}{A_{ij}},t=2,3,\cdots,n \tag{11-11}$$

2. 求各指标组的标准化平均变化率

求出先行、同步、滞后三组指标的组内、组间平均变化率,使得三类指数可比。

(1)求出先行、同步、滞后指标组的平均变化率 $R_j(t)$:

$$R_j(t)=\frac{\sum_{i=1}^{k_j}S_{ij}(t)\cdot w_{ij}}{\sum_{i=1}^{k_j}w_{ij}},j=1,2,3,t=2,3,\cdots,n \tag{11-12}$$

式中:w_{ij}——第 j 组第 i 个指标的权数。

(2)计算指数标准化因子 F_j:

$$F_j=\frac{\sum_{t=2}^{n}\frac{|R_j(t)|}{n-1}}{\sum_{t=2}^{n}\frac{|R_2(t)|}{n-1}} \quad j=1,2,3 \quad F_2=1 \tag{11-13}$$

(3)计算标准化平均变化率 $V_j(t)$:

$$V_j(t)=\frac{R_j(t)}{F_j} \qquad t=2,3,\cdots,n \tag{11-14}$$

用同步指标序列的平均变化率的振幅去调整先行指标序列和滞后指标序的平均变化率，其目的是为了让三个指数成为一个协调一致的体系。

3. 计算合成指数

以某年为基期，计算其余年各月(季)的合成指数。

(1)求初始合成指数：

令 $I_j(1)=100$，则

$$I_j(t)=\frac{200+V_j(t)}{200-V_j(t)}\times I_j(t-1) \qquad j=1,2,3 \qquad t=2,3,\cdots,n \tag{11-15}$$

(2)趋势调整：

趋势调整的主要目的是使三个指标组得到的合成指数的趋势与计算一致指标组中被采用的序列的趋势平均值一致，成为具有整合性的系统。后者可以认为是总体经济活动中趋势动向的线性近似。

①使用复利公式求出同步指标组中每个序列的平均增长率 r_i：

$$r_i=\left(\sqrt[m_i]{\frac{C_{L_i}}{C_{l_i}}}-1\right)\times 100 \qquad i=1,2,\cdots,k_2 \tag{11-16}$$

$$C_{l_i}=\frac{\sum\limits_{t\in first\ cycle} Y_i(t)}{m_{l_i}};C_{L_i}=\frac{\sum\limits_{t\in last\ cycle} Y_i(t)}{m_{L_i}} \tag{11-17}$$

式中：C_{l_i}、C_{L_i}——分别是同步指标组第 i 个指标最先与最后循环的平均值；

m_{l_i}、m_{L_i}——分别是同步指标组第 i 个指标最先与最后循环的月数；

k_2——同步指标个数；

m_i——最先循环的中心到最后循环的中心之间的月数。

②求出同步指标组的平均增长率 G_r，并将其作为目标趋势：

$$G_r=\frac{\sum\limits_{i=1}^{k_2} r_i}{k_2} \tag{11-18}$$

将 G_r 作为目标趋势。

③求出三个指标组的平均增长率：

对先行、同步、滞后三个指标组的初始合成指数 $I_j(t)\ (j=1,2,3)$ 用复利公式分别求出相应的平均增长率。

$$r'_j=\left(\sqrt[m_j]{\frac{C_{L_j}}{C_{l_j}}}-1\right)\times 100 \tag{11-19}$$

④分别对三个指标组的标准化平均变化率 $V_j(t)$ 进行趋势调整：

$$V'_j(t)=\frac{V_j(t)}{G_r-r'_j} \quad j=1,2,3 \quad t=2,3,\cdots,n \tag{11-20}$$

(3)求合成指数：

令 $I'_{\mathrm{j}}(1)=100$，则：

$$I'_{\mathrm{j}}(t)=\frac{200+V'_{\mathrm{j}}(t)}{200-V'_{\mathrm{j}}(t)}\times I'_{\mathrm{j}}(t-1) \qquad j=1,2,3 \qquad t=2,3,\cdots,n \tag{11-21}$$

可以制成以基准年份为100的合成指数为：

$$CI_{\mathrm{j}}(t)=\frac{I'_{\mathrm{j}}(t)}{\overline{I'_{\mathrm{j}}(1)}}\times 100 \tag{11-22}$$

$\overline{I'_{\mathrm{j}}(1)}$ 是 $I'_{\mathrm{j}}(t)$ 在基准年份的平均值。有时要进行三项移动平均。

第三节　景气指数在运输市场中的应用

舟山市航运景气指数的编制和发布需要适时进行数据采集和更新，并在建立的航运景气指标体系基础上，将收集到的各经济指标进行数据处理，采用概率统计和数学分析的方法，借助计算机手段，通过一组景气指标反映行业经济运行的定量经济参数。

一、舟山市航运景气指数的编制方法

舟山市航运景气指数的计算采用合成指数（CI）、扩散指数（DI）等方法相结合的方式，以预测舟山市航运经济周期波动的转折点，反映舟山市航运经济周期波动的振幅，并对舟山市航运业发展的周期变化给出相应的信号。

在具体编制计算的过程中，对相应步骤的计算方法予以灵活调整，以使舟山市航运景气指数的数值可以更好的解释和预测航运市场的变化，为相关单位进行经济决策提供更加准确的依据。

二、舟山市航运景气指数的编制生成

（一）基期选择

基期是指根据研究工作的需要确定的行业跟踪研究的起始原点。基准对比时期的确定应考虑：一是要选择航运业发展比较平衡的时期，以便于对比分析，过高、过低都会影响景气指数对比的可信度；二是要考虑统计资料的衔接，选择的基准循环时期再好，无法取得前后可比资料也会影响对比的合理性；三是按照景气指数原理，根据经济指标的转折点来判断基准对比时期。本书相关计算以2009年1月为舟山市航运景气指数的研究基期。

（二）权重计算

由于舟山航运专业性强，样本数量相对较少，我们发现用一层权重波动太大，经对现状进行分析并反复研究后，对运输种类指标采取了二层权重，在企业规模加权的基础上，还对企业各种运输货类规模加权。

（三）实证分析

1. 舟山市航运信心指数

（1）信心状况调查。本书就2009年第二季度、第三季度和第四季度航运业景气状况对舟山市的41家企业进行问卷调查，通过对调查结果的统计分析，采用扩散指数方法，得到舟山市

航运信心指数。

2009 年第二季度的调查统计、第三季度的预测统计分别如表 11-1、表 11-2 所示。

2009 年第二季度信心状况调查统计表　　表 11-1

货　种	本季度景气状况的判断结果统计			
	乐观	一般	不乐观	合计
普货	0	16	11	27
液货	3	10	1	14
全部	3	26	12	41

2009 年第三季度信心状况预测统计表　　表 11-2

货　种	下季度景气状况的判断结果统计			
	乐观	一般	不乐观	合计
普货	3	15	9	27
液货	4	9	1	14
全部	7	24	10	41

(2)各企业权重计算(2009 年第二季度)。以调查得到的各企业 2008 年全年运输营业收入额为基础,加总得出全体企业 2008 年全年总营业收入额,由每家企业营业收入额占总收入额的比重确定企业权重。对于未能统计到该指标的企业,以 2008 年总资产值所占的比例补充确定,最终调整结果使得 41 家企业的权重加总为 100%。根据企业权重和景气状况判断调查结果,得出判断结果比重统计表,如表 11-3、表 11-4 所示。

经权重调整后的信心状况统计表　　表 11-3

货　种	本季度判断结果比重(%)			权　重
	乐观	一般	不乐观	
普货	0.00	0.42	0.25	67.0%
液货	0.08	0.24	0.01	33.0%
全部	0.08	0.66	0.26	100.0%

经权重调整后的信心状况预测表　　表 11-4

货　种	下季度判断结果比重(%)			权　重
	乐观	一般	不乐观	
普货	0.07	0.36	0.24	67.0%
液货	0.11	0.18	0.04	33.0%
全部	0.18	0.54	0.28	100.0%

利用表 11-3 和表 11-4,根据扩散指数的计算方法,可以得到 2009 年第二季度舟山市航运信心指数及对下一季度航运信心指数的预测值,2009 年第三季度和第四季度的计算方法与第二季度的类似,结果如表 11-5 所示。

舟山市航运信心指数调查、预测汇总表　　表 11-5

货　种	2009 年第二季度		2009 年第三季度		2009 年第四季度	
	本季度	下季度预测	本季度	下季度预测	本季度	下季度预测
普货	62.5	74.7	61.6	70.7	85.4	84.6
液货	121.7	119.7	110.9	122.3	117.0	132.0
综合	82.0	89.6	77.8	87.7	95.8	100.2

2. 舟山市航运景气指数

以 2009 年第一季度为基期,采用合成指数与扩散指数相结合的方法,企业权重的计算方法同航运信心指数,货运量、周转量、经营收入、成本支出、油耗成本、船员工资等指标作为计算景气指数的指标体系,各指标的权重以变异系数法计算结果为主。在航运景气指数具体编制的过程中,本书对计算方法的调整如下:

(1)在计算对称变化率 $C_{ij}(t)$ 时,均以 2009 年第一季度为基期,而非前一季度,消除了由于样本容量太少所带来的计算结果过于接近,不具备可比性的缺陷。同时,对于成本支出、油耗成本、船员工资等三项逆向指数,对称变化率公式中添加负号,表明成本支出对企业实际运营带来的负向影响。

(2)计算得出平均变化率 $R_j(t)$ 后,由于指标体系中均为同步指标,无需计算标准化因子 F_j,故采用扩散指数的计算方法,对于 $R_j(t)$ 数值大于 0,等于 0,小于 0 的企业,分别作为“1”个,“0.5”个扩散指标和“0”个扩散指标,再对各个货种和全部企业数据进行加权处理,最终得到的舟山市航运景气指数的计算结果如表 11-6 所示,航运景气指数走势如图 11-2 所示。

舟山市航运景气指数汇总表　　表 11-6

货种	2009 年第二季度	2009 年第三季度	2009 年第四季度
普货	85.6	117.1	82.7
液货	98.6	152.4	139.9
综合	89.9	128.7	101.5

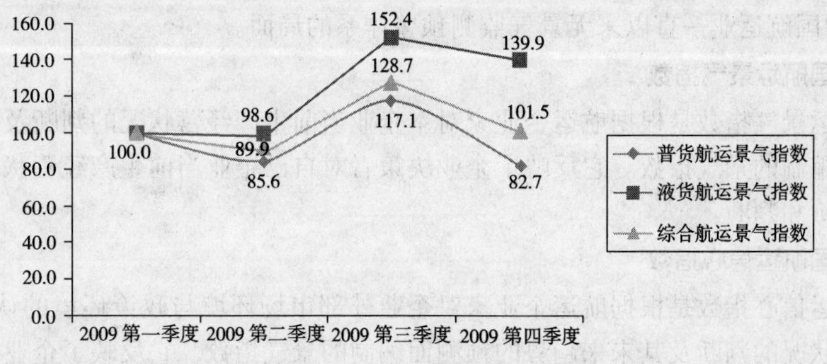

图 11-2　舟山市航运景气指数走势

3. 计算结果说明

舟山市航运景气指数以 100 为临界点,在 0~200 点的范围内上下波动。当指数大于 100 时,说明上升的指标占上风,即称为景气,表示舟山航运处于上升或改善的景气状态;指数越高,景气状态越好,越接近200反映航运经济运行越景气。反之,当指数小于100时,说明下降的指标占上风,即称为不景气,表示舟山航运处于衰退或恶化的不景气状态。指数越低,景气度越差,越接近0越低迷。更为细致的划分为:0~100为不景气区间,100~120为较景气区间,120~150为较高景气区间,150~200为高景气区间。

本书计算得出的航运信心指数和航运景气指数,第二季度均呈现明显的不景气状态,表明受金融危机的持续影响,舟山市航运市场所呈现的低迷态势以及各企业对未来形势的不乐观态度。第三季度指数的走高和第四季度的震荡回落,表明虽然金融危机对舟山航运市场的负面影响逐渐减小,但各企业对未来的走势仍持保守观点。

三、舟山市航运景气指数的发布及维护

(一)舟山市航运景气指数的发布

舟山市航运景气指数由舟山市航运管理服务局每季度发布一次。季度发布时间初步定在当年度1月、4月、7月、10月的下旬,即当年1月下旬发布上年度全年景气指数,4月下旬发布当年第一季度景气指数,7月下旬发布当年第二季度景气指数,10月下旬发布当年第三季度景气指数。在具备数据支持的情况下,发布频率可调整为月度发布。

(二)舟山市航运景气指数的维护

舟山市航运景气指数由舟山市航运管理服务局负责定期维护,具体维护内容包括权重、指标、样本企业等。

第四节　我国的运输市场景气指数概述

一、中国航运景气系列指数

2009年12月29号上海国际航运研究中心首次发布了包括中国航运景气指数(CSPI)、中国航运信心指数(CSFI)、中国航运预警指数(CSAI)、中国航运景气动向指数(CSCI)的四大指数,将结束中国航运业一直以来无景气监测预警体系的局面。

(一)中国航运景气指数

中国航运景气指数是根据航运企业家对本企业当前生产经营状况的判断及其未来发展趋势的预期而编制的景气指数。它反映了企业决策者对自己企业当前生产经营状况及其未来走势的综合评价和判断。

(二)中国航运信心指数

中国航运信心指数是根据航运企业家对企业外部市场环境与政策环境的认识、看法和对本行业发展状况的判断及其未来趋势的预测而编制的景气指数。它反映了企业决策者对当前航运业总体状况及其未来走势的感觉、体验和期望。

(三)中国航运预警指数

中国航运预警指数是选择与中国航运密切相关的各指标,根据其值分别赋以不同颜色的信号灯,直观形象的揭示中国航运业运行的景气状况,并可计算出景气综合评分。

(四)中国航运景气动向指数

中国航运景气动向指数是根据领先于中国航运业目前所处状态的先行指标来预测中国航运业未来的发展变动趋势,其主要方法是在分析中国航运各相关指标历史数据的基础上,从统计学的角度深层次挖掘中国航运的变动趋势,从客观数据方面预测中国航运业的未来变动趋势。

中国航运景气指数与中国航运信心指数选择了具有代表性的航运企业作为样本企业,建立了定期调查联系制度。每季度中后期开始调查,通过定量计算的方法对航运企业经营状况的定性问题进行分析,得出航运市场景气状况与发展趋势的判断值。该指数以100点为中间点,100点以下为不景气区间,100~200点为景气区间。从微观即企业的层面上反应中国航运业的发展状况,适宜短期预测。其为季度发布。中国航运预警指数(CSAI)与中国航运景气动向指数(CSCI)能如"晴雨表"或"报警器"一般发挥监测和预警的作用。

二、上海航运景气指数

2010年2月26日,中国国际经济交流中心正式推出由CCIEE和上海交通大学的国际经济与航运领域专家团队共同研发的CCIEE——上海航运指数(CCIEE——Shanghai Shipping Index,缩写为SSI)。与现有国际航运指数不同的是,上海航运指数旨在揭示世界航运及相关市场的供需关系,综合反映全球航运业的投资价值。它的主要目的是引导全球航运资源的优化配置,为航运相关企业(港口、船公司、货主、货代),以及行业外的企业、机构直接了解航运市场的景气状况提供可靠途径,并为企业的日常运营管理和政府的决策提供决策依据。

上海航运指数综合考虑贸易量、运量和运能(反映全球国际航运产业的容量,也反映了国际航运市场供需关系及其平衡的结果)以及运价和油价(国际航运业收入和成本的关键内涵)两大类指数,据此选取了32个航运经济指标作为计算依据。其中先行指标包括:大宗货物的合同成交量、远期运价和原油期货价格。这些指标表示了业界对于未来市场的信心。同步指标则采用主要货种(铁矿石、原油、煤炭、粮食和集装箱)的运量、相对应的运价指数(BPI、BDI、BDTI和CTRI等)和船用燃油价格(新加坡价格和鹿特丹价格)来表现。滞后指标采用了新造船签约数量和船队规模增量两个方面来表现,主要是考虑到新造船市场对于航运市场的反应通常是滞后的,船队规模的变化周期也远远大于运价变化的周期。

三、长江航运指数

(一)长江航运景气指数

长江航运景气指数是由长江航务管理局编制并发布。2004年1月长江航运景气指标体系调查正式启动,并成立了长江航运景气调查办公室。长江航运景气指数经过2004年试运行后,于2005年正式运行。长江航运景气指数(亦称长江航运企业综合经营景气指数)是根据企业家对本企业当前生产经营状况的判断和未来发展的预测而编制的,它综合反映了长江航运港航企业的生产经营状况。长江航运景气指数是根据扩散指数的原理,对长江港行企业景气调查中的定性指标,由定量方法加工汇总后形成的综合性数量指标。通过长江航运景气指数上升和下降的动态变化,反映和预测长江航运的宏观经济发展状况及其变化的过程。

(二)长江运价指数

长江运价指数有分为长江干散货运价指数和长江集装箱运价指数，都是以2007年1月为基期，基期指数为1000点，数据采集以每月15日为基准点，每月发布一次。

四、大连市航运交易市场航运指数

2009年12月19日，辽宁省交通厅在大连市港口与口岸局组织召开了《大连市航运交易市场航运指数研究项目》验收会。此次开展大连航运指数体系编制的系统研究，构建了一个系统合理的航运指数体系，体系中包括大连外贸集装箱运价指数、大连内贸集装箱运价指数、环渤海内支线集装箱运价指数、东北亚干散货运价指数、东北亚进口油运价指数、运力静态指数、运力动态指数、运力供给指数、航运成本分类指数、航运成本综合指数、航运企业综合景气指数、航运扩散指数、航运合成指数、航运企业家信心指数。

大连市港口与口岸局就"大连航运指数发布必要性、指数类型的选择、指数发布的方式"等问题广泛征求航运企业和专家的意见和建议。经认真分析反馈意见，结合大连航运市场的特色，拟对集装箱运价指数和大连粮食运价指数等更具有代表性和影响力的指数进行深入研究。预期2010年年底前将完成相关运价指数发布的前期工作，有望在2011年首期发布。

复习思考题

1. 简述权重的计算方法。
2. 景气指数的计算分为哪几个步骤？每个步骤包含的具体内容是什么？
3. 根据表11-7内容，计算扩散指数。

某地就当地一些经济指标进行统计，以计算当前的经济景气程度，统计结果如表11-7所示：

某地经济指标统计表　　表11-7

经济指标	与基期相比	I	W
投资率	不变	0.5	0.1
居民人均收入	上升	1	0.1
劳动生产率	下降	0	0.2
固定资产投资率	上升	1	0.2
利用投资	上升	1	0.1
生产总值	上升	1	0.3
合计	—	—	1

资料来源：张元水. 利用景气指数进行景气分析. 统计教育. 1998年04期。

参考文献

[1] 2009年公路水路交通运输行业发展统计公报[R]. 北京：中华人民共和国交通运输部,2010.

[2] 蔡庆麟,刘艳琴,王玉兴. 运输经济与管理决策[M]. 北京:人民交通出版社,1998.

[3] 陈湖,陈汝龙,陈绍勇,邵瑞庆. 交通运输统计词典[K]. 北京:人民交通出版社,1992.

[4] 陈宽,谢千里,罗斯基. 中国国营工业固定资产的评估[M]. 北京:中国社会科学,1987.

[5] 陈丽江,苏含秋. 中国国际集装箱班轮运输市场运价趋势分析[J]. 上海海事大学学报,2005(12).

[6] 陈庆辉,吕靖. 国际干散货航运细分市场运价指数波动特征研究[D]. 大连:大连海事大学,2004.

[7] 船舶运输行业能源消耗统计及分析方法[S]. 交通部水运科学研究院,2007.

[8] 达摩达尔 · N · 古扎拉蒂. 计量经济学基础(第四版)下册[M]. 北京:中国人民大学出版社,2007.

[9] 丁国良. 运输统计学[M]. 哈尔滨:哈尔滨工程大学出版社,2010.

[10] 董仪. 中国出口集装箱运价指数与进出口贸易的相关关系分析[J]. 水运管理,2001(7).

[11] 董宇,姜晔,何良德. 内河航道通过能力计算方法研究[J]. 水运工程,2007(1).

[12] 方举. 交通运输统计学[M]. 吉林:吉林人民出版社,1986.

[13] 港口能源消耗统计及分析方法[S]. 交通部能源管理办公室,2007.

[14] 高家驹. 综合运输概论[M]. 北京:中国铁道出版社,1993.

[15] 龚六堂. 经济增长理论[M]. 武汉:武汉大学出版社,2000.

[16] 公路运输行业能源消耗统计及分析方法[S]. 交通部公路科学研究院,2007.

[17] 刘延平. 运输统计理论与方法[M]. 北京:中国铁道出版社,2005.

[18] 贾远琨. 信息散慢乱航运运价衍生品开发受阻[N]. 经济参考报,2009-09-23.

[19] 蒋迪娜. 我国出口集装箱运价指数研究[J]. 山西财经大学学报,2005(10).

[20] 交通运输行业公路、水路环境统计报表制度[K]. 中华人民共和国交通运输部,2008.

[21] 李承霖. 道路运输统计[M]. 北京:机械工业出版社,2004.

[22] 李建文,胡思继,邢培昱. 铁路运输景气分析中的统计指数[J]. 铁道运输与经济,2001(S1).

[23] 李万勇,刘烨,于佳任. 基于ANN-ARIMA的航运运价指数预测方法及其应用[J]. 商场现代化,2007(10).

[24] 李夏苗,谢如鹤. 论交通运输与能源的关系——兼论交通运输的能源消耗与节能. 北京:综合运输,1999.

[25] 李耀鼎,宗蓓华. 波罗的海运价指数波动研究[J]. 上海海事大学学报,2006(12).

[26] 李正宏,袁绍宏. 波罗的海运价指数相关性分析[J]. 水运管理, 2004(8).

[27] 林文勇,王祥涛. 波罗的海干散货运价指数的走势及其分析[J]. 集美大学学报, 2006(12).

[28] 刘晶,卢春霞.波罗的海干散货运价指数预测模型分析[J].航海技术,2008(5).

[29] 刘建林,施欣.波罗的海运价指数期货市场的协整研究和定价模型[J].大连海事大学学报,2005(5).

[30] 陆克从,赵刚,胡佳骅.ARCH族模型在干散货运价指数分析中的应用[J].系统工程,2008(9).

[31] 吕靖,陈庆辉.海运价格指数的波动规律[J].大连海事大学学报,2003,29(1).

[32] 卢明银,王丽华,苑宏伟.运输经济学[M].江苏:中国矿业大学出版社,2007.

[33] 马天山.运输经济(公路)专业知识与实务(中级)[M].北京:中国人事出版社,2008.

[34] 曼昆.经济学原理[M].北京:中国人民大学出版社,2000.

[35] 戚少成.景气指数的概念、种类和数值表示方法[J].中国统计,2000(11).

[36] 秦四平.运输经济学第二版[M].北京:中国铁道出版社,2007.

[37] 萨缪尔森,诺德豪斯.宏观经济学[M].北京:人民邮电出版社,2004.

[38] 邵瑞庆.水运统计学[M].北京:人民交通出版社,1991.

[39] 帅斌,霍娅敏.交通运输经济[M].四川:西南交通大学出版社,2007.

[40] 水运技术词典编辑委员会.水运技术词典(港口与航道工程分册)(下)[K].北京:人民交通出版社,1984.

[41] 斯蒂格利茨.经济学[M].北京:中国人民大学出版社,2000.

[42] 孙荣兴.交通运输企业全面质量管理[M].北京:人民交通出版社,1992.

[43] 王燕.应用时间序列分析(第二版)[M].北京:中国人民大学出版社,2008.

[44] 王峥.交通运输对我国经济发展作用的实证研究[D].重庆:重庆大学,2007.

[45] 魏众,申金升,张智文,石定寰.物流运输景气指数的研究[J].公路交通科技,2006,23(5).

[46] 吴冲.集装箱船舶大型化规模经济研究[D].上海:上海海事大学,2005.

[47] 肖昭媛.统计学理论与应用[M].上海:上海交通大学出版社,2004.

[48] 谢新连.船舶运输管理与经营[M].大连:大连海事大学出版社,1997.

[49] 熊永钧.交通运输需求的综合预测分析[J].北方交通大学学报,1993(1).

[50] 徐大振,刘红,沈志江.水运概论[M].北京:人民交通出版社,2005.

[51] 严作人,张戎.运输经济学[M].北京:人民交通出版社,2003.

[52] 易丹辉.统计预测——方法与应用[M].北京:中国统计出版社,2004.

[53] 余思勤.运输经济(水路)专业知识与实务(初级、中级)[M].北京:中国人事出版社,2009.

[54] 余思勤,蒋迪娜,卢剑超.我国交通运输业全要素成产率变动分析[J].同济大学学报,2004(6).

[55] 曾庆成.神经网络在波罗的海运价指数预测中的应用研究[J].大连海事大学学报,2004(8).

[56] 张好智,肖昭升,傅白白.客运需求预测方法之比较分析[J].公路与汽运,2009(2).

[57] 张丽娟.水运价格理论与实践[M].北京:人民交通出版社,2003.

[58] 张五常.中国的经济制度[M].北京:中信出版社,2009.

[59] 赵锡铎.运输经济学[M].辽宁:大连海事出版社,2006.
[60] 真虹.港口管理[M].北京.人民交通出版社,2009.
[61] 中国公路水路交通环境保护状况报告(2007 年度)[R].北京:中华人民共和国交通运输部,2008.
[62] 中华人民共和国国家统计局.中国能源统计年鉴[M].北京:中国统计出版社,2007.
[63] 中华人民共和国国家统计局.2009 年中国统计年鉴[M].北京:中国统计出版社,2009.
[64] 中华人民共和国交通部.公路、水路、港口主要统计指标及计算方法[M].北京:人民交通出版社,2002.
[65] 中华人民共和国交通部.交通法规汇编(公路分册)(一)[M].北京:人民交通出版社,1986.
[66] 朱鹏翔.公路和水路运输统计[M].浙江:浙江人民出版社,1989.
[67] 朱艳茹.交通运输企业管理[M].江苏:东南大学出版社,2007.
[68] 主要污染物减排统计办法[S].中国环境监测总站统计室,2007.
[69] 左庆乐.公路运输统计理论与方法[M].陕西:陕西科学技术出版社,2007.
[70] Caves, Douglas W., Laurits R. Christensen and W. Erwin Diewert. The Economic Theory of Index Numbers and the Measurement of Input, Output, and Productivity[J]. Econometrica. 1982, 50(6).
[71] Charnes A, Clark, W. W. Copper and B. Gonaly. Measuring the efficiency of decision-making unites[J]. European Journal of Operational research, 1998(2).
[72] Coelli,T,J. and D. S. P. Rao. Implicit Value Shares in Malmquist TFP Index Numbers[D]. New South Wales: University of New England, 1999.
[73] Jones. An Introduction to Mordern Theories of Economic Growth[M]. New York:McGraw-Hill Co.,1976.
[74] Kevin Cullinane. A Short-term Adoptive Forecasting Model for BIFFEX Speculation:A Box-Jenkins Approach[J]. Maritime Policy & Management,1992,19(2).
[75] Robert J. Barro , Xavier Sala-i-Martin. Economic Growth[M]. 2nd ed. Cambridge: The MIT Press, 2004.
[76] Shi Xin. The study on the compilation of the China container freight index[J]. Maritime Policy & Management,2000,(27)3.
[77] Solow. Technical Change and Agregate Production Function[J]. Review of Economics and Statistics,1957.
[78] Veenstra, Franses. A Con-integration Approach to Forecasting Freight Rates in the Dry Bulk Shipping Sector[J]. Trans-portation Research A,1997,31(6).

[59] [illegible][M]. [illegible]出版社，2006.

[60] [illegible][M]. 北京：人民交通出版社，2009.

[61] [illegible]（2007 年度）[M]. 北京：中国[illegible]出版社，2008.

[62] [illegible][M]. [illegible]出版社，2007.

[63] [illegible]2008 年中国[illegible][M]. 北京：中国统计出版社，2009.

[64] [illegible][M]. [illegible]出版社，2002.

[65] [illegible]（一）[illegible]出版社，1996.

[66] [illegible][M]. [illegible]出版社，1995.

[67] [illegible][M]. [illegible]大学出版社，2009.

[68] [illegible]出版社，2002.

[69] [illegible][M]. [illegible]出版社，2007.

[70] Caves, Douglas W., Laurits R. Christensen, and W. Erwin Diewert. The Economic Theory of Index Numbers and the Measurement of Input, Output, and Productivity[J]. Econometrica, 1982, 50(6).

[71] Charnes A., W. W. Cooper and E. Rhodes. Measuring the efficiency of decision making units[J]. European Journal of Operational Research, 1978(2).

[72] Coelli, T. J. and D. S. P. Rao. [illegible] Malmquist TFP Index Numbers[D]. New South Wales: University of New England, 1999.

[73] Jones. An Introduction to Modern Theories of Economic Growth[M]. New York: McGraw-Hill, 1976.

[74] Kevin [illegible]. A Short-term Air Cargo Forecasting Model for an LTL Operation: A Box-Jenkins Approach[J]. [illegible] Management, 1992(2).

[75] [illegible], Xavier Sala-i-Martin. Economic Growth[M]. 2nd ed. Cambridge: The MIT Press, 2004.

[76] Shi Xun. The study on the compilation of the [illegible] index[J]. [illegible] Management, 2008(7).

[77] Solow. Technical Change and Aggregate Production Function[J]. Review of Economics and Statistics, 1957.

[78] Veenstra, Franses. A Cointegration Approach to Forecasting Freight Rates in the Dry Bulk Shipping Sector[J]. Transportation Research A, 1997, 31(6).